H.-D. Illemann

Bäuerliche Besitzrechte im Bistum Hildesheim

QUELLEN UND FORSCHUNGEN ZUR AGRARGESCHICHTE

Begründet von
GÜNTHER FRANZ und FRIEDRICH LÜTGE

Herausgegeben von
Professor Dr. WILHELM ABEL und Professor Dr. GÜNTHER FRANZ
Göttingen   Stuttgart-Hohenheim

BAND XXII

Bäuerliche Besitzrechte
im Bistum Hildesheim

Eine Quellenstudie unter besonderer Berücksichtigung
der Grundherrschaft des ehemaligen Klosters St. Michaelis
in Hildesheim

Von

HORST-DETLEF ILLEMANN

Mit 4 Abbildungen
und 12 Tabellen

GUSTAV FISCHER VERLAG · STUTTGART

1969

©
Gustav Fischer Verlag · Stuttgart
1969
Alle Rechte vorbehalten
Satz und Druck: Bücherdruck Wenzlaff KG, Kempten
Einband: Sigloch, Künzelsau
Printed in Germany

Vorwort

Die deutsche Wirtschaft des Mittelalters hat die von der fränkischen Zeit geschaffenen Grundlagen übernommen, aber völlig neu ausgebaut.

Die Agrargesellschaft dieser Epoche umfaßte nach wie vor Grundherren und Bauern[1]. Bedingt durch das Aufblühen der Städte wurde die Naturalwirtschaft jedoch allmählich weitgehend von der Geldwirtschaft verdrängt, eine Entwicklung, von der vor allem das grundherrschaftliche System betroffen wurde[2]. Der einzelne Grundherr sah sich genötigt, die Organisation seines Besitzes den sich wandelnden Verhältnissen nach Möglichkeit anzupassen; insbesondere war die auf Eigenwirtschaft abstellende Villikationsverfassung in ihrer überkommenen Gestalt nicht mehr zeitgerecht. Eine Vergabe des Landes gegen festen Zins versprach oft höhere und sicherere Einnahmen als bisher.

Der Grundherr begann daher, in ein unmittelbares vertragliches Verhältnis zu seinen bäuerlichen Hintersassen zu treten. Frühestens zu dieser Zeit (11. bis 12. Jahrhundert) kann man vom Aufkommen eigentlicher bäuerlicher Besitz‹rechte› sprechen, da erst die Möglichkeit der Abwanderung in die Städte oder in die Kolonisation dem Bauern eine Alternative zu seinem bisherigen Status bot und den Grundherrn veranlaßte, ihm im Rahmen des Hofrechts oder unter Anwendung freier Leiheformen eine feste Begrenzung seiner Dienst- und Abgabepflicht, u.U. sogar die Erblichkeit seines Leihegutes zuzusichern.

Die sich unter diesen Gegebenheiten im einzelnen entwickelnden grundherrlich-bäuerlichen Besitzrechte sollen hier für den Bereich des ehemaligen Hochstiftes Hildesheim am Beispiel der Grundherrschaft des Michaelisklosters näher untersucht werden.

In der Reihenfolge ihrer Bedeutung und Verbreitung behandelt der systematische Teil der Arbeit das Meierrecht, das Recht der Meierdingsleute und das Hagenrecht. Ein vorangehender historischer Teil gibt eine zusammenfassende Übersicht über die Entwicklung der einzelnen Institute.

Beim Meierrecht, das in der Literatur schon wiederholt bearbeitet worden ist[3], wurden lediglich Schwerpunkte herausgestellt, denen in Hildesheim durch Streitigkeiten in der Praxis besondere Beachtung zugekommen ist oder bei denen sich Abweichungen vom Meierverhältnis im übrigen Nordwestdeutschland feststellen ließen.

Das Hauptgewicht der Arbeit liegt auf der Darstellung des Rechts der Meierdingsleute, das fast ausschließlich in Hildesheim beheimatet war und zudem die Besonderheit aufwies, daß es als einziges Besitzrecht mit persönlicher Unfreiheit des Berechtigten verbunden war. Während aber über die ihm verwandte Eigenbehörigkeit in Westfalen,

---

[1] LÜTGE, Sozial- und Wirtschaftsgeschichte, S. 102.

[2] PLANITZ-ECKHARDT, Rechtsgeschichte, S. 126.

[3] GRUPEN, Disceptationes forenses (1737); STRUBE, Commentatio de jure villicorum (1768); GESENIUS, Das Meierrecht, I–II (1801/03); STÜVE, Lasten des Grundeigentums (1830); LÜNTZEL, Die bäuerlichen Lasten im Fürstenthum Hildesheim (1830); für Westfalen: WIGAND, Die Provinzialrechte der Fürstenthümer Paderborn und Corvey (1832); PFEIFFER, Das deutsche Meierrecht (1855); BUSCH, Beiträge zum Meierrecht (1855); GREFE, Hannovers Recht III (1860/61); WITTICH, Die Grundherrschaft in Nordwestdeutschland (1896); TURNER, Das Calenberger Meierrecht (1960).

Hoya und Diepholz mehrere umfassende Darstellungen vorliegen[4], war hier noch eine Lücke zu schließen.

Eine weit knappere Behandlung des Hagenrechts war durch das nur sehr spärlich vorhandene Quellenmaterial bedingt. Um hier ein hinreichend vollständiges Bild zu gewinnen, mußten in größerem Umfange als bei den vorangehenden Abschnitten auch die übrigen Quellen aus dem Hildesheimer Raum verarbeitet werden, u. a. ein bisher unbekanntes Weistum aus dem Archiv der Grafen von Görtz-Wrisberg, das im Anhang wiedergegeben wird.

Hervorzuheben ist schließlich, daß im Rahmen der Arbeit, die sich mit privatrechtlich-grundherrlichen Verhältnissen befaßt, für eine Darstellung der öffentlichrechtlichen bäuerlichen Lasten, wie etwa Herrendienste, Schatzgefälle, Kontribution u. dgl., kein Raum sein konnte. Hier sei auf die Werke von STÜVE und LÜNTZEL verwiesen, die ein überaus anschauliches Bild dieses Rechtsbereichs liefern.

Bei der vorliegenden rechtsgeschichtlichen Untersuchung handelt es sich um einen Abdruck der Arbeit, die in wenig anderer Gestalt im Jahre 1967 von der Juristischen Fakultät der Georg-August-Universität in Göttingen nach den Gutachten von Herrn Professor Dr. WILHELM EBEL und Herrn Professor Dr. KARL KROESCHELL als Dissertation angenommen wurde.

Für die Unterstützung bei ihrer Abfassung und Drucklegung sei an dieser Stelle mein aufrichtiger Dank ausgesprochen. Er gilt in erster Linie meinem verehrten akademischen Lehrer, Herrn Professor Dr. KARL KROESCHELL, der mir die Anregung zu dem Thema gab, die Arbeit während ihres Entstehens betreute und mit tatkräftiger Hilfe den Druck unterstützte.

Für wertvolle Hinweise danke ich des weiteren Herrn Professor Dr. Dr. FRIEDRICH LÜTGE und Herrn Professor Dr. WILHELM EBEL, sowie Herrn Kreisheimatpfleger WILHELM BARNER in Alfeld und Herrn Rektor i. R. WILHELM HARTMANN in Hildesheim.

Bei der Sammlung des Quellenmaterials durfte ich im Niedersächsischen Staatsarchiv in Hannover die stets bereite Hilfe von Herrn Staatsarchivrat Dr. MANFRED HAMANN in Anspruch nehmen; in der Beverinschen Bibliothek in Hildesheim stand mir Herr Pfarrer ENGFER mit seinem Rat zur Verfügung.

Schließlich danke ich den Herausgebern der «Quellen und Forschungen zur Agrargeschichte», Herrn Professor Dr. Dr. FRIEDRICH LÜTGE, Herrn Professor Dr. GÜNTHER FRANZ und Herrn Professor Dr. WILHELM ABEL, für die Aufnahme meiner Untersuchung in ihre wissenschaftliche Schriftenreihe.

Einen Teil der Druckkosten stellte der Herr Niedersächsische Kultusminister zur Verfügung.

Göttingen, im Frühjahr 1969

HORST-DETLEF ILLEMANN

---

[4] KINDLINGER, Geschichte der deutschen Hörigkeit (1819); KLESSING, Beiträge zur Geschichte der Eigenbehörigkeit im Hochstift Münster (1907); MAEDER, Beiträge zur Geschichte der sozialen und wirtschaftlichen Lage und Entwicklung der ackerbautreibenden Bevölkerung in den Grafschaften Hoya und Diepholz (1910); BORCKE-STARGORDT, Grundherrschaft – Gutswirtschaft (1960); über die Hofhörigen der Soester Börde neuerdings WITZIG, Die Rechtsverhältnisse der Bauern in der Soester Börde (1967), S. 16 ff., 38 f.

Inhalt

Abkürzungsverzeichnis

AcP	Archiv für die civilistische Praxis
AdHV	Archiv des Historischen Vereins für Niedersachsen
Beverina Hdschr.	Bistumsarchiv der Dombibliothek (Beverina) in Hildesheim, Handschriften
BlLg	Blätter für deutsche Landesgeschichte
C.C.C.	Corpus Constitutionum Calenbergensium
DAEM	Deutsches Archiv für die Erforschung des Mittelalters
DLZ	Deutsche Literaturzeitung
Doebner UB	Doebner, Urkundenbuch der Stadt Hildesheim
DZGW	Deutsche Zeitschrift für Geschichtswissenschaft
Grimm	Jakob Grimm, Weisthümer, Bd. I–VI
HessJb	Hessisches Jahrbuch für Landesgeschichte
HJb	Historisches Jahrbuch der Görres-Gesellschaft
HZ	Historische Zeitschrift
JhJb	Jherings Jahrbücher für die Dogmatik des heutigen römischen und deutschen Privatrechts
Jur.Zeitg.	Juristische Zeitung für das Königreich Hannover
MG, SS	Monumenta Germaniae Historica, Abt. Scriptores
MittLipp	Mitteilungen aus der lippischen Geschichte und Landeskunde
NdsJb	Niedersächsisches Jahrbuch für Landesgeschichte
NVA	Neues Vaterländisches Archiv
RWb	Deutsches Rechtswörterbuch
SchaumbLippHeimat	Die Schaumburg-Lippische Heimat
Ssp. Ldr.	Sachsenspiegel, Landrecht
StAH	Niedersächsisches Staatsarchiv, Hannover
StAWolfb	Niedersächsisches Staatsarchiv, Wolfenbüttel
UB	Janicke-Hoogeweg, Urkundenbuch des Hochstiftes Hildesheim und seiner Bischöfe
ZdHV	Zeitschrift des Historischen Vereins für Niedersachsen
ZRG	Zeitschrift der Savigny-Stiftung für Rechtsgeschichte, germanistische Abteilung
ZSWG	Zeitschrift für Sozial- und Wirtschaftsgeschichte

Bistum Hildesheim und Michaeliskloster

Das ostfälische Bistum Hildesheim geht als einzige karolingische Gründung in Sachsen nicht bis auf Karl den Großen selbst zurück, sondern wurde nach neueren Forschungen von Ludwig dem Frommen zur Zeit seines Regierungsantritts – etwa im Jahre 815 – errichtet und organisiert[1].

Die Grenzen der sächsischen Bistümer wurden bei ihrer Gründung nicht umschrieben[2], so daß das Material für eine gegenseitige Abgrenzung der älteren Diösezen zumeist erst dem hohen Mittelalter entstammt. Auf Grund des Streites Bischofs Bernward mit dem Mainzer Metropoliten über die Zugehörigkeit des Stiftes Gandersheim besitzen wir allerdings für Hildesheim schon aus der Wende des 10. zum 11. Jahrhundert sehr eingehende Angaben über die Bistumsgrenzen[3]. Der Streit wurde im übrigen nach langen Kämpfen zugunsten Bernwards entschieden[4]. Nachdem in der Folgezeit auch zwei weitere Versuche von Mainz, die Hildesheimer Grenzen zurückzudrängen, gescheitert sind, sind die Diözesangrenzen im wesentlichen konstant geblieben[5].

Aus der Defensive gegen Herzog Heinrich den Löwen erwuchs die Territorialpolitik der Hildesheimer Bischöfe; sein Sturz erschloß ihnen den Raum zur eigenen Machtentfaltung[6]. Allerdings wurden nur ein Teil der Ostgrenze und die Südgrenze der Diözese auch Territorialgrenze. Im Westen, wo die Kirche durch Kolonisation eine Erweiterung ihres Grundbesitzes versucht hatte, gingen umfangreiche Gebiete an die Grafen von

[1] E. MÜLLER, Archiv für Urkundenforschung, II (1909), S. 501 f.; Angaben, die dem Bistum eine ursprüngliche Gründung in Elze zuschreiben, sind Legende; HAUCK, Kirchengeschichte, II, S. 696.

[2] TANGL, Archiv für Urkundenforschung, II (1909), S. 210 ff.

[3] UB I, 35, 40, 51.

[4] Vita S. Bernwardi, c 41, MG, SS, S. 776.

[5] KLEWITZ, S. 9.

[6] SCHMEIDLER, NdsJb, Bd. 4 (1927), S. 160.

Homburg, Spiegelberg, Everstein und Hallermund verloren, und von Norden und Nord-osten her drückte schon früh und immer stärker werdend die welfische Macht. Innerhalb dieser ‹engeren› Diözese aber ist es den Bischöfen gelungen, die territoriale Geschlossen-heit ihres Stiftes durchzusetzen[7]. Eine wichtige Rolle spielte dabei die Burgenpolitik, die unter Bischof Konrad II. (1221–1260) ihren Anfang nahm[8] und Grundlage für die Ent-wicklung der späteren Ämter war.

Um 1300 läßt sich das bischöfliche Territorium durch Verbindung der einzelnen Bur-gen[9] in seiner Urgestalt, die später nur noch durch den Erwerb kleinerer Bezirke abge-rundet wurde, bereits erkennen. Zu Beginn des 16. Jahrhunderts erreichte die Ausweitung des Hildesheimer Stiftsgebietes ihren Höhepunkt: Das Territorium umfaßte damals die Ämter Peine, Steuerwald, Marienburg, Winzenburg, Wohldenberg, Lutter, Wohlden-stein, Liebenburg, Steinbrück, Schladen, Wiedelah, Vienenburg, Westerhof, Lindau, Hunnesrück, Grohnde, Ärzen, Lauenstein, Gronau, Hallerburg, Poppenburg und Ruthe[10]. Dieses Gebiet wurde infolge der Stiftsfehde von den Siegern in der Weise zerschlagen, daß Herzog Erich von Calenberg die Ämter Hunnesrück, Grohnde, Ärzen, Lauenstein, Gronau, Hallerburg, Poppenburg und Ruthe erhielt, während die übrigen Ämter an Heinrich den Jüngeren von Braunschweig-Wolfenbüttel gelangten, mit Ausnahme von Peine, Steuerwald, Marienburg und der Dompropstei, die dem Bistum belassen wurden (das sogenannte ‹Kleine Stift›). Da das Domkapitel diese Abmachungen des Quedlin-burger Rezesses von 1523 nicht anerkannte, kam es darüber zu einem langwierigen Pro-zeß vor dem Reichskammergericht. Allerdings machte erst die politische Situation des Dreißigjährigen Krieges die Restitution des Stiftes im Jahre 1643 möglich, durch die sechzehn der verlorenen Ämter wieder unter hildesheimische Hoheit zurückkehrten.

Die Benediktinerabtei St. Michaelis[11] war nach Ruf und Besitz nicht nur weitaus das erste unter den Mannsklöstern Hildesheims, sondern die bedeutendste aller klösterlichen Anlagen des Landes überhaupt[12].

Auf dem waldbedeckten Hügel westlich der Domburg hatte Bischof Bernward schon im Jahre 996 eine Kapelle zu Ehren des Kreuzes Christi erbaut und zum Range einer Taufkirche erhoben[13]. Nahe dieser Kreuzkapelle begann er 1001 mit dem Bau einer Basilika zu Ehren des hl. Michael. Bernward, selbst Gelehrter und Künstler von hohem Rang[14], wollte mit dem zu gründenden Kloster nahe am Bischofssitz eine Stätte zur Pflege und Verbreitung des religiösen Lebens und der christlichen Kultur schaffen[15]. Die westliche Krypta weihte Bernward am 29. September 1015, die Kirche selbst am

---

[7] KLEWITZ, S. 30.

[8] PETERS, ZdHV 1905, S. 226 ff.

[9] KLEWITZ, S. 33 ff.; zur Entstehung der Landeshoheit näheres in der Dissertation von O. MÜLLER, Freiburg i. Brg. 1912.

[10] KLEWITZ, S. 39 ff.

[11] Dazu allgemein HOOGEWEG, Verzeichnis der Stifter und Klöster Niedersachsens, S. 66 f.; weiteres bei BERTRAM, I–III.

[12] KONSCHAK, S. 82.

[13] UB I, 38.

[14] Er war vorwiegend als Metallbildner und Maler tätig. Das älteste von ihm erhaltene Werk ist ein um 1007 geschaffener Kruzifix, heute im Hildesheimer Domschatz, mit der Inschrift BERNWARDVS PRESVL FECIT HOC. Desgleichen war er an den Malereien des großen Evangeliars im Domschatz maßgeblich beteiligt. – Seine Hauptwerke dürften aber die Erzpfor-ten von St. Michael (um 1008–1015) und die für die gleiche Kirche bestimmte Christussäule sein. Die Türen befinden sich seit 1030, die Säule seit dem 17. Jahrhundert im Hildesheimer Dom; BAUM, Die Malerei und Plastik des Mittelalters, Band II, S. 145; vgl. des weiteren FR. TSCHAN, Saint Bernward of Hildesheim, Bd. 2, 3; WESENBERG, Bernwardinische Plastik.

[15] BERTRAM, I, S. 69.

29. September 1022[16]. Zum ersten Abt gab er dem Kloster den vom Pantaleonstift zu Köln nach hier berufenen Goderamus; zur Dotation schenkte er dem Stift alle seine bewegliche und unbewegliche Habe, ausgenommen die dem Domstift gemachten Zuwendungen. Diese Dotation betrug insgesamt etwa 466 Hufen, 10 Zehnte, 11 Mühlen und 13 Kirchen[17].

Eine Papyrus-Urkunde des Papstes Benedikt VIII. sicherte dem Bistum und insbesondere dem Michaeliskloster den Schutz des Hl. Stuhles zu[18]. Ebenso nahm Heinrich II. das Kloster im Jahre 1022 unter kaiserlichen Schutz[19]. Am 20. November desselben Jahres starb Bischof Bernward. Sein Nachfolger, Godehard, wollte die Mönche des Michaelisklosters nach Wrisbergholzen verpflanzen, wo ein Kloster zu Ehren des hl. Benedikt entstanden war. Der Plan scheiterte indessen am Widerstand des Konventes[20].

Das Kloster wurde 1033 vollendet und geweiht, brannte aber 1034 nieder; neu aufgebaut erhielt es 1186 durch Bischof Adelog die Weihe[21].

Der größte Zuwachs an Grundbesitz fiel in die Amtszeit der Äbte Ernst (1260–1297)[22], Heinrich v. Wendhausen (1298–1331)[23] und Konrad v. Steinberg (1333–1346)[24]. Dabei handelte es sich vorwiegend um Schenkungen.

Dieser Blütezeit der klösterlichen Wirtschaft folgte seit der Mitte des 14. Jahrhunderts unter den Äbten Hartmann Friese (1349–1374), Bodo v. Oberg (1376–1380) und vor allem Hermann Hake (1380–1393) eine starke Rezession, die sich in den Urkunden in einer Abnahme der Neuerwerbungen, verbunden mit einer auffallenden Häufung von Verpfändungen widerspiegelt[25]. Der Grund für diese Entwicklung wird in einem steigenden Aufwand der Mönche zu suchen sein, der wiederum eine Folge des allgemeinen Verfalls der klösterlichen Zucht im ausgehenden Mittelalter war, von dem auch St. Michaelis nicht verschont blieb[26]. Nachdem aber Kardinal Nikolaus von Kues im Jahre 1451 seine Reformen durchgeführt hatte[27], und das Kloster der Bursfelder Kongregation beigetreten war, entwickelte es sich in der Folgezeit in jeder Hinsicht zu einer ‹Musteranstalt›[28] für den ganzen norddeutschen Raum und durfte bis zu seiner Aufhebung zu Beginn des 19. Jahrhunderts den Anspruch auf eine führende Stellung unter den Klöstern des Bistums unbestritten erheben[29].

So ist es verständlich, daß der preußische Staatsminister Friedrich-Wilhelm v. d. Schulenburg-Kehnert, in dessen Händen die Eingliederung des Bistums in die preußische Verwaltung lag, in einem Bericht vom 4. Januar 1803 noch nachdrücklich von einer Säkularisation der Abtei St. Michaelis abriet, und zwar einmal aus ökonomischen Gründen, da

16 BERTRAM, I, S. 71.
17 UB I, 67; vgl. dazu o., S. 2, Anm. 15.
18 UB I, 61 (1022).
19 UB I, 65.
20 HOOGEWEG, Verzeichnis, S. 66.
21 Ebd.
22 Vgl. z. B.: UB III, 164 (1267), 384 (1274); 214 (1268), 223 (1269), 444 (1276), 455 (1276); 604 (1282), 608 (1282), 1040 (1295).
23 UB III, 1211 (1299), 1250 (1300), 1372 (1302), 1417 (1303), 1538 (1305), 1646 (1308), IV, 279 (1315), 412 (1317), 563 (1320), 634 (1321), 638 (1321).
24 UB IV, 1336 (1333, zusammenfassendes Verzeichnis).
25 Dazu zahlreiche Belege in UB V und VI.
26 HOOGEWEG, Verzeichnis, S. 66.
27 NIKOLAUS V. KUES vereinigte die seit 1400 zwischen Abt und Konvent des Michaelisklosters geteilten Güter wieder zu gemeinsamen Besitz. Er setzte die beiden streitenden Äbte Heinrich Waltorp und Dietrich ab, untersagte für zwei Jahre die Abtwahl und setzte zwei Administratoren ein; DOEBNER, UB, VII, 37 (1451).
28 BERTRAM, I, S. 410.
29 KONSCHAK, S. 83.

–wie es in dem Bericht heißt – diese und die Godehardiabtei «als selbst administrierende und konsumierende Korporationen ein Beträchtliches verzehren und der geringeren und ärmeren Klasse, welche hier sehr zahlreich ist, in mancher Art sehr zustatten kommen»[30].

Darüber hinaus befürchtete Schulenburg, daß die Auflösung der bei der Bevölkerung wegen der Tätigkeit wie auch der Lebensführung ihrer Insassen in hohem Ansehen stehenden Michaelisabtei einen keineswegs günstigen Eindruck «besonders bei dem gebildeten Publiko hiesiger Provinz» hervorrufen würde[31].

Die Fürsprache Schulenburgs hatte indessen keinen Erfolg; am 18. Februar 1803 wurde das Michaeliskloster aufgehoben[32].

[30] KONSCHAK, S. 67.
[31] Ders., S. 70; diese Befürchtung hat sich auch durchaus bewahrheitet, S. 83.
[32] Ders., S. 85.

TEIL I

Geschichte der bäuerlichen Besitzrechte

A. Das Villikationssystem

Während am Niederrhein und in manchen Gebieten Westfalens schon früh große Villikationen nachweisbar sind, deren Alter teilweise bis in die Karolingerzeit zurückgeht[1], begegnen uns in den frühen Hildesheimer Urkunden erstaunlich wenige Hinweise auf das Vorhandensein eines Villikationssystems. Der Ausdruck ‹villicatio› findet sich erstmals in einer Niederschrift des Jahre 1175[2]. Aus der Zeit zwischen 800 und 1000 gibt es zwar zahlreiche Quellen über Dotierungen von Stiftern und Klöstern, jedoch ist in diesen Fällen durchweg nur von ‹praedia›, ‹decima›, ‹mansi›, ‹terra culta et inculta› etc. die Rede[3], ohne daß zusammenhängende Verwaltungskomplexe erkennbar wären. Im Jahre 1013 werden neben nobiles und liberi auch ‹coloni litones aut servi› erwähnt[4]; die für das gesamte Mittelalter gültige ständische Gliederung ist also bereits voll ausgebildet. Spätestens um diese Zeit wird man auch das Bestehen von Hofverbänden nach Art der Villikationen vermuten dürfen. Bischof Bernwards Gründungsurkunde für das Michaeliskloster von 1022[5] gibt einen ersten Hinweis: Der Besitz des Klosters ist gegliedert in ecclesiae, curtes und praedia. Unter ‹curtes› heißt es: «in Scenige dominicalis casa cum XXX mansis et uno, in Remninge alia cum XL mansis, in Senstide cum centum familiis et vinea». Hier haben wir ohne Zweifel Villikationen vor uns.

Die nächste eindeutige Nachricht datiert erst vom Jahre 1106: Unter den ‹allodia› des Klosters Ringelheim befindet sich «in Havenhusen (+) curia cum foreverco et IV litonibus», also ein – wenn auch recht kleiner – Hofverband; die Urkunde zählt im übrigen die Abgaben des villicus und eines jeden Litonen einzeln auf[6].

Das Kreuzstift besitzt im Jahre 1151[7] bereits dreizehn kleinere Villikationen, bei denen der Haupthof als ‹forevercum› bezeichnet wird, z. B.

in Birberge forevercum et mansos litonum XV,
in Odilem forevercum et mansos litonum III,
in Vorsate forevercum et mansos litonum XXVI.

---

[1] Vgl. etwa KÖTZSCHKE, Werden a.d.Ruhr; WEIGEL, Frauenstift Essen; WEIBELS, Großgrundherrschaft Xanten.

[2] UB I, 372 (Bischöfl. Villikation in Clauen).

[3] UB I, 16 (887, Papst Stephan bestätigt Besitzungen der Hildesheimer Kirche); UB I, 43 (1001); UB I, 52 (1013); UB I, 56 (1013); UB I, 57 (1013).

[4] UB I, 60.

[5] UB I, 67; Fälschung aus der 2.Hälfte des 12. Jh., v.d.STEINEN, DAEM, 12 Jg. (1956), S. 334, Anm. 13, S. 337; vgl. JANICKES Apparat zu I, 67. Da über den Fälschungszweck keine Klarheit herrscht, ist der Inhalt der Dotierung nicht unbedingt anzuzweifeln. Die zitierte Stelle ist teils aus der echten Stiftungsurkunde für die Kreuz-Kapelle v. 996 (UB I, 38), teils aus der ebenfalls echten Urkunde Heinrichs II. v. 1022 (UB I, 68) abgeschrieben. Letztere stimmt auch sonst mit der Fälschung weitgehend überein.

[6] UB I, 271.

[7] UB I, 275.

Das Kloster Georgenberg bezieht 1152 seine Einkünfte aus seiner großen Villikation in Schwanbeck[8]:

curtem cum triginta mansis et areis suis et litonibus et tribus molendinis.

Erst seit dem ausgehenden 12. Jahrhundert häufen sich die Belege für das Vorhandensein von grundherrschaftlichen Hofverbänden. So treffen wir 1175 auf die bischöfliche villicatio in Clauen[9], 1180 auf die villicatio in Kl. Lobke[10] und 1182 auf die drei villicationes der Dompropstei in Itzum, Hasede und Losebeck[11].

Im Jahre 1183 ist von ‹villici et litones› des Kreuzstiftes die Rede[12], im Jahre 1188 von einer villicatio des Godehardiklosters in Wetteborn[13]. Weitere Villikationen des Domkapitels in Lede[14], Orsleve, Othfridessen[15], Muldinke und Algremissen[16] werden in Urkunden aus der Wende zum 13. Jahrhundert genannt; die meisten Belege stammen erst aus dem 13. und 14. Jahrhundert.

Es gab also auch im Hildesheimischen eine Villikationsverfassung, wobei freilich nicht übersehen werden darf, daß die überwiegende Zahl aller uns bekannten Quellen, insbesondere die Dotationsurkunden, nur einzelne Hufen, Morgen, Joch oder noch kleinere Einheiten aufführen, so daß sich ein ganz beträchtlicher Teil der grundherrlichen Ländereien in Streulage befunden haben muß[17].

Dabei hat es jedoch offenbar an einer Eigenwirtschaft der geistlichen Grundherren gefehlt; die Quellen erwähnen die Villikationen und curtes überwiegend im Zusammenhang mit Geld- oder Naturalabgaben der dort ansässigen Bauern, was auf einen rentengrundherrlichen Charakter dieser Verbände schließen läßt[18].

Die Terminologie der Villenverfassung entspricht im allgemeinen den westfälischen Urkunden. Der aus Haupthof und Nebenhöfen gebildete Komplex wird als villicatio, seltener als allodium[19], später zuweilen als officium[20] bezeichnet.

Für den Haupthof finden sich unterschiedliche termini: meist curia[21], daneben curia villicationis[22], curia villicalis[23], area villicationis[24], sedelhof[25].

Die Nebenhöfe heißen mansus oder mansus litonum[26]. Die Bezeichnung Meierhof und Kothof treffen wir erst spät an; es ist dann oft schwer zu entscheiden, ob man es dabei

---

[8] UB I, 279; I, 520 (1196); Schwanbeck liegt schon außerhalb der Grenzen des späteren Hochstiftes, nördlich von Halberstadt.

[9] UB I, 375.

[10] UB I, 396.

[11] UB I, 413.

[12] UB I, 423.

[13] UB I, 458; vgl. I, 472 (1189): «officialis noster Helmwig de Witeburne et nostra familia villicationis eiusdem in predicta Witeburne».

[14] UB I, 534 (1198), wüst b. Gronau.

[15] UB I, 563 (1201), Orsleve wüst b. Horndorf; Othfridessen = Othfresen sdl. Salzgitter.

[16] UB I, 592 (1204), Muldinke = Müllingen; Algremessen = Gr. Algermissen.

[17] Vgl. bis 1200 etwa UB I, 67 (1022); I, 408 (1181, Godehardikloster); I, 483 (1191); I, 635 (1210, Kloster Steterburg).

[18] Vgl. LÜTGE, Wirtschafts- und Sozialgeschichte, S. 110.

[19] UB III, 1431 (1303, Düngen); VI, 546 (1382, Beschreibung der Güter der Dompropstei).

[20] UB VI, 425 (1380, villicaciones seu officia der Dompropstei).

[21] UB V, 298 (1348, Hohenhameln); III, 1299 (13. Jh.); IV, 1429 (1397 Clauen).

[22] UB III, 1299; auch curia claustralis seu vorwercum, IV, 432 (1318).

[23] UB III, 1677 (1308, Grasdorf); VI, 936 (1389).

[24] UB VI, 280 (1377, Kemme),

[25] UB II, 355 (1232, Dorste, curia domestica, que vulgari nomine dicitur sethelhof).

[26] UB V, 999 (1362); LÜNTZEL, S. 105: homines villicationis, sive mansos litonum habeant, sive non habeant (1280).

noch mit Begriffen und Fakten des Fronhofsystems zu tun hat. In der Dotationsurkunde des Bischofs Gerhard für das Karthäuserkloster vom Jahre 1389 ist wohl noch von einer Villikation die Rede:

> Item (dotamus) cum octo mansis et una curia villicali, que vulgariter meygerhof dicitur, et quibusdam curtibus, vulgariter kothove dictis ad ipsos mansos et curiam spectantibus.[27]

Der grundherrliche Verwalter auf den Haupthöfen wird neben villicus an einigen Stellen auch officialis[28] oder procurator[29], später Meier[30] genannt, die Bebauer der Nebenhöfe durchweg litones oder Laten.

Diese Dinge sind bekannt und bedürfen keiner weiteren Erläuterung. Von Bedeutung dürfte aber die Frage sein, ob und in welchem Umfang sich bei den hildesheimischen Villikationen Auflösungserscheinungen bemerkbar machten, und welche Folgen sich daraus für die Agrarverfassung dieses Gebietes ergaben.

Ausgangspunkt für die hier anknüpfende wissenschaftliche Diskussion sind die Thesen, die W. WITTICH in seinem Werk über die nordwestdeutsche Grundherrschaft aufgestellt hat[31]. Sie sind oft in ihren Einzelheiten dargestellt worden; hier mag daher eine kurze Zusammenfassung genügen.

Seit der Karolingerzeit sei in Nordwestdeutschland das Villikationssystem allgemein verbreitet gewesen. Im 11. und 12. Jahrhundert hätten jedoch die inzwischen zu Ministerialen aufgestiegenen Verwalter oder Meier der Villikationen begonnen, sich ein Erbrecht an ihrem Mandat anzumaßen und sich zu weigern, die Einkünfte wie bisher an die Grundherren weiterzuleiten. Die Grundherren seien nunmehr zunächst dazu übergegangen, auf die Ablieferung aller auf dem Haupthof einkommenden Naturalien zu verzichten und statt dessen, verbunden mit einer zeitlichen Befristung des Mandats, dem Meier fixierte, gleichbleibende Abgaben aufzuerlegen. Damit sei eine frühe Form der Zeitpacht entstanden[32].

In der Folgezeit hätten die Grundherren dann den Haupthof von der übrigen Villikation getrennt und den Verwalter auf diesen und das Salland beschränkt. Die mit Hörigen besetzten Nebenhöfe – Lathufen – hätten nämlich keine zeitgemäßen Einkünfte mehr geboten: Die Hörigen seien zwar nicht rechtlich, aber doch «wirtschaftlich zu Eigentümern ihrer Lathufen» geworden; ihr vor Jahrhunderten festgesetzter Zins sei kraft Hofrechts nicht erhöhbar gewesen[33], die «glebae adscriptio» habe ihnen faktisch ein erbliches Besitzrecht gegeben.

Durch Freilassung der Laten, Verzicht auf die ohnehin entwerteten Pflichten der Hörigkeit[34] und damit letztlich Aufhebung des Besitzrechts der Hörigen hätten die Grundherren die volle Verfügungsfreiheit über ihre Ländereien zurückgewonnen und die freigewordenen Höfe zu größeren, rationeller arbeitenden Betrieben vereinigt. In Niedersachsen sei meist aus drei bis vier Lathufen mit einer «area» im Dorf ein neues Bauerngut geschaffen worden[35]. Diese Güter seien nun zu demselben Recht wie vorher bereits die Haupthöfe an die ehemaligen Laten, die sich folglich ebenfalls «Meier» nannten, ausgetan worden, wobei ein Teil der früheren Hörigen zu freien Bauern geworden sei, deren einstiges hofrechtliches Besitzrecht von nun an auf einem landrechtlichen Vertrag beruhte.

---

[27] UB VI, 936.
[28] UB III, 971 (1293, Himmelsthür); III, 1316 (1301, Himmelsthür).
[29] UB V, 75 (1342, Lengede: villicus sive procurator bonorum).
[30] UB VI, 349 (1378); VI, 543 (1382, Eitzum, Kr. Gronau).
[31] Die Grundherrschaft in Nordwestdeutschland, 1896; ders., ZSWG 2 (1894), S. 31 ff.
[32] WITTICH, Grundherrschaft, S. 330.
[33] Ebd., S. 320.
[34] Ebd., S. 321, 322.
[35] Ebd., S. 330.

Diese konstruktiv bestechende Lösung fand bei vielen Zeitgenossen WITTICHs Zustimmung[36]. Es gab jedoch auch ablehnende Stellungnahmen von seiten namhafter Historiker[37].

Eingehende methodische Kritik übte erst FR. SOLF[38], der vor allem WITTICHs Quelleninterpretation rügte[39]. Er vertrat seinerseits die Ansicht, daß man die Ursachen der wirtschaftlichen Umwandlung nicht so sehr in dem Drang der villici nach rechtlicher und wirtschaftlicher Unabhängigkeit zu suchen habe, sondern vielmehr in dem natürlichen Bestreben der Grundherren, sich selbst den möglichst größten Vorteil aus ihrem Eigentum zu verschaffen und sich daher den jeweiligen Voraussetzungen einer produktiven Wirtschaftsführung anzupassen[40]. Für die Grundherren sei stets der Gedanke der «spes maioris utilitatis» richtungweisend gewesen. Die Gründe, die eine Änderung der bestehenden Verfassung hätten notwendig erscheinen lassen, seien in den Einzelfällen unterschiedlich gewesen: Erschwerung der Aufsicht durch ungünstige Lage, insbesondere Streulage, Schulden, die den Grundherrn zur Verpachtung gegen Geld zwangen. Auch schlechter Boden könne der Grund dafür gewesen sein, daß man den Verwaltern größere Selbständigkeit gegeben habe, um sie so zu intensiverer Wirtschaft anzuspornen. Schließlich könne auch der durch den spätmittelalterlichen Bevölkerungsrückgang[41] bewirkte Personalmangel manche Grundherren bewogen haben, sich dieser Sorge dadurch zu entledigen, daß sie ihr Land gegen festen Zins in fremde Hände gaben[42]. So kommt SOLF zu dem Ergebnis, daß eine Vielzahl von Gründen zur allmählichen Auflösung der Villikationen und zur wachsenden Bedeutung des Meierrechts geführt habe[43]. Er wahrt aber, bei aller Kritik, den von WITTICH festgestellten Zusammenhang zwischen beiden Vorgängen, wenn er auch in der Konstruktion andere Wege geht.

Die Tendenz, die Entwicklung des Meierrechts gegenüber der Auflösung der Villikationen zu verselbständigen, tritt bei H. MAUERSBERG[44] hervor. Er lehnt die Gesetzmäßigkeit der Entwicklung, wie sie bei WITTICH zum Ausdruck kommt, ab, da sich die Umbildung der Sozialverhältnisse organisch vollziehe und nicht von einer Gesellschaftsschicht allein zu lenken sei[45]. Da die Anzahl der ursprünglich in Niedersachsen vorhandenen Villikationen nicht zu hoch geschätzt werden dürfe, falle es schwer, hier allein den Grund für die im späten Mittelalter allerorts begegnenden Meierverhältnisse zu sehen[46]. In seinem Kern müsse das Meierrecht daher schon vorher ein Recht des Landbesitzes gewesen sein[47], nämlich als ein bereits früher vielfach vorkommendes unmittelbares dingliches Abhängigkeitsverhältnis freier Bauern zu ihrem Grundherrn[48].

In einen europäischen Zusammenhang sucht HUPPERTZ[49] die Entstehung der ‹neueren› Grundherrschaft zu bringen. Ihm hat sich neuerdings WEIGEL[50] angeschlossen. HUPPERTZ

---

[36] KNAPP, Grundherrschaft u. Rittergut, 1897, S. 79 ff.; KÖCHER, ZHV 1897, S. 1 ff.; v. BELOW, Gött. Gel. Anz. 160. Jg. (1898), S. 923 ff.; GRUPP, HJb. 19. Bd. (1898), S. 338 f.

[37] A. MEITZEN, DLZ, 18. Jg. (1897), Sp. 1900 ff.; L. ERHARDT, HZ 79, S. 292 ff.; KÖTZSCHKE, DZGW, N.F. II, S. 269 ff.

[38] Diss. 1935.

[39] Ders., S. 13 ff.

[40] Ders., S. 21; vgl. DOPSCH, Grundherrschaft, S. 64.

[41] Dazu ABEL, Wüstungen, S. 72 ff.; FRÖHLICH, ZRG 64 (1944), S. 296 f.

[42] SOLF, S. 26.

[43] Ders., S. 27.

[44] Beiträge (1938), S. 86 ff.

[45] MAUERSBERG, S. 90.

[46] Ders., S. 87.

[47] Ders., S. 88.

[48] Ders., S. 87.

[49] Räume und Schichten (1939), S. 111.

[50] Frauenstift Essen (1960), S. 179 ff.

geht dabei von der Hypothese einer gleichartigen Entwicklung im ‹nordeuropäischen Raum› aus, deren Schwerpunkt im Aufkommen der Pacht und deren Bewegung von West nach Ost liege. Das Meierrecht sei ein östlicher Ausläufer der Pacht[51].

Die Entstehung der Großbauernbetriebe erklärt HUPPERTZ im Gegensatz zu WITTICH nicht mit der Zusammenlegung von Lathufen, sondern er hält das ‹Großbauerntum› für das primäre[52]. Mit dieser Vermutung knüpft er an HÖMBERG[53] an, der auf die allmähliche Vergrößerung der Ackerfläche weit über die alte Hufengröße hinweist und darin den Ursprung der aus mehreren Hufen bestehenden Meierhöfe gefunden zu haben meint.

Das neuere Schrifttum, angeführt von F. LÜTGE, hat sich eine vermittelnde Ansicht zu eigen gemacht, wobei – unter teilweise erheblichen Vorbehalten – noch eine gewisse Anlehnung an WITTICH zu beobachten ist[54]. LÜTGE warnt jedoch vor einer Überschätzung des villikationsgebundenen Anteils der gesamten Bauernschaft[55] und folgert daraus m. E. mit Recht, daß die Reformpolitik der Grundherren nur den «engeren Kreis» der fest an eine Villikation gebundenen Bauern ergriffen haben könne[56]. Der Auffassung WITTICHS von der Entstehung der Meierhöfe durch Vereinigung mehrerer Lathufen hält LÜTGE die Tatsache entgegen, daß solche Höfe auch auf ehemaligen Wüstungen und auf Neurodungsland anzutreffen sind[57].

Die Entwicklung in Hildesheim läßt sich mit WITTICHS Auffassung nur sehr bedingt in Einklang bringen. Wesentliche Punkte, unter anderem die Entstehung des Meierrechts, erfordern – wie sich zeigen wird – eine andere Betrachtungsweise.

Ohne Zweifel waren die Verwalter der bereits erwähnten Villikationen ursprünglich, wie auch in anderen Gebieten, verpflichtet, die Erträge in ihrer jeweiligen Höhe dem Grundherrn abzuliefern. Aus dieser Zeit waren keine Quellen aufzufinden. Eine erste Änderung war die Festsetzung einer bestimmten Menge und Beschaffenheit der Abgaben, die offenbar nach den Durchschnittsernten berechnet wurde[58].

Ein Beispiel liefert die schon genannte Urkunde des Klosters Ringelheim von 1106[59], in der zunächst die Abgaben des villicus und dann die der einzelnen Laten genau aufgezeichnet sind. Als Grund für die Fixierung der Leistungen gibt das Domkapitel einmal an:

propter inopiam villicationum ... et paupertatem colonorum.[60]

Sicher erhoffte man sich eine Besserung der Verhältnisse dadurch, daß man dem villicus die Möglichkeit bot, etwaige Überschüsse selbst zu behalten.

Daß andererseits das System in seiner alten, auf die Versorgung mit Naturalien abgestellten Form den wirtschaftlichen Verhältnissen schon der ersten Hälfte des 12. Jahrhunderts nicht mehr gerecht wurde, zeigt die Tatsache, daß begonnen wurde, zunächst

---

[51] Zu einem ähnlichen Ergebnis kommt H. THIEME, Festschrift A. Schultze (1934), S. 218, der auf Grund eingehender Einzelforschungen das dem Meierrecht verwandte Landsiedelrecht als eine unter römisch-rechtlichem Einfluß entstandene Pachtform darstellt.

[52] HUPPERTZ, S. 113.

[53] Grundfragen der dt. Siedlungsforschung (1938), S. 49; gleiches meint PRÖVE, Dorf und Gut im alten Herzogtum Lüneburg (1929), S. 27/28 aus der Entwicklung des dörflichen Siedlungsbildes ersehen zu können.

[54] LÜTGE, Sozial- und Wirtschaftsgeschichte, S. 117 ff.; vgl. SAALFELD, Bauernwirtschaft, S. 15; ZODER, NdsJb 1951, S. 5 ff.

[55] Agrarverfassung, S. 56.

[56] Sozial- und Wirtschaftsgeschichte, S. 117.

[57] Agrarverfassung, S. 88.

[58] Vgl. WITTICH, S. 312.

[59] UB I, 271.

[60] UB II, 145 (1225).

Dienstleistungen durch Geldzinse zu ersetzen. Das Kloster Georgenberg verlangte schon im Jahre 1145 von seinen Laten

pro omni ministerio decem solidos.

Wer nur eine halbe Hufe besaß, zahlte fünf solidi[61].

Seit etwa 1300 fiel teilweise die Verpflichtung zur Lieferung von Naturalien ganz fort; die Verwalter verkauften ihre Erträge für eigene Rechnung und zahlten dem Grundherrn jährlich einen festen Geldzins[62]. Auch das galt nicht allgemein, vielmehr erhielten sich anderenorts sowohl Dienstpflicht als auch Naturalzins[63].

Neben diesen Änderungen in der Art und Weise der Abgabenleistungen zeigte sich auch bezüglich der Dauer des Verwalteramtes die Tendenz, gewisse Grenzen zu ziehen. Es ist an sich nicht notwendig, den Grund hierfür in der Unzuverlässigkeit der Verwalter zu suchen; eigentlich legte schon der Umstand, daß der nunmehr feste Zins jährlich fällig wurde, den Gedanken nahe, auch die Zahl der Jahre von vornherein festzulegen.

Es hat allerdings den Anschein, daß zunehmende Unstimmigkeiten über die Pflichten aus dem Mandatsverhältnis die Grundherren veranlaßt haben, die Rechte der villici einzuschränken. So berichtet eine Urkunde des Kreuzstiftes aus dem Jahre 1224 von einem villicus,

qui quasi per violentiam in eis (bonis) manens fecit de ipsis quod sibi placuit.[64]

An anderer Stelle heißt es:

invenimus nostram ecclesiam de villicacionum suarum locacione ... enormem hactenus incurisse et adhuc cottidie gravem incurrere lesionem.[65]

Die Reaktion der Grundherren auf solche Vorkommnisse war nun nicht etwa die, das ganze System aufzuheben. Teilweise setzte man nur einen neuen Verwalter ein, sobald man sich des alten entledigt hatte, was nicht immer einfach war[66].

Von einem villicus Albert des Kreuzstiftes wird gesagt, daß er

male tractaret nos singulis annis non dando censum de curia illa dandum.

Als man ihn schließlich zum Verzicht auf sein Amt bewegt hatte, wurde die Villikation an einen gewissen Heinrich ausgegeben, und zwar

ad idem ius, ad quod eam habuit iam dictus Albertus.[67]

Auf dem Haupthof sollten von nun an allerdings nur noch die Dienste der Lathüfner abgetragen werden; die Zinsleistungen dagegen zog der Kellner des Stifts unmittelbar ein.

Ein anderer Weg, zuverlässigere Leute in die Villikationsverwaltung zu bekommen, fand sich für die Stifte darin, die Villikationen nur noch an Angehörige ihres Kapitels zu vergeben. Das Moritzstift beschloß im Jahre 1282:

villicationes vacantes vel in futurum vacaturas infra nostrum capitulum committemus,[68]

und auch das nur solange wie die ‹utilitas temporis› keine andere Art der Nutzung er-

---

[61] UB I, 237.
[62] UB III, 920 (1291, Lebenstedt: sex talenta); III, 1305 (1301, Lafferde: sexaginta talenta).
[63] Zum Beispiel UB V, 342 (1349, betr. die Villikationen des Moritzstiftes in Bierbergen und Lebenstedt).
[64] UB II, 112.
[65] UB III, 619 (1282, Moritzstift); vgl. auch die vielzitierte Stelle in UB I, 275 (1151), die aber nicht eindeutig ist, da mit ‹pravi homines› nicht unbedingt villici gemeint zu sein brauchen.
[66] Zum Beispiel UB III, 768 (1286; villicus des Kreuzstiftes).
[67] UB II, 884 (1251); vgl. III, 675 (1284).
[68] UB III, 619.

fordern würde. Dementsprechend findet sich auch später im Amtseid des Propstes der Passus:

> iuravimus, quod villicationes extra capitulum non dimittamus.[69]

Das Kreuzstift setzte gleichfalls in seinen Statuten von 1366 fest:

> Item nullus debet obligare villicaciones extra capitulum.[70]

Ob diese Lösung auf die Dauer zufriedenstellend war, ist zu bezweifeln. Die Stiftsherren waren zwar keine Mönche und den weltlichen Dingen nicht so fremd wie diese, sicher aber doch in der Regel keine geeigneten Verwalter für einen landwirtschaftlichen Betriebsverband. Für sie wird daher weitgehend das gleiche gegolten haben, was in einer Urkunde des Klosters Escherde zum Ausdruck kommt: Die Ersetzung der villici durch Laienbrüder führte zu einer solchen Mißwirtschaft, daß sich das Kloster gehalten sah, schließlich wieder auf rein weltliche villici zurückzugreifen[71].

Einen Schritt weiter ging das Domkapitel. Der Dompropst verpflichtete sich,

> ut villicaciones, quas nunc sub nobis habemus et que de cetero vacaverint, per nos habeamus, nisi alicui de capitulo velimus committere.[72]

Grundsätzlich wurden also vacante Villikationen nicht mehr als solche ausgetan, sondern das Verwaltungssystem wurde in der Hand des Dompropstes zentralisiert. Das war nicht neu: schon 1267 hatte Dompropst Ludolf die Villikation Himmelsthür, nachdem der dortige villicus Pilo verstorben war, in eigene Verwaltung genommen («tamquam villicus»)[73]. Wenn aber der Dompropst selbst verwaltete, so war damit die Sonderstellung der Haupthöfe, ihre ‹Mittelinstanz›, letztlich beseitigt; sie waren den Nebenhöfen gleichgestellte Verwaltungsobjekte, die man mit Laten besetzen konnte[74] oder nach Meierrecht austat.

Im Latengericht führte nunmehr häufig der Propst selbst den Vorsitz, wie die Bezeichnung ‹Propstding› bezeugt[75].

Das Rechtsverhältnis der Laten blieb dabei jedoch unverändert, obwohl so aus dem Höfeverband allmählich ein bloßer Gerichtsverband wurde, und die Pflichten der Hörigkeit später immer mehr als dingliche Belastung des Gutes empfunden wurden[76].

Bezeichnend für die Geschichte der Hildesheimer Agrarverfassung ist es, daß eine weitere Auflösung des Latenverbandes nicht zu belegen ist. Damit läßt sich aber auch die von WITTICH vertretene unmittelbare Überleitung zum Meierrecht hier nicht nachvollziehen. Die Höfeverbände blieben vielmehr auch über das Mittelalter hinaus in ihrer Mehrzahl als ‹Meierdings›-Verbände bestehen[77].

---

[69] UB IV, 921 (1326); VI, 1338 (1395).

[70] UB V, 1195.

[71] UB IV, 804 (1324).

[72] UB III, 862 sub 15 (1290); V, 389 (1350).

[73] UB III, 168.

[74] StAH Hild. Br. 3, 1, 406, wo der Meierhof des Michaelisklosters in Seinestedt (ehem. Villikation) noch 1467 als Latgut bezeichnet wird.

[75] UB III, 768 (1286): in communi provestding coram nobis et multis litonibus (in Kemme); III, 1305 (1301: provestdhing in Lafforde, i. S. v. Meierding).

[76] s. u., S. 59 ff.

[77] Nahezu alle in den Urkundenbüchern genannten Villikationen waren noch in der Neuzeit Sitz eines Meierdinges.

B. Das Fortbestehen der Meierdingsverbände

Am anschaulichsten sind die Verhältnisse in der Dompropstei. Sie sollen daher kurz beleuchtet werden. Bis zu seiner Auflösung besaß das Domkapitel dort folgende Villikationen, bzw. Meierdinge[78]:

1. Bahrum,	2. Beddingen,	3. Söhlde,
4. Bülten[79],	5. Hoheneggelsen,	6. Adlum,
7. Algermissen,	8. Hasede,	9. Borsum,
10. Itzum,	11. Himmelsthür,	12. Losebeck.

Die Dörfer Itzum, Hasede und Losebeck werden bereits in einer Urkunde des Jahres 1182 als Villikationen des Domkapitels genannt[80]. Es folgen im Jahre 1204 Algermissen und Müllingen, welches später dem Dompropst persönlich zustand[81], im Jahre 1225 Borsum, Himmelsthür und Hoheneggelsen[82], 1232 Bülten[83], ein Jahr später Bahrum und Beddingen[84] und schließlich Söhlde im Jahre 1235[85] und Adlum im Jahre 1277[86]. Nach einer Aufzeichnung vom Jahre 1382[87] gliederte sich die Dompropstei in vierzehn Villikationen, nämlich die zwölf genannten Ortschaften sowie Müllingen und Lede (+).

Die Meierdingsverbände des Michaelisklosters lassen sich zum Teil ebenfalls auf ehemalige Villikationen zurückverfolgen, wobei jedoch die Quellen weniger eindeutig sind, so daß manche Frage offen bleiben muß. Das Kloster war Herr über fünf Meierdingsverbände, die bis zu seiner Aufhebung fortbestanden. Die Zentren der Verbände, d. h. die Dingstätten, befanden sich an folgenden Orten:

1. *Lafferde*

Das Dorf wird bereits in der angeblichen Gründungsurkunde vom Jahre 1022[88] erwähnt, wobei aber nur unbestimmt von ‹praedia› die Rede ist.

Aus einer späteren Urkunde geht jedoch hervor, daß das Kloster hier eine Villikation besessen hat: Genannten wird eine jährliche Rente von einem Talent gewährt,

> dandum de abbacia scilicet de curia villicaria in Laffordhe, quod talentum custos a villico recipiet et predictis ministrabit.[89]

Zu dem Haupthof gehörten zehn Lathufen mit ihren Hofstellen (areae)[90].

In die Zeit dieser Urkunde fällt auch die erste Erwähnung des Lafferder Meierdings: Das Kloster kauft seinen Laten sechs Hufen ab,

> Hiis mansis ipsi litones in iudicio, quod vulgo dicitur meyerdinc, renunciaverunt coram nobis et aliis viris, quos vocant nothen.[91]

[78] Hoffmann, S. 81, vgl. S. 12.
[79] Seit ca. 1700 Lafferde, StAH Hild. Br. 1, 12, 2, Nr. 8.
[80] UB I, 413: tres villicaciones prepositure, que site sunt Isnem, Hase, Lusbike.
[81] UB I, 592: Muldinke, Algremessen.
[82] UB II, 145.
[83] UB II, 337.
[84] UB II, 365 (1233).
[85] UB II, 410.
[86] UB III, 448.
[87] UB VI, 546 (Descriptio bonorum prepositure).
[88] UB I, 67.
[89] UB IV, 646 (1322).
[90] UB IV, 638 (1321).
[91] UB IV, 444 (1318).

Kurz darauf wurde offenbar auch hier die Trennung des Haupthofes von den Lathufen vollzogen: Abt Heinrich von Wendhausen vermerkt in seinem Güterverzeichnis von 1331:

Villico de Lafferde dedi pro resignatione curie XXII marcas.[92]

Die Genossenschaft der Laten und ihre hofrechtliche Organisation aber blieben erhalten und mit ihnen auch das Meierding.

2. Hoheneggelsen

Erstmals im Jahre 1255 lassen sich hier Besitzungen des Klosters nachweisen, nämlich als ihm Bischof Heinrich die Vogtei über dortige Güter überträgt:

advocatiam omnium bonorum et litonum cum omnibus mansis et bonis, que pertinent ad eosdem litones.[93]

Die nächste Erwähnung findet sich im Güterverzeichnis des Abtes Heinrich von Wendhausen von 1321:

In Eggelsen (habemus) IX mansos cum II curiis et aliis pertinenciis et IX mansos litonicos cum areis.[94]

Demgegenüber spricht das Register des Abtes Konrad vom Jahre 1333[95] nur noch von sieben Lathufen. Die wenigen Auskünfte lassen es nicht gesichert erscheinen, ob hier eine klösterliche Villikation bestanden hat oder ob die Lathufen vom benachbarten Lafferde aus mitverwaltet worden sind.

Die ersten uns überkommenen Urteile des Meierdinges Hoheneggelsen stammen aus der zweiten Hälfte des 15. Jahrhunderts[96].

3. Nettlingen

Bischof Bernward dotierte das Kloster bei seiner Gründung mit zwanzig Hufen in Nettlingen[97]. In der Folgezeit finden sich nur sehr dürftige Angaben. Das Güterverzeichnis von 1333 nennt neun Lathufen[98]. Das Vorhandensein einer ganzen Villikation ist auch hier nicht sicher, aber doch sehr wahrscheinlich.

4. Völksen

Völksen (b. Springe) findet zum erstenmal in einer Urkunde von 1254 Erwähnung[99], und zwar handelt es sich dabei um den Verzicht eines villicus der Grafen von Hallermunt auf Rechte an dortigen Gütern des Klosters. Über Umfang und Natur der Güter fehlt jedoch eine Angabe.

[92] UB IV, 1155.
[93] UB II, 964 (1255).
[94] UB IV, 638 (1321).
[95] UB IV, 1336 (1333).
[96] NOLTEN, De praediis rusticorum, S. 126 (1480); GRIMM, III, S. 248 (1481).
[97] UB I, 67 (1022: in Nitelogon dominicalis casa cum XX mansis et unum); dsgl. I, 68 (1022, echt).
[98] UB IV, 1336.
[99] UB II, 943.

13

Aufschlußreicher ist ein Meierbrief des Klosters für den Ritter Wikbrand von Harboltzen und dessen Sohn[100]. Dort heißt es:

Wicbrandus miles dictus de Harboldessen et Wicbrandus filius suus ... recognoverunt et protestati sunt, quod receperunt in commisso nomine villicorum ... curiam monasterii, que dicitur Monkehof sitam Volkersem cum suis attinentiis, exeptis mansis litonicis.

Hier begegnet uns wieder die für diese Zeit typische Trennung der Lathufen vom Verwaltungshof; sie wurden nicht mitvermeiert. Daß es sich bei der genannten curia um einen Haupthof handelte, legt schon die hervorgehobene Bezeichnung ‹Monkehof› nahe.

An einer späteren Stelle ist vom ‹ammecht to Volkirsem› die Rede[101]. Das Wort ‹Amt› entspricht in den deutschsprachigen Urkunden dem lateinischen ‹officium›, das wiederum häufig an Stelle von ‹villicatio› steht[102]. Zu dieser Zeit haben aber die alten Bezeichnungen schon einen neuen Sinn erhalten, da die Haupthöfe bereits ausgeschieden waren. Villicatio oder Amt bedeuten nunmehr lediglich die bestehengebliebene Genossenschaft der dem früheren Fronhof zugehörigen Laten[103]. Der Ausdruck ‹Meierding› wird vorerst nur im engeren ursprünglicheren Sinn gebraucht, nämlich als das genossenschaftliche Gericht, das nun die Zentralfunktion des Haupthofes übernommen hat.

Erst gegen Ende des 15. Jahrhunderts beginnt man, den gesamten Verband als Meierding – im weiteren Sinne – zu bezeichnen.

Das Meierding Völksen dürfte mit Sicherheit aus einer ehemaligen Villikation des Klosters hervorgegangen sein.

5. Hildesheim

Auf der Abtei des Michaelisklosters wurde alle zwei Jahre das ‹hohe Meierding› gehalten[104]. Ursprünglich wohl ausschließlich Rechtsmittelinstanz, war es seit etwa 1650 auch erstinstanzlich tätig. Die ihm zugehörigen Güter lagen in den domprosteilichen Dörfern Borsum, Hüddessum und Machtsum[105]. Wann diese Ländereien in die Hand des Klosters gelangt sind, war nicht festzustellen. Es ist aber anzunehmen, daß sie vom Domkapitel erworben worden sind, da die genannten Dörfer in den Urkundenbüchern ausschließlich im Zusammenhang mit dessen Besitzungen Erwähnung finden[106].

6. Diemarden

Grundherrliche Rechte des Klosters im Göttinger Raum sind, abgesehen von dem Dorf Renshausen[107], gegen Ende des Mittelalters nicht mehr anzutreffen. Eine der letzten Nachrichten ist eine Urkunde des Abtes Heinrich von Wendhausen aus der Zeit zwischen 1310 und 1331:

---

[100] UB III, 1458 (1304).
[101] UB V, 701 (1357).
[102] UB VI, 268 (1377): villicaciones, que per multos et frequencius vocantur officia.
[103] HOFFMANN, S. 38; vgl. UB VI, 543 (1382): Wedekind, de unse unde unses stichtes late was van des ammethes weghene to Eytzem, dar he in horde.
[104] StAH Hann. Des 94, Gen., G II C IV, Nr. 6, Bl. 46.
[105] StAH Hild. Br. 1, 23, 1, Nr. 20 (Landbeschr. v. 1769).
[106] UB VI, 546 (1382): Borsum (Villikation, S. 396), Hüddessum (zur Villik. Borsum, S. 396), Machtsum (zur Villik. Bahrum, S. 389).
[107] Ständig im Besitz des Klosters, StAH Hild. Br. 3, 1, 566.

Nos Henricus abbas omnes hanc litteram visuros vel audituros scire volumus, quod, cum quodam tempore presideremus in villa Dimerden iudicio, quod vulgo dicitur meyerdinc, litones ecclesie nostre a nobis inquisiti iura talia protulerunt . . .[108]

Tatsächlich war das Kloster von Bernward mit beträchtlichem Grundbesitz in Diemarden dotiert worden. Die Urkunden von 1022[109] erwähnen 80 Hufen und einen Hof (curtis).

Um 1200 erwarb Abt Dietrich noch sechs Hufen hinzu[110]. Dennoch gibt die Datierung der zitierten Urkunde einige Zweifel auf: Bereits im Jahre 1234 verkaufte nämlich das Kloster alle Güter in Diemarden dem Kloster Hilwartshausen für 165 Mark[111]. Da zunächst nur 71 Mark gezahlt werden konnten, blieb das Michaeliskloster vorerst weiterhin im Besitz der Güter[112]. Wann der Restkaufpreis gezahlt wurde, ist unbekannt. Der Ort wird aber von nun an nicht mehr in den Urkundenbüchern des Hochstiftes und in den Archivbeständen des Michaelisklosters genannt. Vielmehr ist anzunehmen, daß das Kloster Hilwartshausen bereits um 1255 in den endgültigen Besitz gelangt war, als ihm nämlich von den Herren v. Plesse die halbe Vogtei in Diemarden verpfändet wurde[113]. Im Jahre 1305 erwarb das Kloster noch sechseinhalb Hufen am selben Ort hinzu[114].

Es ist daher schwer zu verstehen wie Abt Heinrich noch um 1310 den Vorsitz bei einem Meierding der Liten des Michaelisklosters geführt haben soll. Obwohl die Echtheit der Urkunde bisher nicht angezweifelt worden ist, muß angenommen werden, daß sie nur die Abschrift einer älteren Nachricht ist, und der Schreiber versehentlich den Namen des derzeitigen Abtes eingesetzt hat. Dann allerdings würde der Rechtsspruch möglicherweise bereits aus der ersten Hälfte des 13. Jahrhunderts stammen und wäre somit eine der frühesten Erwähnungen eines Meierdings. Völlige Klarheit läßt sich darüber wohl kaum gewinnen.

Wie im gesamten Göttinger Raum hat sich auch hier die Latenverfassung nicht über das Mittelalter hinaus erhalten. Das Meierding Diemarden hat daher für die weiteren Untersuchungen keine Bedeutung.

Der vorhergehende Versuch, die geschichtliche Entwicklung der Meierdinge aufzuzeigen, hat ergeben, daß diese sich teilweise, nämlich was die Dompropstei und für das Michaeliskloster die Dörfer Lafferde, Völksen und wohl auch Nettlingen betrifft, unmittelbar auf das alte Genossenschaftsgericht einer früher dort befindlichen Villikationszentrale zurückführen lassen, dessen Vorsitz einst der villicus geführt haben mag[115].

Andere Meierdinge, z. B. Hoheneggelsen, sind möglicherweise erst zu einem späteren Zeitpunkt eingerichtet worden.

Neben dem Domkapitel und dem Michaeliskloster als den größten geistlichen Grundherren im Stift waren vor allem das Kreuzstift und das Moritzstift im Besitz von Meierdingen, die sich ebenfalls leicht auf frühere Villikationen zurückführen lassen[116].

Übereinstimmend mit WITTICH konnte bisher festgestellt werden, daß sich vielerorts

---

[108] UB IV, 38.
[109] UB I, 67, 68, offenbar eine Villikation.
[110] UB I, 594 (1204).
[111] UB II, 400 (1234).
[112] UB II, 454 (1236).
[113] UB der Stadt Göttingen I, 7 (1255).
[114] UB der Stadt Göttingen I, 61 (1305).
[115] WITTICH, S. 294.
[116] Kreuzstift: UB VI, 749 (1386) plebicitum, quod vulgariter eyn meyerdingh nominatur (Lafferde); UB VI, 1429 (1397) in iudicio plebicicio communi nomine meygerdingh nuncupato in curia villicacionis (Clauen); Moritzstift: UB III, 713 (1285) in iudicio dicto meygerdinc; UB IV, 264 (1315) meyerdinck in villa Hoyersem.

eine von den Grundherren gesteuerte Trennung der Haupthöfe von den Lathufen vollzogen hat; das Amt des villicus wich dem des Verwalters auf Zeit, des ‹Pächters›[117]. Der
hofrechtliche Verband der Laten, die nunmehr in ein unmittelbares Verhältnis zu den
Grundherren getreten waren, blieb jedoch als Meierdingsverband weiterhin bestehen.
Das bedeutet nicht etwa, daß in den alten Villikationsdörfern später nicht auch Meier
gesessen hätten, jedoch handelt es sich hier meist um die alten Haupthöfe und den ein
oder anderen Kothof jüngeren Ursprungs[118].

Noch im Jahre 1664 berichtet ein Lafferder Meierdingsvogt an das Kreuzstift:

> daß sie wehren alle mit einander halßeigen, dergestalt, daß in ihrem gantzen dorfe großen
> Lafferde kein eintziger freye man vorhanden.[119]

Das mag zwar etwas übertrieben sein, kennzeichnet aber doch das Übergewicht der
Laten an den ehemaligen Villikationszentren.

Wenn HOFFMANN[120] die Aufrechterhaltung der Hörigenverbände mit dem Bestreben
des Domkapitels erklärt, eine der Landeshoheit möglichst nahe kommende Herrschafts-
und Gerichtsgewalt auszuüben, so übersieht er, daß eben nicht nur das Domkapitel
Meierdingsherr war, sondern auch andere Stifte und Klöster, denen an einer quasi-
landesherrlichen Stellung kaum gelegen sein konnte. Dieses Beispiel zeigt, daß man auf
der Grundlage des von WITTICH – und HOFFMANN – vertretenen Gedankens einer bis
in Einzelheiten von den Grundherren gelenkten Umgestaltung der Agrarverfassung
schwerlich zu einer Erklärung der Hildesheimischen Entwicklung gelangt.

Das Villikationssystem ‹funktionierte›, nachdem die villici ihre Machtposition ein-
gebüßt hatten, offenbar recht gut, so daß zu einer ‹Befreiung› der Laten keine Veranlas-
sung bestand. Erst seit dem 15. Jahrhundert, als der Zinsertrag aus den Meierdingsgütern
immer mehr hinter dem aus den Meiergütern zurückblieb, hätte man Grund zu durch-
greifenden Veränderungen gehabt. Da aber war das Institut schon derart im Traditionellen verankert, die Rechte der Meierdingsleute durch jahrhundertelange Observanz
so gefestigt, daß eine Aufhebung des überkommenen Systems nicht mehr in Betracht gezogen wurde.

C. Entwicklung des Meierrechts

Neben dem unfreien, erblichen Latenbesitzrecht bildeten sich schon früh freie Leiheformen heraus, denen vor allem die Begrenzung auf einen gewissen Zeitraum eigentüm-
lich war.

Seit Beginn des 13. Jahrhunderts tauchen die ersten Belege für Vitalleihen auf. Dabei
ist nicht zu übersehen, daß es bereits früher Vitalleihen gegeben hat, etwa in Form der
Praekarie, die aber in der Regel außerhalb des bäuerlich-rechtlichen Bereichs standen[121].
Schon im Jahre 1211 gibt das Kreuzstift Ländereien aus, «non iure litonis nec aliqua
obligatione perpetua, sed tantum ad tempus vite»[122]. Hier wird die «Nur»-Vitalleihe
ausdrücklich dem erblichen Besitzrecht der Laten gegenübergestellt. Als Grund für die
Einschränkung der Erblichkeit wird von dem Stift die Besorgnis vor einer Entfremdung
der Güter zum Ausdruck gebracht.

[117] Vgl. noch UB III, 841 (1289); Das Kreuzstift gibt dem Sohn des ehem. villicus die curia
in Luttrum und beschränkt das Mandat erstmals auf drei Jahre.
[118] Vgl. Beverina, Hdschr. 303 a (1800).
[119] StAH Hild. Br. 3, 1, 487.
[120] S. 82.
[121] Vgl. UB I, 92 (1054); I, 158 (1103); desgl. die Kaiserurkunden UB I, 87, 90, 91, 104, 107.
[122] UB I, 652.

Ähnlich lautet eine spätere Urkunde des Godehardiklosters:

protestor, quod abbas porrexit mihi unam aream, et hoc tantum temporibus mee vite.[123]

Das Moritzstift, das seine Villikationen noch bis gegen Ende des 13. Jahrhunderts nach herkömmlicher Art verwaltet hatte, vergab im Jahre 1291 die ganze Villikation in Lebenstedt zu Vitalleihe[124]. Kurze Zeit später bestimmte Propst Volrad,

quod per mortem prepositi vel illorum, qui tales habent commissiones, huiusmodi villicationum commissio et omnis impetitio debent expirare.[125]

Etwa zur gleichen Zeit bezeugen die Urkunden auch die ersten Zeitleihen[126]. Für die Vital- und Zeitleihe setzte sich zunächst der Ausdruck ‹commissio› durch[127]. Die Bezeichnung läßt erkennen, welches Gewicht noch auf dem persönlichen Band zwischen Grundherrn und Beliehenem lag. Es scheint daher verfrüht, hier bereits von einer Zeitpacht zu sprechen, wenn das Verhältnis auch im Ergebnis pachtähnliche Züge aufwies[128].

Da die Grundherren sich dieser ‹commissio› in erster Linie hinsichtlich ihrer Villikationen oder deren ehemaligen Haupthöfe bedienten, erhielten auch Verträge über die Vergabe kleinerer Ländereien auf Zeit den erklärenden Zusatz ‹tamquam villico›, etwa:

Heinrich Osterland petivit, ut sibi et filie sue iam dicta (bona) tamquam villico ecclesie committerentur.[129]

Oder an anderer Stelle:

et eandem curiam filio predicti B. tamquam villico locaverunt ad tres annos.[130]

Schließlich:

Dominus Mathias . . . michi ad triennium eundem mansum tamquam villico locaverit.[131]

In anderen Verträgen tauchen ähnliche Wortverbindungen auf, wie ‹loco villici› oder ‹sicut villicus›[132]. Dieser Sprachgebrauch setzte sich allmählich durch und wurde in den späteren deutschen Urkunden fortgeführt[133]. Der Begriff ‹Meierrecht› wurde erst später allgemein gebräuchlich[134]. Zwar sprach schon 1256 das Godehardikloster von einer ‹commissio iure villicali›, aber das blieb eine Einzelerscheinung[135].

Als besonders auffällig ist indessen hervorzuheben, daß alle in den Urkundenbüchern enthaltenen frühen Fälle von echtem Meierrecht (13. und 14. Jahrhundert), soweit es sich nicht um die bereits geschilderte Vergabe ganzer Villikationen oder ehemaliger Haupthöfe handelt, in Ortschaften vorkamen, die zu keinem uns bekannten Villikationsver-

[123] UB IV, 293 (1315).
[124] UB III, 920.
[125] UB III, 1349 (1302).
[126] Teilw. ganze Villikationen: UB III, 1305 (1301, Lafferde).
[127] UB II, 939 (1253, Kreuzstift: tunc commissa fuerunt eadem bona ad tres annos); Beverina, Hdschr. Nr. 311 a, pag. 302 (13. Jh., Godehardikl.: sub annua pensione in commisso); andere termini (locare, dare) nur vereinzelt, etwa UB II, 694 (1243), II, 999 (1256).
[128] H. MEYER, ZRG 42 (1921), S. 526, 527; LÜTGE, Agrarverf., S. 89, Anm. 59; vgl. aber THIEME, in Festschr. Alfred Schultze (1934), S. 218, 219; nur das Godehardikloster vergibt 1323 fünf Hufen in Pattensen ‹tytulo emphyteotico seu sub pensione annua›, UB IV, 715, 717, 1490 (1339). Hier sind römisch-rechtliche Einflüsse nicht ausgeschlossen.
[129] UB II, 610 (1240).
[130] UB III, 841 (1289).
[131] UB III, 1724 (1310).
[132] UB IV, 566 (1320); II, 998 (1256).
[133] Ab Mitte des 14. Jh.: UB IV, 1476 (1339, ‹in meygers wise›); dsgl. UB V, 196 (1346); Beverina, Handschr. Nr. 278, Bl. 35, 38 (1380).
[134] UB V, 423 (1351); VI, 878 (1389).
[135] UB II, 1004.

band gehörten. Vielmehr läßt sich meist nachweisen, daß die kleineren Ländereien, die der betreffende Grundherr zu Meierrecht ausgab, nicht zu den Lathufen der Villikationen, sondern zum sogenannten Streubesitz zählten. Das soll an einigen Beispielen erläutert werden:

1. Im Jahre 1243 vermeiert das Kreuzstift auf vier Jahre eine ‹area› mit einer Hufe Landes in Dinklar[136]. Diese Hufe hatte das Stift im selben Jahr vom Moritzstift erworben[137]. Der Ort wird vorher aber weder in Urkunden des Moritzstifts, noch unter den Villikationen des Kreuzstifts[138] erwähnt.

2. Ein Meiervertrag des Kreuzstifts aus dem Jahre 1253 bezieht sich auf ‹bona› in Stockhem[139]. Dort hatte das Stift zwar im Jahre 1180 zwei[140] und im Jahre 1184 vier weitere Hufen[141] erworben. Von einer Villikation – auch eines anderen Grundherrn – ist aber im Zusammenhang mit diesem Dorf nie die Rede. Die in einer älteren Urkunde erwähnte bischöfliche Villikation in Stochem befand sich mit einiger Sicherheit im heutigen Salzgitter-Flachstöckheim[142].

3. In Üfingen (nordwestlich von Wolfenbüttel) vermeiert das Moritzstift im Jahre 1310 eine Hufe an den Knappen Meinhard[143]. Hier hatte keiner der Hildesheimer Grundherren größere Besitzungen: Das Michaeliskloster ein nur bei seiner Gründung genanntes ‹praedium› von ungewisser Größe[144], und selbst das reiche Domkapitel laut Güterverzeichnis von 1277[145] nur zwei Hufen. Das Moritzstift schließlich hatte die vermeierte Hufe erst acht Jahre vorher erworben[146].

4. Nicht anders ist es mit den zweieinhalb Hufen in Weden (+) bei Heerte, die das Kloster Wöltingerode im Jahre 1320 auf sechs Jahre ‹loco villici› vergab[147]. Auch dieses Land war dem Kloster erst 1279 von Bernhard v. Hagen dotiert worden[148]. Im Zusammenhang mit einem Fronhofsverband wird das Dorf nie erwähnt.

Um Streubesitz handelte es sich durchweg auch bei den übrigen Belegen für Meierrecht aus dieser Zeit, sei es in Westerlinde[149], Flöthe[150], Landolfshausen[151], Schwicheld[152], Olsleve[153], Adensen[154] oder Bredelem[155]. Eine Ausnahme gilt für die Vermeierung eines Gutes ‹in meygers wise› auf drei Jahre durch das Domkapitel[156]. Das Land lag im Felde von Burgstemmen, wo sich allerdings seit alters her einige Ländereien des Kapitels befanden. So werden dort um 1146 vierzig Joch mit zwei curtes und im Jahre 1301 zwei

[136] UB II, 694.
[137] UB II, 693.
[138] UB I, 275 (1243).
[139] Kl. Stöckheim, sdl. v. Braunschweig, UB II, 939.
[140] UB I, 399.
[141] UB I, 430.
[142] UB I, 563 (1201); vgl. dazu JANICKES Ortsverzeichnis in UB I.
[143] UB III, 1724.
[144] UB I, 69 (1022, echt).
[145] UB III, 484.
[146] UB III, 1409 (1302).
[147] UB IV, 566.
[148] UB III, 518.
[149] Bei Salzgitter, UB II, 610 (1240, Kreuzstift).
[150] ndl. Goslar, UB II, 1004 (1256, Godehardikloster, 1 Hufe).
[151] Bei Göttingen, UB II, 998 (1256, Michaeliskl., 1 Hufe).
[152] Bei Peine, UB IV, 293 (1315, Godehardikloster, 1 area).
[153] Wüst bei Salzgitter, UB V, 196 (1436, Kl. Wöltingerode, 1 Hof).
[154] UB V, 423 (1351, Grafen v. Hallermunt, 1 Hof, 2½ Hufen).
[155] Bei Goslar, UB VI, 878 (1389, Kl. Wöltingerode, 1 Hufe).
[156] UB IV, 1476 (1339).

allodia mit acht Hufen genannt[157]. Hier mag also ein Höfeverband vorhanden gewesen sein.

Wenn sich in späteren Jahrhunderten das Meierrecht auch in den typischen Villikationsgebieten, wie der Hildesheimer Börde und dem Amt Winzenburg, findet, so trat es doch zuerst – abgesehen von den Villikationshaupthöfen – in den entfernteren Teilen der Grundherrschaften auf; der Streubesitz war der eigentliche Ausgangspunkt für die schnelle Verbreitung der neuen Leiheform. Dort war naturgemäß auch die Gefahr der Entfremdung am größten.

Die Frage, welche Besitzrechte hier vor dem Aufkommen der Zeitleihe bestanden haben, ob unfreie oder freie Leiheformen, etwa die freie Erbleihe[158], läßt sich nicht eindeutig beantworten. Gegen letzteres spricht, daß sich der freie Bauer sein Erbrecht wohl nicht ohne weiteres hätte nehmen lassen. Andererseits finden sich aus der Zeit der ersten Meierrechtsbelege – wie auch später – im Hildesheimischen nur auffallend wenige Urkunden über Freilassungen von Hörigen, was freilich nicht ausschließt, daß möglicherweise de facto mit dem neuen Besitzrecht die persönliche Freiheit des Beliehenen verbunden wurde.

Die von WITTICH beobachtete planmäßige Auflösung und Neuordnung der Villikationen läßt sich in unserem Gebiet nur in bedingtem Umfang nachweisen; lediglich die Abtrennung der Haupthöfe vom übrigen Höfeverband ist zu belegen. Somit erscheint es doch sehr zweifelhaft, ob man die Entstehung des Meierrechts in Nordwestdeutschland in einen derart grundsätzlichen und engen Zusammenhang mit dem Schicksal der Villikationen bringen darf wie es bisher weitgehend geschehen ist.

D. Das Hagenrecht

Als jüngstes Besitzrecht im Bistum Hildesheim ist das Hagenrecht zu nennen, eine Form der freien Erbleihe, die ihren Ursprung in der Rodungskolonisation des 12. Jahrhunderts hat und vor allem bei der planmäßigen Ansetzung von Neusiedlern Anwendung gefunden hat[159]. Obwohl das Hagenrecht also mit wichtigen siedlungskundlichen Fragen verbunden ist, hat es in der älteren wissenschaftlichen Literatur nur wenig Beachtung gefunden[160].

Zu Beginn dieses Jahrhunderts erschienen sodann einige Abhandlungen, von deren Verfassern als erster RUSTENBACH[161] die Frage nach dem Ursprung der Häger stellte und zu beantworten versuchte.

Erst in jüngerer Zeit – vornehmlich durch die Arbeiten von MOLITOR[162], ENGEL[163]

---

[157] UB I, 241; III, 1320.

[158] RIETSCHEL, ZRG 22 (1901), S. 181 ff.; WEIGEL, S. 180; vgl. auch THIEME, Festschr. Alfred Schultze (1934), S. 223.

[159] Der sog. Eschershäuser Vertrag, UB I, 204 (ca. 1133), galt lange als der älteste Beleg für Hagenrecht überhaupt. KROESCHELL, HessJb, Bd. 4 (1954), S. 119, bezweifelt allerdings, daß es sich dabei um Hagenrecht handelt. Folgt man seiner Ansicht, so dürfte der bisher älteste Nachweis aus dem Kasseler Raum stammen (Langenhagen, 1172–1180).

[160] HAGEMANN, Über die Hägergüther (1794); VOGELL, AdHV, Jg. 1846, S. 261 ff. (1816).

[161] ZdHV, Jg. 1903, S. 557 ff.; des weiteren für Schaumburg-Lippe: WEISS, ZdHV, Jg. 1908, S. 147 ff.; KIEWNING, MittLipp 1938, S. 63 ff.; BLOHM, Schriften d. Nds. Heimatbundes, N.F. Bd. 10 (1943).

[162] Die Pfleghaften des Sachsenspiegels (1941); Verrbeitung und Bedeutung des Hägerrechts (1943).

[163] Das Rodungsrecht der Hagensiedlungen (1949); SchaumbgLipp. Heimat, 11. Heft (1951), S. 125 ff.; NdsJb, Bd. 27 (1955), S. 220 ff.; ebd., Bd. 28 (1956), S. 252 ff.

und KROESCHELL[164] – ist das Hagenrecht Gegenstand einer wissenschaftlichen Diskussion geworden.

Dabei herrscht über die Herkunft der Rodungssiedler noch weitgehend Ungewißheit. Im älteren Schrifttum hielt man sie für flämische Einwanderer[165].

Dafür sprach, daß etwa zur gleichen Zeit die Holländerkolonien gegründet worden sind[166]. Auch im Bistum Hildesheim wurden im Jahre 1196 Flamländer angesiedelt[167]. Gegen diese Ansicht läßt sich aber die nachweisliche Verschiedenheit des Niederländerrechts vom Hagenrecht anführen[168]. Auch für eine Herkunft der Häger vom Niederrhein oder aus der Kölner Gegend[169] gibt es keine sicheren Anhaltspunkte. Somit muß diese Frage vorerst offenbleiben.

Weitere Schwierigkeiten bereitet insbesondere die Deutung des Begriffs ‹Hagen›, von der es nicht zuletzt abhängt, ob man jeden Hagennamen als Indiz für eine Gründung nach Hagenrecht betrachten darf.

Geht man davon aus, daß die Häger in Rodungsgebieten angesiedelt wurden, so liegt es nahe, die Bezeichnung ‹Hag› bzw. ‹Hagen› mit ‹Wald› gleichzusetzen[170]. Diese Erklärung befriedigt indes nicht ganz, da sie die ursprüngliche Bedeutung, die auch später stets die Hauptbedeutung geblieben ist, nicht berücksichtigt[171].

‹Hac› oder ‹hages› war im alt- und mittelhochdeutschen Sprachraum gleichbedeutend mit ‹Umzäunung, Einhegung, Hecke, umfriedeter Ort›[172]. Das Wort geht bekanntlich auf die indogermanische Wurzel ‹kagh-› zurück, was ursprünglich ‹einfassen› hieß und nachmals die Besonderung auf ‹Flechtwerk, Hürde› erfahren hat[173]. Von diesem primären Sinngehalt muß aber auch noch zur Zeit der Rodungskolonisation ausgegangen werden. Dafür spricht vor allem die Tatsache, daß ‹hagen› in den lateinischen Quellen eben nicht mit ‹silva›, sondern mit ‹indago› übersetzt wurde, was wiederum ‹Umzäunung, Umgrenzung›, später auch ‹Hecke› bedeutete[174].

Auch in jüngerer Zeit wurden ‹hagen› und ‹indago› nur sehr selten für Wald schlechthin gebraucht, sondern mehr im Sinne von Hain, Park, Wäldchen, Gehölz[175]. Bei allen diesen Bedeutungen steht also der Gedanke einer von Menschenhand gestalteten oder zumindest kontrollierten Natur im Vordergrund. Demgegenüber erfolgten die Rodungen in den ausgedehnten, nahezu grenzenlosen Wäldern jener Zeit, kurz nicht im ‹hagen›, sondern im ‹walt›.

Nun soll hier weder die Auffassung von den Hägern als Wächter der Knicke und Landwehren[176] zu neuem Leben erweckt werden, noch die Ansicht vertreten werden, die

---

[164] HessJb, Bd. 4 (1954), S. 117 ff.; BlLg, 91. Jg. (1954), S. 53 ff.; NdsJb, Bd. 28 (1956), S. 246 ff.

[165] RUSTENBACH, aaO., S. 569.

[166] PLANITZ-ECKHARDT, Dt. Rechtsgeschichte, S. 126.

[167] UB I, 524 (Moritzstift).

[168] MOLITOR, Hägerrecht, S. 339.

[169] WEISS, ZdHV, Jg. 1908, S. 163.

[170] So schon KNÖSEL, Alfelder Zeitung v. 8.7.1928, S. 1; MOLITOR, Pfleghafte, S. 153; ders., Hägerrecht, S. 339; KROESCHELL, HessJb, Bd. 4 (1954), S. 121.

[171] ENGEL, NdsJb, Bd. 27 (1955), S. 227.

[172] SCHADE, Altd. Wb., I, S. 363; SCHILLER-LÜBBEN, II, S. 173; GRIMM, DWb, IV, Sp. 137; TRÜBNER, DWb, III, S. 277; DRWb, IV, Sp. 1419 (Bed. 1); vgl. neuerdings auch DALBY, Lexicon of the mediaevel German hunt, unter ‹hac›.

[173] KLUGE, Etym. Wb., S. 288; vgl. altind. ‹kakṣā› = Ringmauer, Umfassung; TRÜBNER, aaO.; lat. caulae = Gehege, Hürde, gall. caium = Feld, Zaun, altnord. hagi = Weideplatz, eingehegtes Landstück, DE VRIES, Altnord. etym. Wb.

[174] Thesaurus Linguae Latinae, Vol. VII, 1, Fasc. 7; DU CANGE, IV, S. 337; LATHAM, S. 244.

[175] GRIMM, DWb, IV, S. 137 (hag, II, 4).

[176] SEIDENSTICKER, II, S. 155.

Hagenländereien seien eingezäunt gewesen[177]. Die etymologische Entwicklung zeigt m. E. jedoch, daß dem Wort ‹hagen› stets ein ‹gesondert-sein, umgrenzt- oder abgegrenzt-sein› immanent geblieben ist[178]. An dieser Tatsache kann man in der Hagenforschung nicht vorbeigehen. Man wird ihr z. B. gerecht, wenn man den Hagen als ein vom Grundherrn zur Rodung freigegebenes, durch vorherige Vermessung vom übrigen Wald abgegrenztes Gelände deutet. Daß die auf diesem Gelände entstandene Siedlung den Namen oder die Bezeichnung häufig weiterführte[179], erklärt sich auf diese Weise von selbst. Aus dieser spezifischen Bedeutung des Wortes ‹hagen› rechtfertigt sich auch der Schluß, daß die ausdrückliche Bezeichnung einer Ortschaft als Hagen oder indago eine Gründung zu Hagenrecht beweist und die Endung eines Ortsnamens auf ‹-hagen› eine solche zumindest vermuten läßt[180].

E. Zusammenfassender Ausblick

Meierrecht, Meierdingsrecht und Hagenrecht blieben in ihrem Wesensgehalt als rein deutschrechtliche Institute bis in das vorige Jahrhundert hinein nahezu unverändert erhalten, obwohl es an Versuchen der landesherrlichen Gewalt, das Meierrecht im Sinne des gemeinen Rechts umzugestalten und insbesondere die grundherrliche Gerichtsbarkeit in Meierdings- und Hägersachen zu beseitigen, nicht gefehlt hat[181].

In der Grundherrschaft des Michaelisklosters waren alle drei Besitzrechte vertreten. Trotz mannigfacher örtlicher und personeller Überschneidungen[182] wurde bis zuletzt an einer genauen Unterscheidung der einzelnen Institute festgehalten.

Bei der Auflösung der Abtei im Jahre 1803 waren dem Kloster insgesamt 154 Meier in 73 Ortschaften zugehörig, und zwar

im Hochstift:	in 53 Orten =	94 Meier,
in Hannover:	in 12 Orten =	38 Meier,
in Braunschweig:	in 8 Orten =	22 Meier.[183]

Die Anzahl der Meierdingsleute war nicht festzustellen, die der Häger in Everode betrug zuletzt 22[184].

Die Summe der jährlichen Einkünfte aus den 2380 Morgen an Äckern und Wiesen setzte sich aus folgenden Posten zusammen:

---

[177] LANDAU, S. 27; RUSTENBACH, ZdHV, Jg. 1903, S. 574; WEISS, ZdHV, Jg. 1908, S. 147.
[178] Auch im heutigen Sprachgebrauch: Gehege, Hain; mundartl. z. B. im Rheinland: Hag = Hecke in Garten oder Wiese, Weide, großer Acker, vereinzelt kleines Gebüsch, Gesträuch, MÜLLER, Rhein. Wb., Sp. 72.
[179] Und zwar das ganze Dorf, nicht nur eine einzelne Hufe; KROESCHELL, NdsJb, Bd. 28 (1956), S. 249.
[180] RUSTENBACH, ZdHV, Jg. 1903, S. 573; KROESCHELL, NdsJb, Bd. 28 (1956), S. 247; a. A. ENGEL, NdsJb, Bd. 27 (1955), S. 221; der älteste Fall eines Hagennamens in dieser Bedeutung dürfte Martinshagen b. Kassel sein (1082), KROESCHELL, BlLg, 91 Jg. (1954), S. 57, Anm. 16.
[181] Näheres im system. Teil.
[182] s. u., S. 57 ff., 80 ff.
[183] StAH Hann. Des 94, Gen., G II C IV, Nr. 6, Bl. 26.
[184] s. u., S. 117.

Tab. 1: Einkünfte des Michaelisklosters im Jahre 1802[185]

Naturalien	Fuder	Scheffel	Himpt.	Schock	Körbe	Stück
Weizen		244	1			
Roggen		2943	1,75			
Gerste		1317	1,5			
Hafer		2351				
Bohnen		1				
Buchweizen		9				
Rüben		4				
Stroh				2		
Heu	4					
Salz					24	
Hühner						482
Gänse						74
Eier				81,5		
Lämmer						2
Hammel						1

Geld	Reichstaler	Groschen	Pfennig
Meierzins	125	24	
Erbenzins[186]	109	28	32
Hägerzins		28	3
Hofzins	15	32	

Auf Grund dieser Einnahmen und der vorbildlichen Wirtschaft der letzten Äbte stand das Kloster hinsichtlich seines Kapitalvermögens an der Spitze aller anderen aufgehobenen Klöster und konnte bei der Übernahme 174 061 Reichstaler an Obligationen abliefern[187].

Mit der Säkularisierung der Hildesheimer Stifte und Klöster in den Jahren 1803 und 1804[188] sind die meisten Meierdinge und Hägergerichte in Fortfall gekommen. De iure bestanden sie freilich bis zur Einverleibung des Bistums in das Königreich Westphalen fort; viele landesherrliche Meierdinge wurden sogar noch bis in das Jahr 1808 gehalten[189].

Durch die königlichen Dekrete vom 23.1.1808[190] und vom 27.7.1809[191] gelangten die Leibeigenschaft und alle Leibeigenschaftsverbindlichkeiten, also Personalfronden, ungemessene Dienste, Bedemunt, Sterbfall, Halshuhn u. dgl. zur Aufhebung.

Da die Aufhebung unentgeltlich erfolgte, wurden Meierdingsleute und Häger damit ihrer Lasten weitgehend enthoben. Dagegen wurden den Grundherren das Eigentum und alle diejenigen Rechte, welche nicht als von der Leibeigenschaft abhängig erachtet wurden, sondern in solchen Abgaben und Verbindlichkeiten bestanden, die sich mit der westfälischen Konstitution vereinbaren ließen und als Preis für die Überlassung des Besitzes betrachtet wurden, erhalten. Darunter fielen u. a. das Laudemium sowie die Gemeinde- und Landfronden[192].

185 StAH Hann. Des 94, Gen., G II C IV, Nr. 6, Bl. 43, 45.
186 Von den Meierdingsgütern.
187 KONSCHAK, S. 87.
188 Dazu ausführlich KONSCHAK, Die Klöster und Stifter des Bistums Hildesheim unter preuß. Herrschaft.
189 Bis dahin datieren Meierdingsbücher in StAH Hann. 72, Hildesheim, II, G, Nr. 1.
190 TEMME, Sammlung, S. 1 ff.
191 Ebd., S. 16 ff.
192 LÜNTZEL, S. 7.

Das Meierrecht als freie Leiheform blieb mithin von diesen Verordnungen weitgehend unberührt.

Eine umfassende Regulierung der bäuerlichen Besitzverhältnisse sollten die westfälischen Ablösungsverordnungen vom 18.8.1809, 7.9.1810 und 1.12.1810[193] bringen. Danach sollte die Ablösung aller Lasten, also des gesamten «dominium directum» durch Erlegung des 25fachen Betrages des durchschnittlichen Wertes der jährlichen Abgaben möglich sein; das erforderliche Ablösungskapital konnte in ein Darlehen umgewandelt werden, das mit 5 %/o zu verzinsen war.

STÜVE[194] berichtet, daß die westfälische Regierung einen großen Teil der eingezogenen hildesheimischen Kloster- und Stiftsgüter, im ganzen für etwa 15 Mill. Francs, unter sehr günstigen Bedingungen an die Pflichtigen und sonstige Private veräußert habe.

Die Vereinigung Hildesheims mit dem Königreich Hannover im Jahre 1813 brachte zunächst eine Wiederherstellung des alten Zustandes[195]. Nur die genossenschaftlichen Gerichte blieben aufgehoben[196], ebenso die Pflichten aus der Leibeigenschaft[197].

Dagegen sollten für das Meierrecht die vorwestfälischen gesetzlichen und gewohnheitsrechtlichen Normen bis auf weiteres Geltung behalten[198].

Die Meierdings- und Hägerdingsverbände als solche bestanden ebenfalls fort[199].

Erst in den zwanziger Jahren wurden unter dem Druck einer schweren Agrarkrise[200] in Hannover wieder Stimmen laut, die die persönliche und wirtschaftliche Emanzipation der Bauern verlangten; vornehmlich STÜVE[201] und LÜNTZEL sind hier als Vorkämpfer für eine Regulierung der bäuerlichen Besitzverhältnisse zu nennen.

Die Verordnung vom 10.11.1831[202] brachte zunächst die Grundsätze, welche bei der künftigen Ablösung der grundherrlichen Bindungen befolgt werden sollten. So lautet § 1:

> Jeder Besitzer von Grundstücken, die in einem Meier-, Eigenbehörigkeits-, Meierdings-, Hägerdings- oder ähnlichen gutherrlichen Verbande stehen..., hat das Recht, seine Grundstücke durch Ablösung oder Verwandlung nach den Grundsätzen des gegenwärtigen Gesetzes davon zu befreien, sofern ihm ein erbliches Recht an demselben zusteht.[203]

Im übrigen stellte die Verordnung den Erlaß eines vollständigen Gesetzes in Aussicht. Dieses Gesetz wurde am 23.7.1833[204] als Ablösungsordnung publiziert, die in 354 Paragraphen die bei der Ablösung zu beachtenden Einzelvorschriften brachte.

Zur Ablösung war der 25fache Betrag des Jahreswertes der Abgaben erforderlich. In anderen deutschen Staaten galt demgegenüber nur der 18- bis 20fache Betrag[205].

---

[193] TEMME, aaO., S. 33 ff.

[194] Lasten des Grundeigentums, S. 28; vgl. TURNER, S. 75.

[195] Dazu ausführlich SCHAER, ZdHV, 86. Jg. (1921), S. 32 ff.

[196] Minist.VO v. 9.11.1813 i. V. m. dem Ges. über die verbesserte Verfassung der Patrimonialgerichte v. 13.3.1821 (insb. Art. 5), EBHARDT, Bd. II, S. 102 ff.

[197] Landesh. Rescript v. 26.1.1815 (Art. 3), EBHARDT, Bd. II, S. 873; VO die bürgerl.-transitorische Gesetzgebung für das Fürstenthum Hildesheim betr. v. 14.4.1815 (§ 117), EBHARDT, Bd. II, S. 874.

[198] Landesh. Rescript v. 1815, aaO., Art. 1; vorl. Instruktion der provisorischen Domainenverwaltungskommission zu Hildesheim v. 1.5.1815 (§ 125), EBHARDT, Bd. II, S. 120.

[199] GREFE, II, S. 273.

[200] SENHOLD, S. 8; vgl. dazu ABEL, Agrarkrisen, S. 210 f.

[201] Über seine Bemühungen im einzelnen VENTKER, Stüve und die hannoversche Bauernbefreiung (1935), S. 13 ff.

[202] EBHARDT, Bd. I, S. 579.

[203] Vgl. auch § 6, der dem Besitzer erlaubte, das Grundstück ohne grundherrlichen Konsens zu veräußern, unter der Bedingung, daß aus dem Erlös die bisherigen grundherrlichen Gefälle abgelöst wurden.

[204] EBHARDT, Bd. I, S. 597.

[205] SENHOLD, S. 63.

Da der hannoversche Staat im übrigen dem Bauer nur wenig bei der Beschaffung des notwendigen Kapitals behilflich war, kam die Ablösungsgesetzgebung bis zum Beginn der preußischen Herrschaft vorwiegend den wohlhabenderen Grundbesitzern zugute, während in der Lage der weniger Bemittelten keine wesentliche Änderung eintrat[206].

Erst die preußische Zeit brachte den Bauern mit dem ‹Hannoverschen Höfe-Gesetz› vom 2.6.1874[207] die Beseitigung der Reste der grundherrschaftlichen Agrarverfassung[208].

[206] Ebd.
[207] In Kraft getreten am 1.7.1875, Gesetz-Sammlung für die königlich preußischen Staaten, 1874, S.186ff.
[208] Dazu im einzelnen TURNER, S.80ff.

TEIL II

Meierrecht

A. Meierrechtliche Gesetze und Verordnungen

Im Gegensatz zu den angrenzenden welfischen Territorien befaßte sich die Hildesheimische Gesetzgebung erst sehr spät mit den Verhältnissen des ländlichen Grundbesitzes. Das lag nicht zuletzt daran, daß sich erst unter Bischof Ernst (1573–1612) eine kontinuierlich arbeitende Regierungsbehörde am Hildesheimer Bischofshof herausbildete, die aus Statthalter, Kanzler und Räten bestand. Bis dahin erledigte der Bischof von seinem jeweiligen Aufenthaltsort her die Geschäfte mit seinem Sekretär oder Kanzler und zog gelegentlich vertraute Domherren und Adlige heran[1].

Infolge der aus der Stiftsfehde folgenden Zerstückelung und Aufteilung des Stifts seit 1523 galten in den okkupierten Teilen die Verordnungen der Herzöge von Braunschweig-Wolfenbüttel und Calenberg[2]. Wegen ihrer grundsätzlichen Bedeutung für das Stift, auch nach seiner Wiedervereinigung, sind hier vor allem zu nennen:

1. Der Landtagsabschied zu Salzdahlum von 1597 (Braunschweig-Wolfenbüttel),
   in: RIBBENTROP, I, S. 80 ff.
2. Der Landtagsabschied zu Gandersheim von 1601 (Calenberg),
   in: C.C.C., cap. VIII, Nr. 1.

Für die Neuordnung des Rechts im ‹großen Stift› bei der Restitution im Jahre 1643 war entscheidend der

3. Haupt-Restitutions-Rezeß zu Braunschweig vom 17.–27. April 1643, insbesondere Art. 27,
   in: STRUBE, Abmeyerungsrecht, Beilage Lit. H, S. 23.

Die nun einsetzende Gesetzgebung im Bistum Hildesheim sei – soweit sie für die weitere Darstellung in Betracht kommt – im folgenden kurz aufgezählt:

4. Landtagsabschied v. 28. April 1652, Art. 14,
   in: STRUBE, Abmeyerungsrecht, Beilage Lit. A, S. 25.
5. Polizeiordnung v. 20. Oktober 1665, in: Hf. Hildh. LdVO., Bd. I, Nr. I.
6. Landesherrl. Edikt v. 17. Dezember 1668,
   in: STRUBE, Abmeyerungsrecht, Beilage Lit. N, S. 25.
7. Hofgerichts-Ordnung v. 1730, in: Hf. Hildh. LdVO., Bd. I, Nr. II.
8. Dienst-Ordnung v. 1733, in: Hf. Hildh. LdVO., Bd. I, Nr. III.
9. Regierungspatent, das Verhältnis betreffend, in welchem die Steuern bei erlittenen Feldschäden remittiert werden v. 18. Mai 1736, in: Hildh. LdO., Th. I, Nr. XXII.
10. Landesh. Verordnung, die Besichtigung der Feldfrüchte wegen Mißwachses und der deshalb zu ertheilenden Remissionen betr. v. 30. August 1757,
    in Hildh. LdO., Th. I, Nr. XXXI.
11. Contributions-Edikt v. 14. Januar 1764, in: Hf. Hildh. LdVO, Bd. I, Nr. IX.
12. Verordnung wegen der Meyerzinse, Feldbesichtigungen, Ehestiftungen und Meyerbriefe v. 20. Juli 1766, in: Hf. Hildh. LdVO, Bd. I, Nr. XVIII.

---

[1] HAMANN, NdsJb 1962, S. 182; ders., NdsJb 1964, S. 41, 44.
[2] Dazu im einzelnen für Braunschweig-Wolfenbüttel: RIBBENTROP, I; für Calenberg: TURNER, S. 9, 10.

13. Landesh. wiederholte Verordnung wegen prompter Beytreibung der gutsherrlichen Gefälle
v. 20. Juli 1772, in: Hf. Hildh. LdVO., Bd. II, Nr. XXVIII.
14. Verordnung wegen der Feldbesichtigungen v. 25. Mai 1773,
in: Hf. Hildh. LdVO., Bd. II, Nr. XXXVI.
15. Wiederholte Verordnung wegen der Feldbesichtigungen v. 17. März 1780,
in: Hf. Hildh. LdVO., Bd. II, Nr. LXXXIII.
16. Verordnung wegen der Ablagen und Leibzuchten v. 9. April 1781,
in: Hf. Hildh. LdVO., Bd. II, Nr. XCI.

B. Meierbrief und Laudemium

Die wichtigste rechtshistorische Quelle für das Meierverhältnis ist, zumindest bis zum
Einsetzen der landesherrlichen Gesetzgebung, der schriftlich fixierte Meiervertrag, der
sogenannte Meierbrief. Mögen vereinzelt auch mündliche Abmachungen als ausreichend
angesehen worden sein, so bildete doch die schriftliche Niederlegung der Rechte und
Pflichten des Meiers die Regel[3].

Meierbriefe finden sich in den Urkundenbüchern seit etwa der Mitte des 13. Jahrhunderts, zunächst noch auf latein[4], ab etwa 1320 in zunehmendem Maße auf deutsch[5].

Auffallend ist, daß sich die Verträge über Jahrhunderte hinweg in ihrem Aufbau gar
nicht und in ihrem Inhalt nur unwesentlich geändert haben[6], während das Rechtsverhältnis selbst doch manche strukturelle Wandlung erfahren hat.

Da die Urkundenbücher des Hochstiftes nur bis zum Ende des 14. Jahrhunderts gehen,
liegen Meierbriefe aus späterer Zeit nur in sehr geringer Zahl gedruckt vor[7].

Die wesentlichen Bestandteile eines solchen Vertrages sollen im folgenden einzeln dargestellt werden.

1. Parteien

Am Anfang eines jeden Meierbriefes werden die beiden Kontrahenten genannt, in den
benutzten Akten also das Michaeliskloster, vertreten durch seinen jeweiligen Abt, und
der Bemeierte. Letzterer war in der Regel ein Bauer. Es kam indessen nicht selten vor,
daß auch Bürger Meierland erhielten, so 1444 der Gronauer Bürger Henning Pennebock[8]
und 1610 der spätere Hildesheimer Bürgermeister Hans Dörrien[9].

In solchen Fällen wurde das Land oft von den Beliehenen mit Konsens des Klosters
weitervermeiert[10].

Eine weitere Ausnahme von der üblichen Praxis war die Bemeierung von ganzen Ge-
meinden, ein Fall, der im Mittelalter nicht anzutreffen ist. Dafür zwei Beispiele: Im
Jahre 1653 gab das Michaeliskloster zwei Meierhöfe mit 17 Hufen an Bauermeister und

---

[3] a.A. PFEIFFER, S. 88; das Michaeliskloster hat früher oder später über alle Meiergüter
Briefe ausgestellt.

[4] UB II, 694 (1243); II, 939 (1253); III, 841 (1289); IV, 566 (1320); IV, 630 (1321); IV, 710
(1323).

[5] UB IV, 792 (1324); IV, 1476 (1339); V, 196 (1346); VI, 720 (1386).

[6] Vgl. die Beispiele im Anhang, S. 125 ff.

[7] m. W. nur bei MÜHLPFORT, S. 121 ff. (vorwiegend auszugsw.).

[8] StAH Hild. Br. 3, 1, 157, pag. 13.

[9] StAH Hild. Br. 3, 1, 13.

[10] StAH Hild. Br. 3, 1, 84 (1581) Untermeierbrief für den Schreiber Conrad Steding; dsgl.
Hild. Br. 3, 1, 606 (1598) für Hartwig Reiche, Wolfenbüttel.

Gemeinde in Remlingen aus[11], desgleichen 1668 einen Meierhof und 4 Hufen der Gemeinde Kl. Giesen[12]. Gewöhnlich parzellierte die Gemeinde das Land und überließ es ihren Mitgliedern nach Maßgabe ihrer Berechtigung an der Allmende. Für den Meierzins haftete dem Kloster die Gemeinde in ihrer Gesamtheit[13].

Normalerweise wurde ein Meierhof aber nur an eine Person ausgetan. Anders wurde offenbar nur dann verfahren, wenn die Ländereien besonders umfangreich waren, und die Besetzung mit nur einem Meier keine volle Ausnutzung der wirtschaftlichen Leistungskraft des Hofes gewährleistete. Den ‹großen Meierhof› in Hallendorf vermeiete das Kloster im Jahre 1691 an die vier Bauern Berndt Ciesenies, Tönnies Himstedt, Henning Maßums und Nicolaus Neddermeier[14].

2. Objekt

Der zweite wesentliche Punkt im Meierbrief war das Objekt der Bemeierung und dessen Größe. Einmal konnte das eine bestimmte Anzahl Hufen oder Morgen ohne Hofstelle sein, sogenanntes ‹fliegendes Meierland›. Der Beliehene besaß oder baute sich dann einen Hof auf seinem Allod oder dem Meierland. Zuweilen besaß er seinen Hof auch zu einem anderen Besitzrecht[15]. Im allgemeinen war jedoch die Vergabe von bloßem Ackerland nicht sehr häufig. Unter 50 durchgesehenen Meierbriefen fanden sich nur 14 dieser Art. Weit öfter war Gegenstand der Bemeierung ein Hof mit dazugehöriger Länderei. Dabei kennzeichnete der Begriff ‹Meierhof› gewöhnlich einen Hof mit mehr als zwei Hufen, wobei das Hufenmaß um 30 Morgen lag[16]. Höfe mit geringerem Ländereikomplex wurden ‹Kothof› genannt. Innerhalb dieser beiden Kategorien wurde wieder zwischen Voll-, Halb- und Viertelstellen unterschieden. Diese Benennungen sind aber späteren Ursprungs und besitzrechtlich irrelevant.

Von großer Bedeutung war die rechtliche Zuständigkeit der Hofgebäude. WITTICHS Satz: «Die Gebäude gehörten in ganz Niedersachsen grundsätzlich dem Meier»[17] kann keine allgemeine Geltung beanspruchen. Treffender ist die Bemerkung WIGANDS: «Im Allgemeinen darüber zu streiten, ob die Gebäude zum Meiergute gehören oder nicht, führt zu keine Resultate.»[18] Es kam auch hier ganz auf den Einzelfall an. Gehörten die Hofgebäude dem Kloster, so wurde für ihre Benutzung im Meierbrief ein Hofzins festgesetzt, der auf Gänse, Hühner, Eier oder Geld lautete[19]. Errichtete der Meier seinerseits Gebäude auf dem Meiergut – denn es blieb nicht aus, daß Häuser und Scheunen verfielen oder abbrannten –, so würden nach heutiger Rechtsanschauung solche Bauten dem Eigentümer des Grundstücks gehören («superficies solo cedit»). Nach meierrechtlichen, also deutschrechtlichen Grundsätzen wurden sie Allod des Meiers[20], ebenso wie Hecken und

11 StAH Hild. Br. 3, 1, 568.
12 StAH Hild. Br. 3, 1, 156.
13 BUSCH, S. 26, meint, daß die Gemeinde untervermeiern *mußte*, da sie selbst nicht meierfähig gewesen sei.
14 StAWolfb. 41 Alt, Fb. 3, Pak. 43–81, 13. Schbl., Nr. 2.
15 LÜNTZEL, S. 70: Land zu Meierrecht, Hof zu Meierdingsrecht.
16 StAH Hild. Br. 3, 1, 609 (1648, Specificatio derer Meyerländer zu Sossmar): hier heißt es von einer Hufe, sie sei «gar stark und zwar von 41 Morgen».
17 WITTICH, S. 26.
18 WIGAND I, S. 153; vgl. II, S. 266.
19 Zum Beispiel StAH Hild. Br. 3, 1, 293 (1661, Hallendorf): 1 Gans, 2 Hühner; 3, 1, 403 (1662, Ingeleben): 4 Hühner, 60 Eier; 3, 1, 38 (1668, Bettmar): 1 Gans, 3 Hühner, 4 Mariengroschen.
20 Vgl. HÜBNER, Grundzüge, S. 172, 174.

Zäune und die «geil und gar», d. i. die Düngung im Lande und die Ernte auf dem Halm. Zog jedoch der Meier vom Gute ab, so verloren die von ihm errichteten Gebäude ihren Charakter als Allod fast gänzlich; schon nach sächsischem Recht durfte er sie nur dann abbrechen, wenn ihm der Grundherr keine Vergütung zahlen wollte[21]. Auch später durften solche ‹allodialen Pertinenzen› nicht mehr vom Meiergut getrennt werden, sondern der Meier hatte lediglich einen Anspruch gegen den Grundherrn auf Erstattung der ‹melioramenta› oder ‹Bau und Besserung›. Da solche Forderungen den Grundherrn leicht in finanzielle Bedrängnis führen konnten, verbot in manchen Meierbriefen das Michaeliskloster entweder das Bauen grundsätzlich[22], oder es schloß von vornherein alle Erstattungsansprüche des Meiers aus[23]. Meist aber wälzte es seine Verpflichtung auf den nächsten Meier ab, der – vielfach in mehreren Raten – seinem Vorgänger die Verbesserungen erstatten mußte[24].

Nachdem sich gegen Ende des 17. Jahrhunderts auch in Hildesheim die Erblichkeit des Meierrechts durchzusetzen begann[25], waren Abmeierungen und damit auch der häufigste Fall für den Ersatz allodialer Pertinenzen nur noch begrenzt möglich. Dafür trat jetzt beim Tode des Meiers die Frage nach der Abfindung der von der Erbfolge in das Meiergut ausgeschlossenen Abkömmlinge in den Vordergrund. Um die Wirtschaftsfähigkeit des Meierhofs zu erhalten, bestimmte die Landesherrliche Verordnung wegen der Ablagen und Leibzuchten von den Meierhöfen v. 9. April 1781[26], daß die vom Meier auf grundherrlichem Boden errichteten Gebäude nur zu einem Teil auf die Allodialmasse anzurechnen seien[27], Planken, Hecken, Zäune, Bäume sowie Geile und Gare im Lande und der Mist auf dem Hofe aber ganz ungeschmälert dem Hoferben zu verbleiben hätten[28].

3. Dauer der Berechtigung

An dritter Stelle findet sich im Meierbrief die Bestimmung der Dauer des Nutzungsrechts. Bis zum Jahre 1660 belief sie sich vorwiegend auf 6 oder 12 Jahre[29]. Von da an begegnen uns fast ausnahmslos noch Vermeierungen auf 9 Jahre. Fraglich ist, worauf eine so plötzliche Umstellung zurückzuführen ist.

Zwar kam für den Teil des sogenannten großen Stifts, der infolge der Stiftsfehde dem Fürstentum Wolfenbüttel eingegliedert worden war, der § 19 des Landtagsabschiedes von Salzdahlum v. 1597[30] in Betracht, der bestimmte, daß «alle und jede Meiger jeder-

---

[21] Ssp. Ldr. II, 53.
[22] So bei der Bemeierung des Hans Schapper in Dorste mit einem Meierhof und 3 Hufen auf 12 Jahre, StAH Hild. Br. 3, 1, 92 (1616): «sol keine newen gebeude auff dem hoffe errichten»; dsgl. 3, 1, 38 (1602).
[23] Zum Beispiel StAH Hild. Br. 3, 1, 609 (1648): Heinrich Busses Kothof in Sossmar soll nach 9 Jahren «ohn einige Erstattung und Entgeldt» heimfallen; dsgl. 3, 1, 156 (1668); 3, 1, 568 (1653).
[24] StAH Hild. Br. 3, 1, 293 (1661, Franz Möller in Hallendorf): 800 Rt. in 4 Jahresraten; 3, 1, 293 (1657, Anton Osterwald, ebd.): 810 Rt. in 5 Jahresraten.
[25] s. u., S. 46, 47.
[26] s. o., S. 26, Ziff. 16.
[27] Und zwar vom Verstorbenen selbst errichtete zur Hälfte, § 4 Abs. 1, von Vorgängern übernommene zu einem Drittel, § 5.
[28] §§ 7, 8.
[29] So wurde der Meierhof in Himmelsthür b. Hildesheim von 1597 bis 1622 viermal im Wechsel von 6, 12, 6 und 12 Jahren derselben Familie vermeiert, StAH Hild. Br. 3, 1, 226 und 227.
[30] s. o., S. 25, Ziff. 1.

zeit nach Verfließung 9 Jahren die Güter von neuen meigerweise annehmen» sollen. Jedoch scheint diese Vorschrift nicht überall konsequent eingehalten worden zu sein, denn das Michaeliskloster vermeierte seine im wolfenbüttelschen Stiftsteil liegenden Güter zunächst vielfach weiterhin auf 6 bzw. 12 Jahre[31].

Man könnte der Neufestsetzung der Nutzungsdauer vielleicht untergeordnete Bedeutung zumessen, wenn sie nicht mit einer zweiten Änderung des Meiervertrages verbunden worden wäre, die allerdings von größerer praktischer Tragweite sein dürfte.

Hieß es in den Meierbriefen vor 1660:

«Wan aber die zwolf jar vorbei und vorflossen, als dan sol uns unser hof und gemelte landeri mit aller gerechtichet und zubehorung, wir dieselben nach unsers Stiffts besten gefallen und bequemichet meigers zu gebrauch geben, erlediget und losgefallen sein»,[32]

so lautete die entsprechende Stelle bei den Briefen mit veränderter Meierzeit:

«Wan nun aber diese neun Jahr verschienen und verfloß, *oder Einer oder Ander von beiden Theilen mittlerweile mit Tode abgehen*, alßdan sol uns, unserm Closter und Nachkomen sothane Landerey mit geihl und gahr, zubehörung und gerechtigkeit quit, frey, ledig und looß ... stundlich wiederumb entlediget und anheimb gefallen seyn und bleiben.»[33]

Die Einführung dieser zusätzlichen Heimfallsklausel läßt sich deshalb so genau datieren, weil wir sie in einigen Briefen seit 1657 zunächst noch von anderer Hand am Rande nachgetragen finden[34].

Seit 1660 ist die Änderung konsequent in allen Meierverträgen durchgeführt worden[35].

Es gab also nach dem Wortlaut des Briefes nunmehr drei Fälle, die das Meierverhältnis selbständig beendigten: Ablauf der Meierzeit, Tod des Meiers, Tod des Abtes. Es gilt, den Zweck dieser Regelung zu finden.

In den Gebieten, die bis 1643 zu Wolfenbüttel und Calenberg gehörten, war seit den Landtagsabschieden von Salzdahlum und Gandersheim[36] das Abmeierungsrecht der Grundherren stark eingeschränkt worden[37]. Diese Rechtslage änderte sich grundsätzlich auch nicht nach der Restitution des Stifts[38]. Der Wortlaut der neuen Meierbriefe entsprach also letztlich nicht den rechtlichen Möglichkeiten. Im sogenannten kleinen Stift, dem Teil also, der nach der Stiftsfehde den Bischöfen verblieben war, fehlte es allerdings an Vorschriften, die den Meier vor neuen Belastungen schützte. Vor allem aber stand es weiterhin im Belieben des Grundherrn, ob dem Meier nach Ablauf der vertraglichen Meierzeit das Gut belassen wurde[39].

Nach dem Ende des Dreißigjährigen Krieges galt es, die heruntergekommene Landwirtschaft wieder in Stand zu bringen. Denn wenn auch nach den Forschungen von G. FRANZ[40] das Bistum Hildesheim noch zu den sogenannten ‹Schongebieten› gehörte, so steht doch fest, daß zahlreiche Dörfer und Höfe verlassen und viele Ländereien brach

[31] StAH Hild. Br. 3, 1, 606 (1598, Seinstedt, 6 Jahre); StAH Hild. Br. 3, 1, 536 (1621, Othfresen, 12 Jahre).

[32] StAH Hild. Br. 3, 1, 82 (1564, Densdorf); 3, 1, 403 (1649, Ingeleben); 3, 1, 260 (1657, Hallendorf).

[33] StAH Hild. Br. 3, 1, 156 (1668, Kl. Giesen).

[34] StAH Hild. Br. 3, 1, 566 (1657, Renshausen, 2 Briefe).

[35] StAH Hild. Br. 3, 1, 459 (1660, Kl. Leve); 556 (1661, 1671, 1678, Pattensen); 403 (1662, Ingeleben); 38 (1668, Bettmar); 405 (1695, Ihlde); 690 (1673, Westfelde); 407 (1676, Remlingen); 92 (1695, Dorste); 22 (1707, Ahrbergen).

[36] s. o., S. 25, Ziff. 2.

[37] OEHR, S. 43 f.; TURNER, S. 31 ff.

[38] Hauptrezeß, Art. 27, s. o., S. 25, Ziff. 3; vgl. u., S. 43.

[39] Näheres s. u., S. 43 f.

[40] Der Dreißigjährige Krieg, S. 10.

lagen oder wüst geworden waren. Wie es im Amt Peine, der Kornkammer Hildesheims, in der zweiten Hälfte des Krieges ausgesehen hat, mag ein Bericht des Amtmanns an den Bischof verdeutlichen:

> «Nebst anerbietung meiner willigen dienste, pleibt Ihnen unverhalten, daß leider die sachen in diesem Ambt zu dem erbarmlichen stand gerhaten, daß die dörffer fast öhde stehen, und wenig Underthanen in ihren behausungen zu finden, sondern der ein nach Hildeheimb, Cell usw., der ander anderwerts, mit sampt dem seinigen, so er noch übrig hat, verkrochen. Dahero die Contribution außpleiben, und große inconvenientia besorglich entstehen müßte.»[41]

Dieser Zustand hielt auch nach dem Krieg zunächst noch an. In seine Edikt vom 17. Dezember 1668[42] beklagte Bischof Maximilian Heinrich,

> «daß in Unsern Stifft Hildeheim in vorigen Kriegszeiten viele Bauer Höfe daher gantz desolat worden, daß die Einwohner solcher Zeit die bey einem jeglichen Hof gehörige Länderey versetzet und dadurch die Acker- und Kothöf nicht nur gantz geschwächt, sondern auch hin und wieder viele wüste und unbebaute Plätze befindlich seynd, daß davon (nicht) mehr ... die Zinß entrichtet werden können, daneben viele Acker-Leute und Koth-Sassen ihre vorhin bewohneten Plätze gäntzlich verlassen haben».

Unter diesen Umständen bedurfte es zur Wiederbelebung der Landwirtschaft einer weitgehenden Schonung des Bauernstandes. Wie vertrug sich damit aber die Schaffung eines neuen förmlichen Heimfallsgrundes?

Daß das Kloster bei Versterben eines Abtes alle seine Meier ihrer Höfe entsetzte, war praktisch nicht möglich und konnte daher nicht Sinn der neuen Vertragsbestimmung sein.

Vielmehr war das Interesse des Klosters an einer möglichst häufigen Neubemeierung – auch des bisherigen Wirts – ein rein materielles: Wurde ein Meierbrief ausgestellt, so mußte der Meier dem Grundherrn den Weinkauf[43], oder, um dem Sprachgebrauch der hildesheimischen Quellen zu folgen, das Laudemium entrichten. Seinem Wesen nach war dies eine Anerkennungsgebühr: Der Meier erkannte an, daß dem Grundherrn weiterhin das Eigentum an dem verliehenen Gut zustand[44]. Umgekehrt bestätigte der Grundherr mit der Annahme und Quittierung der Gebühr dem Meier das Nutzungsrecht. Das Michaeliskloster verlangte das Laudemium nun nicht nur – wie üblich – bei der Neubemeierung nach Ablauf der Meierzeit und bei der Übernahme des Hofes durch den Nachfolger des verstorbenen Meiers, sondern auch jeweils bei Amtsantritt eines neuen Abtes[45].

Das bedeutete, daß dem Abt gleich zu Beginn seines Amtes ein nicht unbeträchtlicher Geldbetrag zur Verfügung stand, nämlich das Laudemium *aller* Güter auf einmal, während in den üblichen Fällen der Weinkauf von den einzelnen Gütern zu ganz verschiedenen Zeiten einkam.

Die Höhe der Gebühr war im Bistum nicht einheitlich. Busch[46] meint, daß der Betrag nahezu in jedem Dorf unterschiedlich gewesen sei. Man wird dem hinzufügen dürfen, daß auch die einzelnen Grundherren verschieden hohe Laudemien verlangten.

Der Kotsasse Georg Kirchner zahlte z. B. von seiner Hofstelle in Ingeleben bei jeder Neubemeierung 2 Taler[47]; an anderer Stelle ist von 40 % des jährlichen Zinswertes die Rede[48].

---

[41] StAH Hild. Br. 1, 7, 1, 38 a, Bl. 5 (1632); über die während des Krieges immer drückender werdenden Steuern vgl. WITTICH, S. 396, 397.
[42] s. o., S. 25, Ziff. 6.
[43] Vgl. BEYERLE, Festschrift A. Schultze (1934), S. 251 ff.
[44] v. BELOW, S. 104.
[45] Das widersprach offenbar dem Gewohnheitsrecht; BUSCH, S. 34; GESENIUS II, S. 320.
[46] S. 33.
[47] StAH Hild. Br. 3, 1, 403 (1662).
[48] StAH Hild. Br. 3, 1, 620 (1689).

Bei der Auflösung des Klosters im Jahre 1803 wurde errechnet, daß bei Erneuerung aller Meierbriefe die Summe der einkommenden Laudemien 739 Reichstaler und 13 Groschen betragen würde, die der Schreibgebühr 122 Reichstaler[49].

Durch die Neufassung der Meierbriefe schuf sich das Kloster also eine zusätzliche Einnahme von einigem materiellen Gewicht.

Wie belastend die nunmehr verhältnismäßig häufige Fälligkeit des Weinkaufs auf die Dauer für den Meier wurde, folgt aus der Tatsache, daß im Jahre 1735 ein Prozeß begonnen wurde, der 16 Jahre lang, zunächst beim Amt Schladen, dann bei der fürstbischöflichen Regierung anhängig war. Die klösterlichen Meier in Ohrum, Gielde und Burgdorf weigerten sich nämlich, bei Antritt eines neuen Abtes um Neubemeierung nachzusuchen, desgleichen bestritten sie, daß ihre Erben bei der Nachfolge in das Gut neue Meierbriefe zu lösen hätten[50].

Daraufhin klagte das Kloster die fälligen Laudemien ein. Im Verlauf des Prozesses wurde zunächst auf Antrag der Bauern ein Gutachten der Helmstedter Juristenfakultät eingeholt. Dieses Gutachten fußte auf Grundsätzen der im Herzogtum Wolfenbüttel betriebenen Bauernschutzpolitik und fiel zugunsten der Beklagten aus: Sie seien nur verpflichtet, alle 9 Jahre gebührenpflichtig einen Meierbrief zu lösen. Das Michaeliskloster beantragte nun seinerseits, ein Gutachten der Universität Altdorf anzufordern. Die Altdorfer Juristen stellten das Meierrecht völlig der locatio conductio gleich und erklärten, das Kloster könne mit seinen Ländereien so verfahren, wie es ihm beliebe, es genüge die Tatsache, «daß es dem Stifft und Closter zu St. Michaelis also gefallen hätte, praecise unter diesen conditionibus, pactis und clausulis und keinen anderen, ehrhin und jetzt, ihre Ländereyen zu elociren und zu überlassen ... und daß man keine coloniam perpetuam sondern nur temporariam hier praecise statuiren und sich den Heimfall in diesen und jenen casibus außtrücklich bedingen wollte». Obwohl dieses Urteil in manchen Punkten den Praejudizien der Regierung widersprach, wurde es im Jahre 1751 rechtskräftig und vom Kloster als Druckschrift an alle Ämter versandt[51].

Die Hildesheimer Gesetzgebung befaßte sich erst 1766 mit dem Laudemium. In § 18 der Verordnung wegen der Meierzinsen, Feldbesichtigungen, Ehestiftungen und Meierbriefe[52] heißt es:

So setzen und ordnen Wir kraft dieses, daß alle und jede Meyere von ihren Gutsherren Meyerbriefe annehmen, selbige zu gehöriger Zeit wieder gesinnen und gegen ein bisher gewöhnliches, doch mäßiges Laudemium auslösen, insofern aber dem Meyer in sothanem Brief neue und ungebührliche Klauseln aufgedrungen werden sollten, soll solches zuvörderst gerichtlich untersucht werden.

Wenn auch diese recht allgemein gehaltene Vorschrift nicht alle Zweifel beseitigte, so bedeutete sie doch einen Schritt weiter zu einer Loslösung des hildesheimischen Meierrechts aus dem umstrittenen Bereich der Observanz.

Über die rechtliche Natur des Laudemiums herrschte unter den Juristen des 19. Jahrhunderts begreiflicherweise viel Unklarheit, da man fortwährend versuchte, das alte deutsche Recht mit romanistischen Begriffen zu deuten. So vertrat GESENIUS[53] die Ansicht, dem Grundherrn stünde nur ein obligatorisches Recht, den Weinkauf zu fordern, zu, während BUSCH[54] mehr einer dinglichen Berechtigung zuneigte.

---

[49] StAH Hann. Des. 94 Generalia, G II C IV, Nr. 6.

[50] StAH Hild. Br. 3, 1, 61.

[51] Beverina Hdschr. Nr. 294: Rationes Decidendi Sententiae Altorffinae In Sachen Des Stiffts und Closters Ad Sanctum Michaelem in Hildesheim Imploranten Contra Die Clösterliche Meyere zu Ohrumb Imploraten. Die Renovationem Coloniae bey sich ereignenden Todes-Fällen so wohl eines Guths-Herrn als auch des Coloni betreffend. Public. den 27. Nov. 1751.

[52] s.o., S. 25, Ziff. 12.   [53] Bd. II, S. 325.   [54] S. 35.

Auch die moderne Lehre vom deutschen Privatrecht war sich zwar einig, daß Besitz-veränderungsabgaben grundsätzlich als Reallasten aufzufassen seien[55]. Streitig war aber zunächst, ob und wieweit die Reallast ein Forderungs- oder ein dingliches Recht be-gründe. Dabei standen sich die obligationsrechtlichen Theorien[56] und die Theorie der «dinglichen Schuld»[57] gegenüber. Nach letzterer, die sich durchzusetzen vermochte[58], ist das Laudemium als eine unständige auf dem Meierrecht liegende Reallast aufzufassen, die zwar eine Haftung des jeweiligen Gewereinhabers begründete, jedoch keine eigent-liche Obligation, da sich der Besitzer durch die Preisgabe des Gutes befreien konnte[58].

Außer dem Laudemium wurde bei der Ausstellung des Meierbriefs noch eine Schreib-gebühr erhoben. Sie ist jüngeren Ursprungs und weist keine rechtlichen Besonderheiten auf.

4. Weiterer Inhalt

Die übrigen Bestimmungen des Meierbriefes betreffen die zu leistenden Dienste und Abgaben sowie deren etwaige Remission[59]. Daneben findet sich stets das Verbot, das Gut oder Teile davon «zu vermeigern, verpfanden, versetzen, verkauffen oder in einige an-dere weis abalieniren».

Erst seit Beginn des 17. Jahrhunderts ließen sich die Grundherren vom Meier gegen weitere Gebühren einen sogenannten Reversbrief unterzeichnen, der sich am Anfang oder Ende des eigentlichen Meierbriefes befand und die Pflichten des Meiers noch einmal gesondert hervorhob. Das sollte die Beweiskraft des Briefs erhöhen. Der Umstand, daß die Bauern in der Regel weder lesen noch schreiben konnten, wurde dabei großzügig übersehen. Dieses Verfahren wurde allerdings auch in anderen Teilen Deutschlands praktiziert, wie es sich z.B. recht anschaulich aus ROTTMANNERS[60] Streitschrift vom Jahre 1799 ergibt.

5. Zusammenfassung

Der Meierbrief blieb, was Wortlaut und Inhalt betrifft, seit dem 16. Jahrhundert nahezu unverändert, wenn man von den wenigen erwähnten Zusätzen absieht. Das Meierverhältnis selbst war demgegenüber seit Beginn des 17. Jahrhunderts einem lang-samen Wandel von einem zeitpachtähnlichen Verhältnis zu einem dinglichen und erb-lichen Besitzrecht hin unterworfen. Aus dieser sich stets vertiefenden Diskrepanz zwi-schen formalvertraglicher Norm und rechtlicher Realität ergaben sich die vielen Streitig-keiten, insbesondere des 18. Jahrhunderts, die schließlich damit endeten, daß die Bedeu-tung des Meierbriefs zum bloßen Beweismittel für die Existenz des Meierverbandes an einem Hof herabsank und er vielfach nur noch den Wert einer Quittung des Grundherrn für erlegtes Laudemium hatte.

BUSCH[61] mißt seinem Inhalt, abgesehen von Bestimmungen über Art und Höhe des Zinses, nur noch «historisches Interesse» bei.

---

[55] v. GIERKE, Privatrecht, II, S. 717.
[56] Vor allem vertreten von STOBBE, Handbuch, II, S. 249 ff.
[57] GIERKE, Privatrecht, II, S. 711.
[58] HÜBNER, Grundzüge, S. 357.
[59] s. u., S. 40 f.
[60] Bemerkungen über Laudemial- und andere grundherrliche Rechte in Baiern, S. 10.
[61] S. 32.

C. Meierzins und Remission

1. Art und Höhe des Zinses

Der Meier war aus dem meierrechtlichen Verhältnis zu Diensten und Abgaben an den Grundherrn verpflichtet. Dienste werden in den Meierbriefen jedoch erst spät – etwa seit dem 16. Jahrhundert – erwähnt[62].

Der Pflichtige hatte i. d. R. mit seinem Gespann das Zinskorn oder sonstige Naturalien nach Hildesheim oder zum nächsten Markt zu fahren. Diese ‹Reisen› waren gemessen, und zwar nicht nur, was Häufigkeit und Leistungszeit[63] betraf, sondern oft auch hinsichtlich der zu bewältigenden Wegstrecke[64].

Seit dem 17. Jahrhundert waren die Dienste in zunehmendem Maße durch einen Geldbetrag ablösbar[65] oder es wurde in den Verträgen zu ihrer Abgeltung von vornherein ein Pauschalbetrag vereinbart[66].

Die Hauptpflicht des Meiers war jedoch die Leistung des Meierzinses, der das eigentliche Äquivalent für die Nutzung des Gutes bildete.

Die frühen Meierverträge (ca. 1200–1400) nennen hier durchweg einen Geldzins[67].

Etwa ab 1400 finden sich in den Quellen Naturalzinse[68]. Als geringfügige Geldleistun-

---

[62] Eine Ausnahme in UB VI, 720 (1386, Michaeliskloster), wo der Meier des Vorwerks in Seinstedt 100 Fuder Steine anfahren soll; seit 1733 galt für grundherrliche und landesherrliche Dienste die Dienst-Ordnung, s. o., S. 25, Ziff. 8.

[63] StAH Hild. Br. 3, 1, 568 (1570, Remlingen, 9 Hufen): jährlich 2 Reisen außerhalb der Ernte; dsgl. 3, 1, 556 (1622, Pattensen, 3 Hufen), 403 (1649, Ingeleben, 3 Hufen), 220 (1590, b. Hildesheim, 71 Morgen); 3, 1, 226 (1597, Himmelsthür): einmal wöchentlich mit Pferd u. Wagen dienen, wie auf Klosterkosten in der Ernte 1 Pferd in Hallendorf zur Einfuhr des Zehntkorns halten; 3, 1, 260 (1657, Hallendorf, 7 Hufen): 1 Gespann in der Ernte, 2 Reisen außerhalb der Ernte; 3, 1, 293 (1661, ebd.): soll beim Einfahren des Zehntkorns helfen; 3, 1, 92 (1616, Dorste, 3 Hufen): sol neben den andern Meieren undt Kötern das fuoder Einbecks bier alle jahr an das Hauß Herzberg gegen Pfingsten mit Pferdt und Wagen einfahren; 3, 1, 156 (1669, Himmelsthür, 21 Morgen): 1 Tag jährlich in der Ernte helfen oder pflügen, je nach Erfordern.

[64] StAH Hild. Br. 3, 1, 220 (1590, b. Hildesheim): 2 Reisen, *nicht über 5 Meilen*; dsgl. 3, 1, 555 (1601, Pattensen, 1½ Hufen), 609 (1624, Sossmar, 1 Hufe).

[65] StAH Hild. Br. 3, 1, 609 (1624, Sossmar): 1 Reise, ersatzw. 3 Gulden; 3, 1, 293 (1661, Hallendorf, 7 Hufen): 3 Reisen, ersatzw. jeweils 3 Gulden; 3, 1, 156 (1668, Giesen, 4 Hufen): 3 Reisen, ersatzw. «2 gülden müntze»; 3, 1, 405 (1669, Ihlde, 1 Hufe): 1 Reise, ersatzw. 2 goldene Münzen; 3, 1, 407 (1676, 8½ Hufen): 2 Reisen m. Wagen u. Pferden, ersatzw. je 2 Gld.

[66] StAH Hild. Br. 3, 1, 92 (1695, Dorste, 3 Hufen): «5 Gulden für die Dienste»; 3, 1, 22 (1707, Ahrbergen, 5 Hufen): «26 Gulden für die Dienste».

[67] UB II, 611 (1240, Kreuzstift, 5 Hufen): 30 solidi; II, 939 (1253, Kreuzstift): 3 talenta, 5 solidi; II, 1004 (1256, Godehardikl., 1 Hufe): 8 solidi; III, 1415 (1303, Michaeliskl., 2 Hufen): 2 talenta; III, 1552 (1308, Michaeliskl., 2 Hufen): 1 talentum; III, 1724 (1310, 1 Hufe): 12 solidi; IV, 566 (1320, Kl. Wöltingerode, 3 Hufen): 3 talenta, 9 Denare; IV, 710 (1323, Michaeliskloster, Renshausen): 10 Silbermark; IV, 792 (1324, Michaeliskl., 12 Hufen): 8 Silbermark; IV, 890 (1326, Michaeliskl., 2 Hufen): 1 Silbermark; V, 196 (1346, Kl. Wöltingerode, 1 Hof): 4 Silbermark; Beverina Hdschr. 278, S. 35 (1380, Michaeliskl., 3 Morgen): 6 Schillinge; ebd., S. 38 (1380, Michaeliskl., 5 Morgen): 12 Schillinge; UB VI, 878 (1389, Kl. Wöltingerode): ½ gosl. Mark; Beverina, aaO., S. 77 (1427, Michaeliskl.): 8 Pfund peinischer pfennige.

[68] Ältester Nachweis in UB VI, 720 (1386, Michaeliskl.): 12 Sch. Weizen, 12 Sch. Roggen, 12 Sch. Hafer; StAH Hild. Br. 3, 1, 157 (1444): tho tinse dre malder wetes unde dre malder garsten.

gen blieben in der Folgezeit nur noch der Hofzins[69] (vor allem bei Kotstellen) und der Wiesenzins[70] bestehen.

Man fragt sich nach den Gründen einer solchen Zinsänderung. Die Getreidepreise waren infolge der spätmittelalterlichen Agrardepression seit dem 13. Jahrhundert stetig gestiegen[71]. Dieser Anstieg hielt etwa his 1370 an[72]. In diesem Zeitraum wäre ein Übergang vom Geld- zum Getreidezins leicht verständlich gewesen, da der Grundherr beim Verkauf auf dem städtischen Markt einen hohen Gewinn hätte erzielen können. Tatsächlich ist die Zinsumstellung jedoch erst frühestens seit 1400 festzustellen. Zu dieser Zeit war der Getreidepreis bereits seit etwa 20 Jahren wieder im Fallen begriffen[73]. Ein Festhalten am Geldzins wäre daher – aus heutiger Sicht – für die hildesheimischen Grundherren ökonomisch rationeller gewesen.

Es fragt sich allerdings, ob unsere heutige Kenntnis von dem säkularen Preisfall jener Zeit dazu berechtigt, die damalige Entscheidung der Grundherren als wirtschaftlich unvernünftig zu kritisieren. Den Klöstern war es schwerlich möglich, die große Preisbewegung zu erkennen und entsprechend zu disponieren; sie hatten doch nur das ständige Auf und Ab der kurzfristigen regionalen Schwankungen[74] vor Augen. Aus ihrer Sicht konnte daher eine Maßnahme, die sich heute als unrationell und atypisch herausstellt, durchaus wirtschaftlich vorteilhaft erscheinen. Dieser Überlegung könnte man zwar entgegenhalten, daß der Grundherr nach geraumer Zeit seinen Fehler hätte erkennen und wieder auf Geldzins «umschalten» müssen. Eine derartige Änderung zu Lasten des Meiers wäre jedoch angesichts seiner sich ständig festigenden Rechtsstellung mit großen Schwierigkeiten verbunden gewesen.

Im übrigen ist es ungewiß, ob die Zinsumstellung nicht unabhängig von allgemeinen wirtschaftlichen Erwägungen aus Gründen der grundherrlichen Verwaltung und Organisation erfolgt ist. Es ist naheliegend, daß der Bauer – gerade in einer Zeit der Depression – vielfach gar nicht in der Lage war, Geldleistungen zu erbringen, und die Klöster daher, um überhaupt einen Zins zu erhalten, auf Naturalien zurückgreifen mußten.

Eine endgültige Erklärung für die Zinsumstellung kann hier freilich nicht gegeben werden und muß letztlich weiteren wirtschaftsgeschichtlichen Forschungen vorbehalten bleiben.

Die vom Michaeliskloster ab 1400 erhobenen Naturalzinsen waren regelmäßig fixiert; Teilbau kam nicht vor.

Von den angebauten Getreidearten nahm der Roggen die erste Stelle ein; es folgten Hafer und Gerste. In der fruchtbaren Hildesheimer Niederung wurde außerdem verschiedentlich Weizen angebaut (Tabelle 2).

Weitere Naturalien waren nur von einigen Meierhöfen in geringer Menge zu liefern, so vom Meierhof Himmelsthür Erbsen und Rübsamen (von 1,5 Morgen)[75], vom Abthof in Everode 5 Fuder Heu und 2 Stiegen Flachs[76], aus Densdorf 4 Scheffel Rüben[77]. Ferner von der mitvermeierten Schäferei in Himmelsthür jährlich einen Eimer dicker Schafs-

---

[69] StAH Hild. Br. 3, 1, 156 (1609, Kothof Giesen): 1 Gulden; 3, 1, 38 (1668, Kothof Bettmar): 4 Mariengroschen.

[70] Beverina Hdschr. 304, S. 25 (1583, Densdorf): von der wiese 3 gülden müntze; StAH Hild. Br. 3, 1, 226 (1597, Himmelsthür): von der Closter wiesen bey Steurwald jarl. 40 groschen; 3, 1, 92 (1695, Dorste): 4 Mariengroschen Wiesenzins.

[71] ABEL, Geschichte d. dt. Landwirtschaft, S. 128.

[72] Ebd., S. 131.

[73] Ebd.; ders., Agrarkrisen und Agrarkonjunktur, S. 56, 57.

[74] Vgl. ABEL, Geschichte d. dt. Landwirtschaft, S. 57.

[75] StAH Hild. Br. 3, 1, 226 (1597).

[76] StAH Hild. Br. 3, 1, 122 (1471); 116 (1653 nur 1 Fuder).

[77] Beverina Hdschr. Nr. 304, S. 25 (1583).

Tab. 2: Weizenzins von Meierhöfen des Michaelisklosters

Meierhof	Größe	Jahr	Scheffel
Seinestedt	– (vorwerch)	1386[1]	12
Gronau	–	1444[2]	9
Everode	5 Hufen	1471[3]	9
	5 Hufen	1653[4]	9
Himmelsthür	–	1597[5]	20
		1604[6]	20
		1616[6]	20
Remlingen	9 Hufen	1570[7]	10
	7,5 Hufen	1676[8]	8
	16 Hufen	1653[9]	6,4
Ahrbergen	5 Hufen	1707[10]	90

1 UB VI, 720.
2 StAH Hild. Br. 3, 1, 157 (3 Malter).
3 StAH Hild. Br. 3, 1, 122.
4 StAH Hild. Br. 3, 1, 116.
5 StAH Hild. Br. 3, 1, 226.
6 StAH Hild. Br. 3, 1, 227.
7 StAH Hild. Br. 3, 1, 568.
8 StAH Hild. Br. 3, 1, 407.
9 StAH Hild. Br. 3, 1, 573 (64 Himpten).
10 StAH Hild. Br. 3, 1, 22 (2 Fuder, 10 Scheffel).

milch zu St. Martin und ein Lamm zu Ostern[78], von der in Everode jährlich 4 Hammel, 25 Schafskäse, einen Eimer Milch und ebenfalls zu Ostern ein Lamm[79]. Weitere 4 Schafskäse lieferte ein Kothof in Sossmar[80]. Stroh für die Bettstellen des Klosters kam von einer Meierstelle im Hildesheimer Feld[81]. Schließlich sind noch die Gänse, Hühner und Eier zu nennen, die von vielen Meier- und Kotstellen als Hofzins eingingen[82].

Was die Höhe des Zinses betrifft, so bezeichnet Busch[83] ihn als die bedeutendste von allen im Bistum vorkommenden Abgaben. Naturgemäß stand er in enger Beziehung zur Bodengüte, so daß ein Hof in der fruchtbaren Hildesheimer Niederung bis zu 100 Scheffeln von der Hufe leisten mußte[84], während mancher Meier von seinem im Mittelgebirge gelegenen Hof nur 2 Scheffel je Hufe zu liefern brauchte[85]. Das waren freilich Extremfälle.

Die Abgaben von insgesamt 62 Hufen in 10 Dörfern ergaben für das 16. Jahrhundert zusammengenommen einen Durchschnittszins von 17 Scheffeln je Hufe.

Die gleiche Berechnung für das 17. Jahrhundert (Meierverträge aus 12 Dörfern über 65 Hufen) führte zu 16 Scheffeln Zins je Hufe.

Ein Einnahmeverzeichnis sämtlicher Güter des Klosters aus dem Jahre 1800[86] erbrachte einen Mittelwert von 23 Scheffeln.

78 Vgl. Anm. 11.
79 Vgl. Anm. 12.
80 StAH Hild. Br. 3, 1, 609 (1648).
81 StAH Hild. Br. 3, 1, 220 (1590).
82 s. o., Tabelle 1.
83 S. 43.
84 StAH Hild. Br. 3, 1, 220 (1590, 71 Morgen b. Hildesheim).
85 StAH Hild. Br. 3, 1, 536 (1621, 2 Hufen in Othfresen).
86 Beverina, Hdschr. Nr. 303 a; ältere Gesamtregister standen nicht zur Verfügung.

Der naheliegende Schluß, daß das Kloster über einen Zeitraum von etwa 300 Jahren seine Zinsforderungen annähernd stabil gehalten hat, findet eine Bestätigung in den Einzelbeispielen der nachfolgenden Tabelle 3.

Zinserhöhungen wurden nur dort vorgenommen, wo sie durch Ertragssteigerungen zu vertreten waren. Als z. B. dem Meierhof in Pattensen um 1670 zu seinen drei Hufen noch eine weitere halbe Hufe zufiel, erhöhte das Kloster den Zins um ein Viertel[87].

Prozesse um Zinserhöhungen scheint das Kloster nie geführt zu haben.

Tab. 3: Darstellung der Zinsstabilität am Beispiel einzelner Höfe des Michaelisklosters

Ort	Objekt	Meier	Jahr	Weizen	Roggen	Gerste	Hafer	Quelle
				Zins (in Scheffeln)				
Everode	Meierhof mit	Bertram Bertrames	1471	9	45	12	36	1
	5 Hufen	Melchior Flöcker	1653	6	40	6	40	2
			1800	6	40	6	40	3
Ihlde	Kothof mit	Hinrich Boigk	1564		14		14	4
	1 Hufe	Hans Carsten	1669		14		14	4
			1800		14		14	3
Völksen	Meierhof mit	Hans Khoene	1590		18	18	21	5
	3 Hufen	(Hof geteilt)	1800 je {		9	9	10,5	3
					9	9	10,5	3
Pattensen	Meierhof mit	Erich Gerke	1608		18	7,5	18	6
	1¹/₂ Hufen		1800		18	7,5	18	3
Pattensen	Meierhof mit							
	3 Hufen	Erich Müller	1623		36	15	36	7
	3,5 Hufen	Erich Müller	1671		42	17,5	42	7
		Johan Müller	1678		42	17,5	42	7
			1800		42	17,5	42	3
Sossmar	Kothof mit	Henrich Busse	1648		18	18	18	8
	1 Hufe (41 Morgen)		1800		18	18	18	3
Ingeleben	Meierhof mit	Ludolf Ebeling	1649		24	24	24	9
	3 Hufen		1800		22	22	22	3
Kl. Giesen	Meierhof mit	Gemeinde Giesen	1668		40	40	60	10
	4 Hufen		1800		40	40	60	3
Westfelde	Hof mit	Hinrich Fromke	1673		16		16	11
	2 Hufen		1800		16		16	3

1 StAH Hild. Br. 3, 1, 122.
2 StAH Hild. Br. 3, 1, 116.
3 Beverina Hdschr., Nr. 303 a; das Register enthält keine Namen der Besitzer.
4 StAH Hild. Br. 3, 1, 405.
5 b. MÜHLPFORT, S. 134.
6 StAH Hild. Br. 3, 1, 555.
7 StAH Hild. Br. 3, 1, 556.
8 StAH Hild. Br. 3, 1, 609.
9 StAH Hild. Br. 3, 1, 403.
10 StAH Hild. Br. 3, 1, 156.
11 StAH Hild. Br. 3, 1, 690.

87 StAH Hild. Br. 3, 1, 556.

Die landesherrliche Gesetzgebung befaßte sich seit der Mitte des 16. Jahrhunderts mit der Höhe des Meierzinses, zuerst die Herzöge von Braunschweig-Lüneburg, zu deren Territorium bekanntlich der größte Teil des Stifts von 1523 bis 1643 gehörte. In einem Calenberger Privileg vom Jahre 1542 wurden erstmals unbillige Zinssteigerungen der Grundherren verurteilt:

«Es sollen aber die Guths-Herren die ... Meyer mit keinen neuen Aufsätzen oder Weinkaufen beladen, noch mit dem steigern über das, als an den Orten, da die Güther belegen, von Höfen und Morgen-Zahl zu geben, uffleglich und sittlich ist.»[88]

Herzog Heinrich von Braunschweig-Wolfenbüttel bestimmte in einem Abkommen mit der Braunschweiger Bürgerschaft v. 1553:

«... daß die von Braunschweig sie (d. i. ihre Meier) über alt Herkommen und Gebrauch mit den Maltern und Zinsen zur Unbilligkeit nicht steigern.»[88]

Schließlich heißt es in § 19 des Landtagsabschieds von Salzdahlum[89]:

«Wenn sich die arme Bauers-Leute, wie aufrichtigen frommen Meigern und guten Hauß-Vätern gebührt, in den nechst vergangenen Jahren gehalten, werden sie ... bey den vorigen Zinsen billig gelassen.»

Diese Bauernschutzpolitik hatte allerdings keine sozialen Beweggründe, sondern entsprang rein fiskalischen Interessen: Sollte die Einführung der allgemeinen Besteuerung Erfolg haben, so mußte man zugleich dafür Sorge tragen, daß der Hauptsteuerzahler, nämlich der Bauer, seinen neuen Pflichten auch genügen konnte[90]. Es ging letztlich nicht um das persönliche Wohl des Bauern, sondern darum, wer den größten Nutzen aus seiner Arbeitskraft ziehen durfte. Der Landesherr wurde von nun an zum Konkurrenten des Grundherrn, zum ‹Obergrundherrn›[91].

Im kleinen Stift ergingen keine derartigen Verordnungen, jedoch fanden die im großen Stift geltenden Rechtssätze als Gewohnheitsrecht auch hier weitgehend Eingang. Wie stark sie schon kurz nach der Stiftsrestitution in das Rechtsbewußtsein eingedrungen waren, zeigt der Protest der Landstände[92] gegen den § 133 der Polizei-Ordnung[93], der den Grundherren die Vergabe des Meiergutes an den Meistbietenden gestattete und damit die Steigerung der Abgaben geradezu förderte. Auf den energischen Einspruch hin sah sich Fürstbischof Maximilian Heinrich veranlaßt, einlenkend zu erklären, «daß er alle und jede Ackerleute bey ihren alten wohlhergebrachten Gerechtigkeiten wider jedermänniglichen zu beschützen gesinnet sey»[94].

STRUBE[95] und später BUSCH[96] sahen die gesetzliche Grundlage für ein Zinssteigerungsverbot in der analogen Anwendung des § 16 der Dienst-Ordnung v. 1733, der den Grundherren verbietet, die Meier «wider das Herkommen» mit neuen Diensten zu beschweren. Zur Bekräftigung seiner Ansicht verwies STRUBE auf den § 24 der Anmerkungen der Regierungskammer zur Dienst-Ordnung:

«Müßte beygesetzt werden, daß keinen Guths-Herrn erlaubet seyn solle, denen dienstpflichtigen Leuten den alten Canonem zu steigeren ...»[97]

[88] Abgedr. b. STRUBE, De jure villicorum, S. 146, 147.
[89] s. o., S. 25, Ziff. 1.
[90] KOKE, S. 16; OEHR, S. 40 ff.; TURNER, S. 8 ff.
[91] LÜTGE, Agrarverfassung, S. 191.
[92] STRUBE, Abmeyerungsrecht, Beilagen, S. 24.
[93] s. o., S. 25, Ziff. 5; die Verordnung war ohne Hinzuziehung der Landstände erlassen worden.
[94] Edikt v. 1668, s. o., S. 25, Ziff. 6.
[95] De jure villicorum, S. 148.
[96] S. 43.
[97] b. STRUBE, aaO., S. 310.

STRUBE und BUSCH übersahen dabei, daß auch der § 16 der Dienst-Ordnung nur im Rahmen der Observanz Gültigkeit hatte, man sich also auch weiterhin im gewohnheits-rechtlichen Bereich bewegte.

Ein wirkliches Verbot der Zinssteigerung enthielt hingegen – wenn auch nur mittelbar – der § 5 der Verordnung v. 20. Juli 1772[98], der bestimmte, daß rückständige Meierzinsen nicht in verzinsliches Kapital verwandelt werden dürften. Da die Mehrzahl der Meier mit dem Zins im Rückstand war, gab es für den Grundherrn hier die Möglichkeit, durch entsprechende Verzinsung seine Einkünfte aufzubessern. Die genannte Bestimmung machte dem ein Ende.

Erkennt man das Zinserhöhungsverbot als festen Bestandteil der späteren Hildesheimer Meierverfassung an, so sind in diesem Zusammenhang noch zwei Rechtsfragen anzudeuten:

Eine Gefahr für den Bauern konnte die aufgezwungene oder vertraglich vereinbarte Umwandlung des Meierzinses in eine andere Leistung bedeuten.

Die Literatur des 19. Jahrhunderts hat sich daher für eine nur begrenzte Zulässigkeit solcher Maßnahmen ausgesprochen. Wurde nämlich der übliche Kornzins in einen Geldzins umgewandelt, so konnte hieraus bei einem Absinken des Getreidepreises eine verdeckte Zinserhöhung werden. RAMDOHR[99] hielt eine solche Vereinbarung deshalb nur für das laufende Jahr für zulässig; auf mehrere Jahre hintereinander dürfte sie nur gerichtlich abgeschlossen werden. GREFE[100] hatte dagegen keine Vorbehalte gegen derartige Absprachen.

Der umgekehrte Fall, nämlich die Umwandlung von Geld- in Naturalzins war im Falle einer Geldentwertung für den Meier noch gefährlicher und wurde von RAMDOHR für gänzlich unzulässig erklärt[101]. Im hier verwendeten Quellenmaterial fand sich allerdings keine entsprechende Vereinbarung, wie Geldzinse überhaupt sehr selten waren.

Wurde im Vorgehenden dem Grundherrn das Recht auf *Erhöhung* des Zinses grundsätzlich abgesprochen, so stellt sich weitergehend die Frage, ob nicht sogar der Bauer seinerseits in bestimmten Fällen eine *Herabsetzung* seiner Abgaben verlangen konnte. Dieser Gedanke wurde von BUSCH[102] zurückgewiesen: Es fehle im Hildesheimischen an einer gesetzlichen Vorschrift, auch erlaube das Verbot der Zinssteigerung keine solche analogia in contrariam. Falls der Grundherr nicht freiwillig den Zins ermäßige, bliebe im Falle des Unvermögens dem Meier nur die Möglichkeit, das Verhältnis zu kündigen.

Anderer Ansicht war PFEIFFER[103], der dem Meier das Recht einräumte, Herabsetzung der Abgaben zu fordern, wenn ohne sein Verschulden Veränderungen in seiner wirtschaftlichen Lage eintraten, die ihn außer Stand setzten, die Zinse ohne wesentlichen Nachteil für die Bewirtschaftung des Guts weiter zu entrichten.

Diese Auffassung verdient m. E. dann Zustimmung, wenn das Unvermögen zur Leistung auf Umständen beruhte, die, obwohl sie der Meier nicht zu vertreten hatte, kein Recht auf Zinsremission begründeten, also alle Notlagen, die nicht auf Feldschäden zurückzuführen waren[104].

Daß man jedoch im Hildesheimischen wenig Neigung hatte, den Fortschritt so weit zu treiben, zeigt die Reaktion auf die Meierverordnung des Herzogs von Braunschweig-

[98] s. o., S. 26, Ziff. 13.
[99] Juristische Erfahrungen, III, S. 77; unbedenklich dagegen die Klausel: «Das Korn ist in natura oder mit dem gangbaren pretio abzuführen», StAH Hild. Br. 3, 1, 293 (1661), dort lag das Risiko beim Kloster.
[100] Hannovers Recht, II, S. 242.
[101] aaO.
[102] S. 44, 45.
[103] S. 163.
[104] Vgl. dazu unten, S. 40 ff.

Wolfenbüttel v. 1747[105]. Darin wurde dem Meier Zinsherabsetzung gewährt, wenn er bei Entrichtung des vollen Zinses «nicht vermögend bliebe, seine Haushaltung und den Ackerbau, wie sichs gebührt, fortzusetzen und die onera publica ferner abzutragen». Das betraf auch alle hildesheimischen Grundherren, die Ländereien im Herzogtum hatten. Der Domdechant sandte daraufhin am 30. September 1747 an die Prälaten der sieben Stifter und Klöster folgendes Schreiben (Auszug):

«... so will es dannoch in betracht der Meyer Ordnung fast das Ansehen gewinnen, alßwann dabey die vornehmliche Absicht auf die Schmählerung derer guthsherrlichen Gerechtsahmen genommen sey, indeme aus sehr ohngleichen, wieder alle wohlhergebrachte Gewohnheit, Satzungen und Verträge anstoßenden Gründen dem Guthsherrn ein mehreres alß sich von Rechtswegen gebühret, zur Last geleget, denen Meyersleuthen aber den Zins nach willkühr zu geben vergönstiget, mithin der Gutsherr überall seiner Zinß halber in stete ohngewißheit versetzet und endlich gar deßen entsetzet zu werden der augenscheinlichen Gefahr unterworfen wird.»

In einem anderen Schreiben heißt es:

«... wasmaßen es anitzo fast zur gewohnheit zu werden anscheine, daß die Meyers im Braunschw. Lande nichts mehr als kaum ⅓ von ihren Güthern geben wollen und mit der Zeit gar quid pro quo denen guthsherren anbiethen dürfften, worin dieselbe durch eine de dato 8. Juli 1747 publicirte Hochf. Meyer-Verordnung mehr und mehr gestärket werden, vermöge deßen dem guthsherren das lehre nachsehen übrig bleiben wird.»

Man erwog in Hildesheim zunächst sogar, das Reichskammergericht mit der Sache zu befassen, bis man die Regelung schließlich als gegeben hinnahm[106].

2. Möglichkeiten bei Zinssäumnis

Der Zins war in Hildesheim zwischen Michaelis und Martini zu entrichten[107]. Fällig und klagbar wurde er also zu Martini, am 11. November.

Als Zwangsmittel zu seiner Eintreibung hatten die Grundherren in älterer Zeit ein privates Pfändungsrecht[108]. Das Bestreben der Staatsgewalt, die Selbsthilfe einzuschränken, bewirkte schon früh in einzelnen Gebieten das Verbot einer Pfändung ohne gerichtliche Legitimation. Seit dem Landtagsabschied von Salzdahlum konnten nur noch Grundherren mit eigener Gerichtsbarkeit auf die alte Art und Weise vorgehen (§ 20). Wer nicht zugleich Gerichtsherr war, mußte seinen säumigen Meier also beim zuständigen Amt verklagen.

Dabei bot ihm jedoch die Hildesheimische Polizei-Ordnung weitgehende Erleichterung. In Art. 149 werden die zuständigen Beamten angewiesen, dem Grundherrn «ohne Verzug ... zu dem Seinigen zu verhelfen» und mit gerichtlichen Zwangsmitteln gegen den Meier vorzugehen, damit der Grundherr spätestens zum 1. Advent befriedigt sei. Sollte zu diesem Zeitpunkt der Zins noch ausstehen, so solle dem Grundherrn sogleich «mit Erlaubnis des Ausdröschens, mit Einlager, Auspfänden ... die Hand geboten werden»[109].

---

[105] Teilw. abgedr. b. GESENIUS I, S. 250.

[106] StAH Hild. Br. 3, 1, 382 (Unterschiedliche Vorstellungen des hiesigen Cleri gegen die vom Herzog zu Braunschw.-Lüneburg den 8.7.1747 emanirten Meyerverordnungen); dieser Akte sind auch die obigen Auszüge entnommen.

[107] So in allen Meierbriefen.

[108] Ssp. Ldr. II, 54, 4; entspr. noch UB VI, 878 (1389); Were se denne nicht ghegheven, so scholden de closterlude darumme panden also meygerrecht is.

[109] Vgl. die VO v. 30. 8. 1757, § 18, s. o., S. 25, Ziff. 10.

Eine nähere Ausgestaltung des Verfahrens brachte die Verordnung vom 20. Juni 1766[110]:

1. Hat der Meier bis Martini nicht gezahlt, so muß der Grundherr ihn innerhalb der nächsten 8 Tage bei dem Amt, in dessen Bezirk der Meier wohnt, anzeigen. Unterlagen über seine Forderung hat er beizufügen (§ 2).
2. Das Amt setzt dem Meier durch Beschluß einen Termin von 14 Tagen, damit er sich durch Vorlage einer grundherrlichen Quittung entlasten kann (§ 3).
3. Kann der Meier zum Termin die Quittung nicht vorlegen, soll das Gericht sofort von Amts wegen vollstrecken (§ 5).

Bei Rückständen aus früheren Jahren sollte das Amt die Zahlungsfristen allerdings so ansetzen, daß der Meier daneben imstande blieb, die laufenden Zinsen zu zahlen, § 7.

Weitere Ergänzungen und Verschärfungen der genannten Verordnung enthielt die Verordnung vom 20. Juli 1772[111]. Danach erfolgte die Vollstreckung in der Form, daß das Korn des Meiers für höchstens acht Tage eingelagert wurde und dann die seiner Schuld entsprechende Menge zum Ausdreschen kam, § 1.

Zahlte der Meier einen Teil seiner Schuld ab, so war ihm für die Restzahlung ein neuer Termin zu setzen, so daß die gesamte Schuld spätestens zu Weihnachten beglichen war, § 2.

3. Remission

Der Pächter des römischen Rechts konnte, wenn seine Erträge durch unverschuldete Unglücksfälle wesentlich geschmälert wurden, von seinem Verpächter einen angemessenen Nachlaß seines Pachtzinses verlangen[112].

Dieses Recht auf sogenannte ‹Remission› entfiel jedoch in zwei Fällen:
1. wenn nach dem Vertrage der Pächter die Gefahr trug,
2. wenn die Unfruchtbarkeit des betreffenden Jahres durch die Fruchtbarkeit des vorhergehenden Jahres kompensiert wurde.

Aus 2. ergibt sich, daß der Pächter, bei einem mehrjährigen Vertrag, nicht am Ende des einen unfruchtbaren Jahres die Remission verlangen konnte, sondern daß erst nach Ablauf aller Pachtjahre sein evtl. Nachlaß im Wege des ‹Saldos› errechnet wurde[113].

Demgegenüber war die Stellung des Meiers günstiger. Er konnte, wenn die Voraussetzungen gegeben waren, in jedem Jahr einen Zinsnachlaß in Anspruch nehmen, ohne daß ihm die Vorteile besserer Jahre angerechnet wurden.

Das Institut reicht bis in die Anfänge des Meierrechts zurück und mag eine Übernahme des den älteren hofrechtlichen Verhältnissen innewohnenden Fürsorgegedankens darstellen[114]. Dabei stand es zunächst zweifellos im freien Ermessen des Grundherrn, im Einzelfall Remission zu gewähren.

Im 14. Jahrhundert tauchen bereits vertragliche Klauseln auf, die näher auf die Voraussetzungen des Zinsnachlasses eingehen. Ein Meierbrief des Michaelisklosters aus dem Jahre 1324[115] lautet:

Were aver, dat ec scaden neme in deme gude van rove eder van brande oder van hagele oder van mushere, also dat ec des tynses nicht en geven mochte, so scholde ec on geven den dridden schepel.

---

[110] Eine Art Mahnverfahren, s.o., S. 25, Ziff. 12.
[111] s.o., S. 26, Ziff. 13.
[112] WINDSCHEID, Lehrbuch, II, S. 738, Anm. 17.
[113] RAMDOHR, S. 78.
[114] So RAMDOHR, S. 78.
[115] UB IV, 792.

Das Kreuzstift verpflichtete sich 1385[116]:

> et volumus sustinere dampna, que musher, haghel et hertrek in vulgari Teutonico vulgariter et communiter nuncupantur, si et quando contingerent in dictis fructibus.

Im 15. Jahrhundert kann man bereits von einem gewohnheitsrechtlichen Anspruch auf Remission reden; die entsprechende Klausel ist von nun an in jedem Vertrag zu finden:

> Were aver dat queme lantschaden van hagell, van muscherunge, van hertoge, van water-vlodinge edder van mißgewachs, der schullen un willen wi uns un unsere nakomelinge gehor-lick tho freden yme holden.[117]

Die gesetzliche Grundlage brachten für das große Stift die Landtagsabschiede von Salzdahlum (Art. 20) und Gandersheim (Art. 28). Diese Bestimmungen wurden 1665 für das gesamte Stift durch Art. 149 (a. E.) der Polizei-Ordnung bestätigt:

> Dabei gleichwohl Heerzug, merklicher Mißwachs, Hagelschlag und Mäuseheerung, wenn die Meyer den Gutsherren solches zeitlich angemeldet und avisiret, und dieselben deshalben den Augenschein eingenommen, beobachtet und in Konsideration gezogen werden.

Voraussetzung für die Geltendmachung des Anspruchs war also ein erheblicher Ernteausfall, beruhend auf unverschuldetem Feldschaden, wobei jederart Schaden in Betracht kam. Die Aufzählung in den Meierbriefen hat nur numerativen Charakter und bedeutet keine kasuistische Begrenzung[118]. Das beweisen allgemeiner gehaltene Stellen, wie z.B. «bey grossen schaden oder mißwachs»[119] oder «hagel, mißwachs, muschery oder sonsten»[120]. Ein Brief gebraucht sogar den heute geläufigen Ausdruck «höhere gewalt»[121].

Der gleiche Brief fährt jedoch fort: «sonsten aber auff keinerlei Weise remission praetendirt werden sol». Krankheit des Meiers, Viehsterben oder Gebäudeverfall begründeten also grundsätzlich keinen Anspruch auf Zinsnachlaß[122].

Natürlich versuchten die Meier auch in solchen Fällen ihr Glück, und das oft mit Erfolg. Der Meier Friedrich Rennert überschätzte freilich das Wohlwollen der Herren von St. Michaelis. Nachdem er schon seit 1782 den Zins nur teilweise geliefert hatte, äußerte er 1786 in einem Schreiben

> «das zuversichtliche Vertrauen zu dem Herrn Kellner, daß dieser ihm bey S. Hochw. dem Herrn Abte die völlige Remission seiner 2-jährigen rückständigen Meyerzinsen in betracht seines mit hohen kosten geführten baues erwürcken würde».

Das Kloster bestand indessen auf seinem Zins und bekam ihn schließlich auch[123].

Für den Grundherrn war es nicht immer leicht nachzuprüfen, ob die geforderte Remission auch berechtigt war. Zwar war dem Meier i.d.R. vertraglich aufgegeben, bei Mißernten vor dem Einfahren auf eigene Kosten eine Feldbesichtigung zu beantragen. Praktisch verhinderte jedoch die Menge der gestellten Anträge eine gewissenhafte Nachprüfung der angegebenen Schäden.

Im 17. Jahrhundert wurde das Remissionsrecht allgemein eingeschränkt («geringer Abgang nicht»)[124] und schließlich sollten nur noch die Fälle Berücksichtigung finden, in

---

116 UB VI, 688.
117 StAH Hild. Br. 3, 1, 157 (1444, Gronau); desgl. u. a. 3, 1, 122 (1471, Everode), 82 (1564, Densdorf), 84 (1570, Dorste), 38 (1602, Bettmar), 13 (1610, Ahrbergen), 156 (1668, Giesen).
118 Formulierungen wie in StAH Hild. Br. 3, 1, 573 (1653): Hagel, Mißwachs, Mäuse, «sonsten aber nicht», sind irreführend und sollen nur eine Beschränkung auf *Feld*schäden darstellen.
119 StAH Hild. Br. 3, 1, 405 (1622).
120 StAH Hild. Br. 3, 1, 609 (1648).
121 StAH Hild. Br. 3, 1, 405 (1669).
122 So bzgl. Gebäudeverfall RAMDOHR, S. 80, da der Meier sich darauf einrichten könne.
123 StAH Hild. Br. 3, 1, 394.
124 StAH Hild. Br. 3, 1, 407 (1676).

denen «ein gäntzlicher ruin entstünde und von den feldfrüchten nicht die halbscheid übrig bliebe»[125]. Daß dennoch nur wenige Jahre ohne erhebliche Zinsnachlässe vergingen, zeigt als Beispiel die hier wiedergegebene Abrechnung über Forderungen des Michaelisklosters an die Meier von Pattensen (Tabelle 4).

Tab. 4: Zinsremissionen in Pattensen von 1698 bis 1714[1]
(Auszug aus einer Aufstellung der Forderungen des Michaelisklosters an seine dortigen Meier)

		Rogken		Garste		Haber	
		Sch.	Hpt.	Sch.	Hpt.	Sch.	Hpt.
Geschuldete Kornzinse	Sma.	462		192	1	462	
Von diesen vorstehenden praestandis sind remittiert nach dem bezeugniß des Closterextracts:							
De anno 1698 remittirt 1/2, da großer Feldschade gewesen		21		8	1,5	21	
Anno 1699 ist wegen abermahligen Mißwachs besichtigung gewesen und 3/4 im winter- und 1/2 im sommerkorn remittirt		31	1	8	1,5	21	
De 1700 remittirt 1/2		21		8	1,5	21	
1701 1/2		21		8	1,5	21	
1702 1/3 im sommerkorn				5	1,75	28	
De 1703 bis 1708 alles richtig							
De 1709 remittirt 1/3 im Rogken		14					
1710 1/4		10	1	4	1,75	10	1
1711 1/3 im Rogken		14					
1712 1/3 in allem		14	6	6		14	
1713							
1714 1/4		21				14	
Summa remissorum		167	2	52		150	1
Abgezogen bleiben praestanda		294		140	1	312	1

[1] StAH Hild. Br. 3, 1, 556.

Gegen Ende des 17. Jahrhunderts verlangten die Grundherren allgemein nach einer landesherrlichen Regelung des Remissionswesens. Den Anfang machte das Herzogtum Braunschweig-Wolfenbüttel mit einer Verordnung von 1682[126], die insbesondere die Feldbesichtigungen neu ordnete. Hildesheim folgte diesem Beispiel mit der Verordnung vom 30. August 1757[127], nach deren § 1 die Feldbesichtigungen nur solange stattfinden konnten, wie das Korn noch in Stiegen auf dem Felde stand, wobei an dem Termin selbst neben dem Grundherrn ein staatlicher Beamter, § 4, und mehrere bäuerliche Gutachter (‹Achts-Leute›) teilzunehmen hatten. Letztere mußten, damit ihre Unparteilichkeit gewährleistet war, aus einem benachbarten Amt sein, § 5. Sie waren zu vereidigen, § 7.

Bei der Besichtigung sollte vor allem darauf geachtet werden, ob nicht den Meier ein eigenes Verschulden an dem Feldschaden nachzuweisen war, § 10.

War schließlich unter Berücksichtigung dieser Vorschriften festgestellt, daß die Ernte verdorben war, so hatte der Grundherr die Pflicht, dem Meier einen Teil des Zinses zu erlassen, und zwar:

[125] StAH Hild. Br. 3, 1, 325 (1698).
[126] Teilw. abgedr. b. GESENIUS I, S. 492.
[127] s. o., S. 25, Ziff. 10.

a) bei Totalschaden $^3/_4$ des Zinses. Das restliche Viertel wurde bis zum folgenden Jahr gestundet.

b) bei $^2/_3$ Verlust die Hälfte des Zinses. Die andere Hälfte war sofort fällig.

c) bei $^1/_2$ Verlust ein Viertel des Zinses.

Geringerer Abgang begründete für den Grundherrn keine Remissionspflicht, § 17.

Diese Verordnung erfuhr in der Folgezeit verschiedene Änderungen, insbesondere was den Zeitpunkt der Besichtigung betraf. Es stellte sich nämlich heraus, daß sich viele Bauern vor der Ankunft der Kommission schlechte Garben verschafften und damit die noch auf dem Felde stehenden Stiegen ‹praeparierten›, um eine Mißernte vorzutäuschen. Daher bestimmte die Verordnung vom 20. Juni 1766[128], daß die Besichtigung noch vor dem Mähen stattfinden müßte, § 11.

Aber schon die Verordnung vom 25. Mai 1773[129] stellte den alten Zustand wieder her, § 2, da jetzt offenbar die Gefahr bestand, daß die Bauern mit Rücksicht auf die zu erwartende Kommission den besten Erntezeitpunkt verstreichen ließen, und so der Schaden u. U. noch größer wurde. Die Höhe des Ausfalls sollte durch Probedreschen je einer schlechtesten, mittleren und besten Stiege ermittelt werden, § 6.

Anscheinend erwiesen sich jedoch die Nachteile aus einer etwaigen Späternte als das geringere Übel, denn § 7 der Verordnung vom 17. März 1780 setzte endgültig fest, daß das Getreide nur noch auf dem Halm zu prüfen sei und kein Probedreschen mehr stattfinden sollte[130].

Mitglieder der Kommission waren nach der letzten Verordnung der Amtmann und der Amtsschreiber sowie zwei anerkannt tüchtige Bauern aus demselben Amt, die zu vereidigen waren und ‹Landgeschworene› genannt wurden, §§ 1–4.

Schließlich sollte die Kommission unter Berücksichtigung der jeweiligen Bodengüte neben den schadhaften Äckern auch die besonders gut stehenden Felder vermerken und sie bei der Ermittlung des Gesamtschadens in Anrechnung bringen, § 8.

D. Die Erblichkeit des Meierrechts

Während in den Herzogtümern Braunschweig-Wolfenbüttel und Calenberg auf Grund der Landtagsabschiede von 1597 und 1601 die Erblichkeit des Meierrechts bereits zu Beginn des 17. Jahrhunderts nicht mehr angezweifelt wurde[131], kann von einer vergleichbaren Entwicklung in Hildesheim nicht die Rede sein. Vielmehr wurde hier das Erbrecht des Meiers noch bis gegen Ende des 18. Jahrhunderts nicht voll anerkannt und war wiederholt Gegenstand heftig geführter Auseinandersetzungen.

Zunächst galten zwar im ‹großen Stift› die Gesetze der welfischen Herzöge, jedoch fand die Fortbildung des Meierrechts bei den Hildesheimer Grundherren keine Anerkennung; sie wurde ignoriert. Die Meierbriefe des Michaelisklosters aus jener Zeit enthielten nach wie vor die Bestimmung, daß nach Ablauf der Meierzeit das Land «mit aller gerechtigkeit und zubehörung uns und unserm Closter wiederumb quitt frey leddigen und loß heimbgefallen sein und bleiben» sollte[132]. In einem Meierbrief von 1602[133] findet sich dieser Satz noch wie folgt ergänzt:

128 s. o., S. 25, Ziff. 12.

129 s. o., S. 26, Ziff. 14.

130 s. o., S. 26, Ziff. 15.

131 Die Landtagsabschiede waren Abschluß einer schon im 16. Jahrhundert einsetzenden Entwicklung, WITTICH, S. 386, 388; TURNER, S. 31 f.

132 StAH Hild. Br. 3, 1, 38 (1602, Bettmar); dsgl. z. B. 3, 1, 555 (1601, 1608, Pattensen), 92 (1616, Dorste, 405 (1622, Kl. Leve), 556 (1623, Pattensen), 609 (1624, Sossmar).

133 StAH Hild. Br. 3, 1, 227.

«dagegen mich kein Beneficium oder Rechte so in geistlichen als weltlichen sachen, so albereidt erdacht oder noch erfunden werden mugeten oder keiner Hern gebodt oder vorbodt nicht schützen noch freyen soll».

Die Hildesheimer Grundherren waren also nicht geneigt, sich mit den Vorgängen im okkupierten Stiftsteil abzufinden. Diese grundsätzlich ablehnende Haltung gegenüber den Gesetzen der ‹Besatzungsmacht› muß so ausgeprägt gewesen sein, daß sie noch ein Jahrhundert später in einem Schreiben des Domkapitels an den Bischof[134] ganz lebendig zum Ausdruck kommt:

«alldieweilen aber Wir das Thum-Capitul und 7 Stiffter alß 2 Vorsitzende Landstände niehmalen an Unß kommen laßen können, daß die Herren Herzöge zu Braunschweig und Lüneburg wehrend der Stifftischen Fehde über Unsere geistlichen Güther disponieren und dem gantzen Hochstiffte in denen Kriegszeiten gesätze vorschreiben können».

Für die Restitution des Stifts bestimmte zwar der Hauptrezeß vom 17. bis 27. April 1643[135], daß

«alle Sententiae, res judicatae, obligationes, tam communitatum quam privatorum, geist- und weltlicher Collegien, der Städte, item alle Contractus, Transactiones und Confirmationes, so seither Anno 1519 bis jetzo in dem alten und größern Stiffte fürgangen, salvo iure tertii, ratificirt und bey völligen kräfften bleiben sollen»,

jedoch ließ sein Wortlaut Zweifel darüber zu, ob auch alle hoheitlichen Gesetze und Verordnungen volle Kraft behalten sollten Diese Frage und die Auslegung der Klausel ‹salvo jure tertii› bildeten noch im 18. Jahrhundert den Kernpunkt der Auseinandersetzung zwischen Befürwortern und Gegnern des Erbmeierrechts[136].

Doch bleiben wir zunächst im 17. Jahrhundert. Nach der Stiftrestitution setzten auch im großen Stift wieder willkürliche Abmeierungen ein. In einem Gravamen der Ritterschaft und der Städte von 1652 heißt es u. a.:

«So beschweren sich auch ... die Unterthanen darin häuffig, das ohnangesehen vermüge vielbemelten Land-Tags-Abschieden die alten Meyer vor anderen bey der Meyerstatt zu lassen, sie sich auch zur Abführung der in den Kriegs-Jahren nachständig gebliebenen Zinsen, praevia moderatione, und der künfftige halber Sicherung zu thun erbieten, dennoch hin und wieder davon verstoßen werden, und ihren sauren Schweiß und Arbeit andern zu Nutzen kommen laßen müssen.»[137]

Der damalige Bischof Maximilian Heinrich konnte sich einer Stellungnahme hierzu nicht entziehen und versprach, es zunächst bei der bisherigen Observanz zu belassen:

«Alß auch beschwerungen dahin einkommen, daß die alten Meyer, angesehrs dieselbe in den langwierigen Kriegs-Jahren auff den höffen viell Unglück, Jammer undt elendt außgestanden, alleß ihrige darauff zugesetzet, und pro temporum et rerum statu die Zinße davon entrichtet, auch in künfftig praestanda praestiren wollen, wider die recht abgemeyert, verstoßen und vertrungen werden. So soll hierin nach beschaffenheit undt umbstendeß facti jedeßmal die billigkeit nach der Landt observantz verordnet, hingegen den klagenden gutsherren wieder ihrige säumigen Meyer, da dieselbe nichts erhebliches einzuwenden, unauffheltlich geholffen werden.»[138]

[134] StAH Hild. Br. 1, 12, 2, 10 (1731).
[135] Art. 27, s. o., S. 25, Ziff. 3.
[136] Hinsichtlich des dogmatischen Streits sei verwiesen auf: D. G. STRUBE, Gründlicher Bericht v. d. Abmeyerungsrecht (1730); CHR. MÜHLPFORT, Beantwortung, in Nachrichten von den Streitigkeiten über das Meyerrecht (S. 1–14); D. G. STRUBE, Vindiciae juris haereditarii villicorum, in Accessiones, Part. I, Obs. 49 (1739); CHR. MÜHLPFORT, Antivindiciae juris simplicis coloniae, in Nachrichten ... (1748), S. 15 ff.; J. M. STRUBE, Befestigtes Erbrecht der Stiffthildesheimischen Meyer (1752).
[137] Abgedr. b. STRUBE, Abmeyerungsrecht, Beilagen Lit. L, S. 25.
[138] Landtagsabschied v. 28. 4. 1652, s. o., S. 25, Ziff. 4.

Ein wesentlicher Grund für das energische Eintreten von Ritterschaft und Städten lag ohne Zweifel in dem gemeinsamen religiösen Interesse. Von den drei exemten oder vorsitzenden Landständen waren das Domkapitel und die 7 Stifte katholisch. Die Ritterschaft war lutherisch, desgleichen die Städte Alfeld, Gronau, Bockenem, Elze und Peine[139]. Da die Bauernschaft zum größten Teil ebenfalls lutherisch war, stand zu befürchten, daß die geistlichen Grundherren mit Unterstützung des Bischofs auf dem Weg der Abmeierung versuchen würden, die lutherischen Meier durch katholische zu ersetzen und so allmählich wieder einen katholischen Bauernstand zu bilden[140].

Noch J. M. STRUBE sah hier einen Hauptgrund für den hartnäckigen Widerstand der geistlichen Landstände gegen das Erbrecht der Meier:

> Vielmehr ist zu vermuthen, daß die Glaubensgenossenschaft die Catholische Guths-Herren beweget, das Erbrecht der Meyer so heftig zu bestreiten, und daß ihre Absicht dahin gehe, mit Ausschaffung der bisherigen Besitzer aus weniger fetten Landen Colonien von ihren Glaubens-Genossen ins Hildesheimische zu führen, so bald das willkührliche Abmeyerungs-Recht behauptet ist.[141]

Eine gewisse Einschränkung des Abmeierungsrechts brachte die Polizei-Ordnung von 1665[142], deren Artikel 133 lautete:

> Niemand soll den andern hinterlistig abmeyern, bey Straffe 5 Thaler, jedoch den Gutsherren dadurch nicht benommen seyn, ihre Länderey und Güter demjenigen, so das Meiste bietet, zu vermeyern.

Auf die Einwände von Ritterschaft und Städten gegen den zweiten Halbsatz der Vorschrift, erklärte Bischof Maximilian Heinrich 1666, daß er «nicht gemeint gewesen, jemand gegen das alte Herkommen zu praejudiciren».[143]

Unter dem Eindruck der anhaltenden Nachkriegsdepression[144] und nicht zuletzt wohl auch einer beginnenden religiösen Toleranz vollzog sich in der beschöflichen Agrarpolitik jedoch allmählich eine Wende zugunsten der Bauern. Das Edikt vom 17. Dezember 1668[145] bestimmte mit Rücksicht auf die kritische landwirtschaftliche Lage:

> «Wir aber der Armuth so wohl als dem gemeinen Wesen hierunter wiederum auffzuhelfen aus Landes-Vätterlicher Vorsorge bewogen worden, wie Wir dann nicht weniger alle und jede Acker-Leute und Kothsassen bey ihren alten wohlhergebrachten Gerechtigkeiten und den ehemaligen beständigen Besitz und Cultivirung ihrer innehabenden Höfe samt den ihrigen ... hiemit in Gnade wieder jedermänniglichen zu schützen und zu handhaben gesinnet seynd, dieselbe auch krafft dieses allsolcher gestalt hiemit aufs neue confirmiren und bestättigen.»

Ob damit freilich für den Bauern bereits ein lebenslanges oder gar erbliches Besitzrecht statuiert wurde, dürfte fraglich sein; man dachte wohl eher an eine Übergangslösung, an einen Ausweg aus einer augenblicklichen Notlage. So verhielt sich auch die Regierung in der Abmeierungssache des Michaelisklosters ./. Hans Lüders, Bockenem, (ca. 1670) sehr zurückhaltend:

> «Hochf. Regirung wüste gar wohl, daß das Closter freye Macht hätte, über sein Land nach Belieben zu disponiren. Sie wäre aber der Meynung, daß nach Anleitung der vorhin auf die

139 MEESE, in ZdHV, Jg. 1861, S. 14.
140 MEESE, aaO., S. 19; BERTRAM, Bd. III, S. 71; GRAFF, S. 156.
141 Befestigtes Erbrecht, S. 71; vgl. D. G. STRUBE, Rechtliche Bedenken, 3. Th., Bed. CXXVIII, S. 440.
142 s. o., S. 25, Ziff. 5; diese Bestimmung war schon in einer älteren Polizeiordnung für das «kleine Stift» v. 1617 enthalten: «Es solle niemand, er stehe zu wem er wolle, den andern hinterlistig abmeyern bey Brüche zehen Mfl.», MÜHLPFORT, S. 53.
143 b. STRUBE, Abmeyerungsrecht, S. 27.
144 Vgl. ABEL, Agrarkrisen und Agrarkonjunktur, S. 152 ff.
145 s. o., S. 25, Ziff. 6.

geführte Land-Tages-Gravamina ertheilte Resolutionen einen Meyer, wann er die praestanda richtig praestirt, anbey die Landes-onera der Gebühr abtrage, wider die Christliche Liebe wäre, andern zum Vortheil abzumeyern.»[146]

Wie spiegelt sich nun diese Entwicklung in den Meierverträgen des Michaelisklosters wider?

Bis etwa 1660 finden sich keine Anzeichen für eine Änderung des überkommenen zeit-pachtähnlichen Verhältnisses. Alle Gesetze, aus denen der Meier ein besseres Recht her-leiten konnte, wurden ausdrücklich abbedungen.

Nach Ablauf der Vertragszeit sollte unbedingter Heimfall erfolgen, und zwar

«ohne Verhinderunge, wie diese immer in gemeinen Rechten, Landtordnungen, gebrauch und gewohnheit begriffen, befindlich seyn und bestehen oder sonst erdacht werden möchten, nichts überall ausbeschieden».[147]

Seit 1660 erscheint immer häufiger eine bisher unbekannte Vertragsbestimmung: Dem Meier wird nach Ablauf der Meierzeit die Erneuerung seines Besitzrechts in Aussicht ge-stellt.

«wollen Wir und Unsere Nachkommen sollen diesen Contract renoviren».[148]

«bei der Neuvergebung soll Hans Carsten vor andern und frömbden praeferirt werden».[149]

«würde der Colonus diesen Contract richtig nachhalten, so kann er, gegen Erlegung von Laudemium und Schreibgebühr zu der Meyerung vorm anderen und frömbden wiederumb zugelaßen werden».[150]

Dabei wird auch den Erben schon in einigen Fällen eine gewisse Anwartschaft zu-gesprochen:

«soll Georg Kirchner *oder die seinen* sothane Bemeierung sich gegen Erlegung des gewöhn-lichen Laudemii (2 Rth.) wieder vermeiern lassen«.[151]

«sollen sie und deren Erben, wenn Wir die Länderey nicht wieder einziehen und selbst culti-viren, gegen Verlangung des gewöhnlichen Meiergeldes, Schreibgebühren und Leistung dessen, was sich gebührt, vor andern zu der Meyerstatt wieder zugelassen werden».[152]

Die zweite Hälfte des 17. Jahrhunderts sieht somit die ersten noch zaghaften Schritte zur Anerkennung eines gefestigteren Besitzrechts. Freilich blieb es de iure bei der Klausel ‹Heimfall nach Ablauf der Meierzeit bzw. Tod des Meiers›, es wurde um 1660 sogar noch zusätzlich das Erlöschen des Vertrages beim Versterben des Abtes eingeführt[153]. Aber gerade hieran zeigt sich, daß man offenbar weniger an die tatsächliche Absetzung des Meiers dachte, als vielmehr an eine Erhöhung des Laudemialeinkommens[154]. Nur so läßt sich die Vermehrung der Abmeierungsgründe mit dem im Vertrag neu aufgenom-menen Novationsversprechen sinnvoll vereinbaren.

Es konnte sich unter diesen Voraussetzungen allmählich eine faktische Erblichkeit herausbilden, wobei allerdings nicht übersehen werden darf, daß die Grundherren ein Recht des Meiers auf erblichen Besitz nach wie vor ablehnten.

[146] STRUBE, Abmeyerungsrecht, Beilagen, Lit. Q, S. 27.
[147] StAH Hild. Br. 3, 1, 568 (1653, Remlingen); dsgl. 3, 1, 459 (1660, Kl. Leve), 609 (1648, Sossmar).
[148] StAH Hild. Br. 3, 1, 293 (1661, Hallendorf); 3, 1, 556 (1661, Pattensen).
[149] StAH Hild. Br. 3, 1, 405 (1669, Ihlde).
[150] StAH Hild. Br. 3, 1, 556 (1663, 1671, 1678, Pattensen); 3, 1, 690 (1673, Westfelde), 92 (1695, Dorste).
[151] StAH Hild. Br. 3, 1, 403 (1662, Ingeleben).
[152] StAH Hild. Br. 3, 1, 156 (1669, Kl. Giesen).
[153] s. o., S. 28 ff.
[154] STRUBE, Rechtliche Bedenken, 3. Th., Bed. CXXVIII, S. 440.

So mußte sich Erich Müller, der Bürgermeister von Pattensen, der vom Michaeliskloster im Jahre 1671 mit 3¹/2 Hufen bemeiert wurde, verpflichten,

«auch nicht daran einiges Eigenthumb, oder sonsten ein mehreres als die bloße coloniam zu praetendiren»,[155]

und als im Jahre 1696 der Meier Hans Löhne in Dorste verstarb, wurde der dortige Meierhof nicht an dessen Erben ausgetan, obwohl diese darum angehalten hatten. Der klösterliche Beauftragte Gregor zum Velde vermerkte in einem Brief an das Michaeliskloster:

«die Löhnischen Erben sindt übel zufrieden, daß ein Frömbder angenommen wirdt, welches doch Unserm Stifft und Cloister rathsamb ist, dan sie anderß ein Erb darauß machen».[156]

Je mehr indessen die faktische Erblichkeit an Bedeutung gewann, desto härter wurde in Streitfällen der Widerstand der Meier. Das zeigte insbesondere der Abmeierungsprozeß des Michaelisklosters ./. Wl. Rittmeister Strackes Erben zu Elze wegen eines Hofs in Ösede, der im Jahre 1726 bei dem Amt Poppenburg anhängig wurde, über die Regierung bis vor das Reichskammergericht gelangte und sich dort bis etwa 1760 hingezogen hat[157].

BENEKE[158] berichtet, daß in Abmeierungssachen die ausschließlich mit katholischen Räten besetzte Regierung grundsätzlich im Sinne der Nicht-Erblichkeit erkannte, während das mit evangelischen Beisitzern besetzte Hofgericht i. d. R. für die Erblichkeit entschied, so daß es lediglich darauf ankam, an welches Gericht die Appellation gebracht wurde[159].

Dennoch gewann das Erbmeierrecht ständig an Boden, weil es immer deutlicher wurde, daß die zahlreichen noch vom Dreißigjährigen Krieg her wüsten Höfe auf die Dauer nur durch Zusicherung eines erblichen Besitzrechts wieder mit tüchtigen Meiern zu besetzen waren und nur auf diese Weise der weitere Verfall vieler Meierhöfe aufgehalten werden konnte[160].

In einem Zeitungsartikel aus jener Zeit heißt es dazu[161]:

Mit der Abmeyerung kommt man leicht zu Stande, die Wiederbesetzung des Hofes aber hält viel schwerer, ja sie ist fast ganz und gar impracticabel, immassen nach geschehener Abmeyerung das Allodium entweder dem Abgemeyerten oder dessen Creditoribus muß bezahlet werden. Solches pfleget zwar nur in dem alten Wohnhause, einer Scheune, Ställen, Leibzuchts-

155 StAH Hild. Br. 3, 1, 556.
156 StAH Hild. Br. 3, 1, 92.
157 Die Streitschriften hierzu wurden oben, S. 44, Anm. 136, genannt. Das Aktenmaterial zu diesem Prozeß befindet sich angeblich im Staatsarchiv Hannover (Hann. 27). Die Neuordnung und Neuverzeichnung dieser sehr umfangreichen Aktengruppe ist nach Verlust der alten Findbücher im Jahre 1943 noch nicht abgeschlossen. Trotz dankenswerter Hilfe des dortigen Sachbearbeiters ist es dem Verf. nicht gelungen, die interessierenden Akten im Lager des Archivs aufzufinden; eine Anfrage beim Bundesarchiv blieb erfolglos. Auch CRAMER, Nebenstunden, erwähnt den Fall nicht. Vgl. aber die Urteile in Sachen Mumme ./. Mumme (1748), CRAMER, aaO., VII. Th., S. 174 und Wiesenhauer ./. Bischof v. Hildesheim (1748), CRAMER, Opuscula, Tom. III, S. 758, in denen das RKG von einem Erbmeierrecht in Hildesheim ausgegangen ist; ähnlich CRAMER, Nebenstunden, XXXII. Th., S. 49.
158 Grundsätze des Meyerrechts, Th. 1 (1795), S. 95, Anm. 120.
159 Beide Gerichte konkurrierten dergestalt, daß an das Hofgericht in gleichem Maße wie an die Regierung die bürgerlichen Rechtsstreitigkeiten gegen die Exemten in 1. Instanz und die Appellationen gegen alle Erkenntnisse der 1. Instanz gebracht werden konnten, MEESE, in ZdHV, Jg. 1861, S. 29.
160 BUSCH, S. 7.
161 Hannöversche Gelehrte Anzeigen, Bd. II (1752), S. 1118 f., («Gedanken über den Verfall vieler Meyerhöfe»).

und Backhause, Zäunen, Bäumen, Geile, Gahre und Einsaat etc. zu bestehen, doch mag es nach Gelegenheit auf 2, 3, 4 auch wohl 600 Rth. hinan laufen. Die Instrumenta rustica sind in so delaborirten Umständen, daß verfolglich keiner den Hof antreten kann, wenn er nicht ein Vermögen wenigstens von einigen 100 Rth. besitzt.
Dergleichen Leute aber finden sich wenig, wenn man auch inzwischen diesem Mangel abzuhelfen wüßte, so stehet dennoch ein neuer Meyer schwer und sehr selten aufzufinden, indem sich die Leute vorstellen, daß sie eines theils keinen Segen auf einem solchen Hof haben könnten, weil sie den abgehenden Meyer gleichsam vertreiben, und anderen theils befürchten müßten, daß ihnen das Haus über dem Kopfe angestecket werden dürfte.

Wie treffend diese Zeilen den tatsächlichen Stand der Dinge – auch in Hildesheim – wiedergeben, mag an dem Beispiel des Buroseschen Meierhofs in Völksen bestätigt werden[162].

Am 7. Juli 1759 sandte der Amtmann zu Springe an den Pater Kellner des Michaelisklosters folgendes Schreiben:

Ew. Hochehrw. Hochgel. sind ohne unser besonders anführen diejenigen schlechten umstände bekannt, worin der Meyer Johan Christoph Buerose gerathen ist. Nach geschehener Untersuchung hat sich ergeben, daß das allodium dergestalt deterioriret, daß die Abführung derer guthsherrlichen praestandorum daher fast nicht einmal zu gewärtigen stehet, bevorab das Feld- und Viehinventarium von gar keinem Belang ist. Die Besetzung dieses Hofes mit einem anderen tüchtigen Wirth haben wir Ew. Hochw. Capitulo vorschlagen zu können, uns alle ersinnliche Mühe gegeben, allein die gegenwärtige mißliche Zeiten sowohl, als auch die schlechte Beschaffenheit, worin die mehreste dazu dreuch liegende Länderey sich befindet, hat unsere Bemühungen fruchtloß gemachet. Auch auf die Arth haben wir einen neuen Meyer Mann ausfündig zu machen gesuchet, daß wir der Gemeinde Volckersen angedeutet wie sie den ein- oder anderen tauglichen und zur Anschaffung der nötigen Pferde und Kühe auch Instrumentorum rusticorum mit zulänglichen Mitteln versehenen Meyer Mann unter sich ausmachen, im widrigenfall zur Annehmung der Länderey und Abführung der darauf haftenden privilegierten Schulden verbunden seyn sollten, worauf gedachte Gemeinde die Ohnmöglichkeit, diesem injuncto zugeleben in soweit zur Genüge zu Tage geleget, weil der Mangel an Leuten dieses in alle Wege behinderte.

Bis zur Neubesetzung des Hofes sollten nicht weniger als fünf Jahre vergehen. Erst am 21. Mai 1764 konnte der Amtmann dem Kloster berichten:

Wir haben jetzo, da sich Johann Dietrich Ritter von Lüdersen, Amts Calenberg zur Annehmung des Buerosischen Hofes zu Volckersen meldet, Gelegenheit, diesen gantz heruntergekommen Meyerhof wieder mit einem Wirth zu besetzen.
Da derselbe nun außer dem übrigen Vieh- und Haußgeräthe an baaren Gelde 300 Rth. in Händen hat, und sich schwerlich sobald einer finden wird, der soviel Geld einbringen kann, wir aber um dieserwillen dafür halten müssen, daß genannter Ritter der annehmlichste sey: So haben Ew. Hocherw. Gnaden wir davon hiedurch gantz ergebenst Nachricht ertheilen wollen.
Die Schwierigkeit die sich jetzo allenthalben hervorthut, wenn man Höfe wieder an die Reihe bringen will, lässet nicht zu, lange auf einen anderen zu warten, indeßen würden Ew. Hochw. Gn. ohne unser Anführen für nötig finden, daß dem neuen Wirth von demjenigen Rückstande, welchen das dortige Stift noch von dem Hofe zu fordern hat, ein beträchtliches erlaßen, auch ihm in den ersten Jahren zu seiner Wiederaufhelfung eine proportionirliche Remission seines Zinses ertheilet werde.

Eine endgültige Sanktionierung des Erbmeierrechts erfolgte schließlich durch die Verordnung des Fürstbischofs Friedrich Wilhelm vom 9. April 1781[163], die allerdings das Erbrecht nicht erst ausdrücklich statuierte, sondern es in ihren Vorschriften stillschweigend als gegeben voraussetzte. Erst zu diesem Zeitpunkt erlangten die Meier in Hildes-

---

162 StAH Hild. Br. 3, 1, 664.
163 Verordnung wegen der Ablagen und Leibzuchten, s. o., S. 26, Ziff. 16.

heim das gleiche Recht, das für die Bewohner der welfischen Nachbarländer schon seit mehreren Generationen Geltung besaß.

Für die Erbfolge in den Meierhof galt in Anbetracht des schon in den Art. 84, 85, 86 und 94 der Polizei-Ordnung begründeten Teilungsverbots das Anerbenrecht[164].

Dabei wurde i.d.R. angenommen, daß durch väterliche Disposition, ohne ausdrückliche grundherrliche Genehmigung, bestimmt werden durfte, welches Kind in die Stelle sukzedieren sollte, und daß der Grundherr, wenn er die väterliche Entscheidung wirksam anfechten wollte, die Unfähigkeit des Übernehmers nachweisen mußte[165]. In Ermangelung einer väterlichen Entscheidung stand dem Grundherrn gemäß Tit. 1, §§ 18, 31 der genannten Verordnung das Recht zu, den Anerben aus der Mitte der Kinder zu wählen[166].

Damit galt zwar der Grundsatz der Geschlossenheit[167]; ein eigentliches gesetzliches «Anerbenrecht» existierte jedoch noch nicht, da es offen blieb, welches unter den Kindern in das Gut nachfolgen sollte. Nach dem Herkommen fand hier teils Ältesten-, teils Jüngstenrecht[168] statt. Weibliche Erbfolge war dem Meierrecht allgemein fremd[169].

[164] WITTICH, S. 402.
[165] MEESE, in ZdHV, Jg. 1861, S. 59; vgl. für Calenberg TURNER, S. 34.
[166] v. BÜLOW-HAGEMANN, Practische Erörterungen, II, Nr. 85; ebd., IV, Nr. 81.
[167] LÜTGE, Die mitteldeutsche Grundherrschaft, S. 57.
[168] So in den Ämtern Winzenburg und Wohldenberg, MEESE, aaO., S. 40, 60.
[169] TURNER, S. 21.

TEIL III

Recht der Meierdingsleute

Seit der partikularrechtlichen Literatur des 18. Jahrhunderts[1] ist das Recht der Meierdinge und ihrer Genossen nicht mehr eingehend behandelt worden. Erst W. WITTICH[2] brachte das Institut wieder in Erinnerung, wies ihm im übrigen aber die Rolle eines ‹unverständlichen Denkmals einer entschwundenen ländlichen Verfassung› zu[3].

Auch FR. LÜTGE[4] würdigt die Meierdinge nur kurz als Relikt der alten Villikationsverfassung.

Eine solche Betrachtung wird jedoch der tatsächlichen Bedeutung der Meierdinge im Bistum Hildesheim nicht gerecht, da sie bis zum Beginn des 19. Jahrhunderts – wie zu zeigen sein wird – einen wesentlichen Faktor der dortigen Agrarverfassung dargestellt haben.

A. Die Meierdinge im Bistum

1. Meierdinge des Michaelisklosters

Wieviel Meierdingsland insgesamt im Eigentum des Klosters stand und wie es auf die einzelnen Meierdingsverbände verteilt war, ergibt sich im Zusammenhang erstmals aus der Land- und Wiesenbeschreibung des Hochstifts vom Jahre 1769[5]:

a) Hohes Meierding

Barsum	11	Morgen
Hüddessum	118	Morgen
Machtsum	12	Morgen
	141	Morgen

b) Meierding Gr. Lafferde

Kl. Lafferde	1	Morgen	0,5	Vorling
Gr. Lafferde	5	Morgen	1,5	Vorling
	7	Morgen		

c) Meierding Nettlingen

Dingelbe	13	Morgen	1	Vorling
Nettlingen	210	Morgen	0,5	Vorling
Kl. Himbstedt			1,5	Vorling
Rutenberg	5	Morgen		
Bavenstedt	5	Morgen		
	234	Morgen	1	Vorling

d) Meierding Hoheneggelsen

Hoheneggelsen	195	Morgen	1,5	Vorling
Betterum	27	Morgen	1	Vorling
Kl. Himbstedt	48	Morgen	1,25	Vorling
Gr. Himbstedt	102	Morgen		
Söhle	97	Morgen	1	Vorling
Nettlingen	1	Morgen	1,5	Vorling
	473	Morgen	0,25	Vorling

Nicht aufgeführt sind in der Landbeschreibung die zum Meierding Völksen gehörenden Ländereien.

[1] Insbes. D. G. STRUBE, Tractatio de bonis Meierdingicis (1768).
[2] Die Grundherrschaft in Nordwestdeutschland, S. 222 ff.
[3] Ebd., S. 358.
[4] Agrarverfassung, S. 103 f.
[5] StAH Hild. Br. 1, 23, 1, Nr. 20.

Diese Aufstellung ist zwar sehr übersichtlich, läßt aber gleichwohl einige Zweifel an ihrer Genauigkeit aufkommen, wenn man andere Quellen zum Vergleich heranzieht. Das gilt besonders für das Dorf Gr. Lafferde. Nach der Land- und Wiesenbeschreibung besaß das Kloster dort 5 Morgen und 1,5 Vorling Meierdingsland. Ein klösterliches Register über Einnahmen aus diesem Dorf ergibt hingegen insgesamt ca. 130 Morgen!

Dieses Zinsregister, das gegenüber den üblichen – meist unleserlichen – Einnahmekladden sehr gewissenhaft und sauber geführt ist, soll im folgenden wiedergegeben werden:

Tab. 5: Zinsregister des Meierdings Gr. Lafferde (um 1750)[6]

Gr. Lafferde (v. Morgen 4 Pfg.)	Mrg.	Vrlg.	Gr.	Pfg.
Conrad Meyer	2		1	
Conrad Möhle von Lengede	6	0,5	3	2
J. H. Möllering		1,5		3
Conrad Möhle	1			4
Item	1			4
Item von Böttgern geerbt	1			4
Item vom Vattern geerbt	1	1		6
Hinrich Meyerding		1		3
Hinr. Möllering gefreyt mit Behrens tochter	2		1	
Item von seiner Mutter	1	0,5		5
Item von Henni Brandis		1		2
Item von Fr. Schwalenberg		1		2
Conrad Meyer vom Dörrenhoff				6
Item gefreyet von S. Mummen	2	1	1	
Tile Meyer gefreyet mit Berschwalen tochter	3	0,5	1	5
Christoffel Meyer Hauß und Hof		1,5	1	4
Item	1			4
Item		1,5		3
Harm Ohlenburg		1		2
Item gefreyet mit Annen Möllering	1			4
Item	1			4
Christian Ohlendorf	1			4
Joh. P. Reyers	2	0,5	1	1
Friedr. Rohden wittib		1		2
Item	4	1	2	2
Item	1	1		6
Chr. Ruhmann gefreyt mit Anna Margarethe Cramm	1			4
Joh. Friedr. Ritmüller vom hohen hoffe			2	
Joh. Chr. Scherding	1			4
Chr. Schwalenberg	4	0,5	2	1
Conr. Schwalenberg gefreyt mit Cat. Elisab. Brandes	1			4
Friedr. Schwalenberg	1			4
Item von Conr. Völling		1		2
Item von Barthold Cramm	1			4
Item von Tilen Cramm		1,5		3
Item	1	1		6
Wilh. Schwalenberg		1		2
Item		1		2
Harm Hane		1	3	
Barth. Chr. Schwalenberg	1			4
Harm Steinmann	1	1		6

[6] StAH Hild. Br. 3, 1, 791.

Gr. Lafferde (v. Morgen 4 Pfg.)	Mrg.	Vrlg.	Gr.	Pfg.
Christoph Steinmann sr.	1	0,5		5
Item		1,5		3
Item von Hans Hinr. Cramm	3		1	4
Item		1		2
Item		1		2
Item	1	0,5		5
Item	1			4
Hans Henni Willens	1	1		6
Die Schule zu Gr. Lafferde	1			4
Tile Schirdings wittib		1		2
Anna Maria Schirding	1	1		6
Joh. Chr. Steinmann		1		3
Chr. Schröder		1		2
Barthold Thies		1,5		3
Hans Hinr. Thies jr.	1	0,5	2	3
Item			1	2
Item		1		2
Hans Hinr. Thies		1		2
Peter Thies, hauß und hoff von Thies erben gekaufft		1	1	4
Peter Conr. Thies	5	0,5	3	3
Item gefreyt m. Lene Cramm		0,5		2
Item		1,5		3
Item		1,5		3
Peter Thies gefr. m. Cord Unverzagt tochter		1,5		3
Conrad Thies		1		2
Cord Hinr. Unverzagt	1			4
Item	2	0,5	1	1
Cord Unverzagt		1		2
Jacob Unverzagt	1			4
Conrad Cöster	3	0,5	1	5
Hans Hinr. Unverzagt		0,5		1
Item	1	0,5		5
Item gefr. m. Ilse Meyer	1	0,5		5
Henni Cöster sen.	2		1	
Item		1		2
Herbert Cöster	1			4
Hans Unverzagt jr.	1			4
Item vom vatter	1	1		6
Joh. Wiesen vom hoffe			6	
Wiesen wittib von Chr. Steinmann gekaufft		1		2
Item		1		2
Cord Wiesmann	1	1,5		7
Hans Henr. Wassmann	1			4
Item	1	1,5		7
Hans Hinr. Wilckens	2	0,5	1	1
Item		1		2
Hinr. Werspon	1	1		6
Chr. Wilcken		1		2
Item von Wassmann		1	1	4
Item von Barth. Schierding		0,5		1
Hinr. Wittenberg	3		1	4
Item	1			4
Item vom hauß und hoffe			3	4
Item	1	1		6
Item	1	1		6

Gr. Lafferde (v. Morgen 4 Pfg.)	Mrg.	Vrlg.	Gr.	Pfg.
Hans Hinr. Wichmann		1	3	2
Joh. Hinr. Warenbold		1		2
Chr. Wichmann von Conr. Giesecke		1		2
Barthold Wilcken von Tile Meyer hauß und hoff gekaufft		0,5		2
Item		1		2
Hans Hinr. Wichmann		1		2
Item für hauß und hoff			3	
Christian Bolte	1			4
Item		1		2
Hans Hinr. Wilcken von Joh. Conr. Meyer	1			4
Item von Conr. Hinr. Cramm	1	1		6
Pieter Conrad von Bolte	2	1	6	

Was das Meierdingsland in Nettlingen betrifft, so sind hier die Angaben der Land- und Wiesenbeschreibung (210 Morgen, 1/2 Vorling) etwa zutreffend. Im einzelnen handelte es sich um neun Meierdingshöfe mit je einer Hufe Land. In einem Register aus dem Jahre 1611 wird beschrieben, wie viele Meierdingsleute – mit ihren Familien – sich in die Bewirtschaftung der einzelnen Hufen teilten[7]. Dabei ergibt sich folgendes Bild:

1. Hufe:	3 Besitzer insgesamt,	davon 1 auf dem Hof
2. Hufe:	6 Besitzer insgesamt,	davon 2 auf dem Hof
3. Hufe:	6 Besitzer insgesamt,	davon 2 auf dem Hof
4. Hufe:	4 Besitzer insgesamt,	davon 3 auf dem Hof
5. Hufe:	9 Besitzer insgesamt,	davon 3 auf dem Hof
6. Hufe:	7 Besitzer insgesamt,	davon 2 auf dem Hof
7. Hufe:	11 Besitzer insgesamt,	davon 2 auf dem Hof
8. Hufe:	5 Besitzer insgesamt,	davon 2 auf dem Hof
9. Hufe:	4 Besitzer insgesamt,	davon 2 auf dem Hof

Im Dorfe Hoheneggelsen besaß das Kloster, wie sich aus einer Feldbeschreibung vom Jahre 1793[8] errechnen ließ, 179 Morgen und 1/2 Vorling Meierdingsland, das von insgesamt 55 Meierdingsleuten bewirtschaftet wurde. Auch hier finden wir also die Zahlen der Land- und Wiesenbeschreibung (195 Morgen, 1 1/2 Vorling) nahezu bestätigt.

Für die Güter in Völksen mag das nachstehende Einnahmeregister einen Überblick vermitteln:

Tab. 6: Zinsregister des Meierdings Völksen (1651)[9]

	Gr.	Pfg.
1. Albert Hatthauwer von 1/2 hoff jahrl.		4
2. Ludeke Alwes von 1/2 hoff jrl.		4
3. Hans Stenken vom hoff jrl.		8
4. Item von 3 forli landeß		4
5. Hinr. Schrader von 1/2 hoff jrl.		4
6. Item von 1 forli landeß		3
7. Hans Kniep		8
8. Item von 8 morgen landeß	6	4
9. davon hat Diederich Alwes 1 morgen geerbt, gibt dafür		6
10. Item Hans Kniep von 1 hoff		8

[7] StAH Hild. Br. 3, 1, 811; dsgl. in einem Register v. 1633, Beverina Hdschr. 290a.
[8] StAH Hild. Br. 1, 39, 5, 117.
[9] StAH Hild. Br. 3, 1, 664.

	Gr.	Pfg.
11. Cord Stengruve von 1 forli		3
12. Joachim Handehorst	11	6
13. Casten Cramer von 1 forli		3
14. Item von 4 morgen	4	
15. Item 1 forli		3
16. Item		3
17. Andreas Schmed von 4 morgen	5	3
18. Lorentz Brensen von Ernst Brensen 4 morgen, hat davon 1 morgen, gibt	1	
19. Hans Pini hat auch von Ernst Brensen 1 morgen, gibt	1	6
20. Hinrich Borries von Ernst Brensen landerie 1½ morgen, gibt N.B. Mangelt also noch ½ morgen von Ernst Brensen 4 morgen, davon vogt melte, Lorenz Brensen, Hans Pini, Hinrich Borries außgegeben, müßen inhaberen dieses ½ morgen ernennen.		4
		4
21. Johan Hoppe von 1 forli		3
22. Jobst Komna von ½ hoff, jetzo Ludolff Auhers		4
23. Jürgen Kniep *des Klosters* Vogt von Lorenz Pini hoff		8
24. Hans Pini von 1½ morgen		3
25. Hans Gerke von 3 morgen	1	6
26. Item von Hinrich Gerke 1 morgen		6
27. Hans Moltken von Hinr. Gerke 2 morgen	1	
28. Hinrich Alwes wittib von 6 morgen	3	
29. Diederich Alwes von 4½ morgen	2	6
30. Jobst Friedr. Moltken von 1 morgen		6
31. Item von 1 morgen von Hanses Brensen lande	0,5	
32. derselbe von ½ hoff		4
33. Hinrich Wolter 4 stücke und ein klein stücke	2	4
34. Caspar Schrader von 3 morgen	1	6
35. Hans Moltken von 4 stücke	4	
36. Hinrich Borries von 2 stücke land		4
37. Casten Cramer von 1 morgen	1	
38. Hans Bolmeyer von 3 morgen	3	
39. Item von 1 forli		1
40. Ludwig Biermann von C. Gerken land		4
41. Hans Stengruve in Großenrode 1 stücke		4
42. Hans Moltken von ½ hoff		4
43. Hans Holthusen von der andern helffte		4
44. Gustaff Schormann		1,5
45. Casten Cramer von 1 forli		3
46. Christoff Schwarzkopp von 2½ morgen		15
47. Hinrich Albert Wilke		3

Das sind insgesamt 7 Höfe und etwa 80 Morgen. An einer anderen Stelle derselben Akte wird der klösterliche Besitz im Jahre 1664 mit 11 Kothöfen und 5 Hufen Land angegeben.

Weiteres Meierdingsland des Michaelisklosters befand sich noch im Gebiet von Beddingen, Bleckenstedt und Sauingen (heute zu Salzgitter gehörig). Leider war es dem Verfasser nicht möglich, genauere Angaben über den Umfang der Ländereien und die Anzahl der Bauern ausfindig zu machen[10].

[10] Im Bestand des Staatsarchivs Hannover ist dazu nichts enthalten; auch eine Anfrage in Wolfenbüttel blieb erfolglos.

Wir müssen uns daher mit einigen kurzen Hinweisen der älteren Literatur zufrieden geben:

So berichtet NOLTEN[11]:

> Habemus etiam Bleckenstadii duplicem conventum meierdingicum, vulgo das große und kleine Meyerding zu Bleckenstedt. In priori Capitulum Cathedrale Hildesiense, in hoc vero (dem kleinen Meyerding) Coenobium St. Michaelis, quod Hildesiae est, canones emphyteuticos de agris in tractu Beddengensi singuli bienniis per deputatos suos colligit, Praefectusque Wolffenbuttelanus conventus hos rurales praesentia sua fecit illustriores.

Entsprechendes vermerkt v. LIEBHABER[12]:

> Meyerdinge werden jährlich gehalten ... zu Beddingen, Amts Wolfenbüttel, mit Zuziehung eines von dem Kapitul und Kloster S. Michael zu Hildesheim Abgeschickten wegen der zu Beddingen, Bleckenstedt und Sauingen belegenen Erbenzinsgüter.

Bei beiden Verfassern fehlt es an einer Quellenangabe. Man wird jedoch nicht fehlgehen, wenn man den Ursprung in den (ungedruckten) «Nachrichten über das Residenzamt Wolfenbüttel, aufgezeichnet von Amtmann Matthaei» aus dem Jahre 1677 erblickt[13]. Dort heißt es unter der Überschrift ‹Große Meyerding zu Bleckenstedt›[14]:

> Weill daß Thum Capitul zu Hildesheim von der meisten Erbländerey vor Beddingen, Bleckenstedt und Sauingen den Erbenzinß ein zu nehmen hat, so sendet dasselbe alle zwey Jahr seine abgeordneten nach Bleckenstedt, welche den Erbenzinß alda auffnehmen, welches alßdan das Große Meyerding genant wird, und muß der Ambtman zu Wulffenbüttel demselben beywohnen.
> Es ist zwar obgedachte Erbländerey vor diesen Meyerdinge versetzet und verkauffet, und hat daß Thum Capitul den 10., auffs letzte aber den 20. davon gehoben, itzo aber geschiehet daßelbe vor dem Ambte und wird dem Thum Capitul nichts mehr gestanden. Das Essen bey diesen Meyerding müßen obige dorffschaften eines umbs andere hergeben, daß trincken aber bezahlet daß Thum Capitul.

Über das ‹Kleine Meyerding zu Bleckenstedt› berichtet Matthaei[15]:

> Daß Kloster St. Michael in Hildesheim hat vor vielen Dörffern im Gerichte Beddingen und Ambte Lichtenberg ebenfalls Erbländerey wovon es den Erbenzinß hebet, weßhalben daßelbe gleichfals alle zwey Jahr in beyseyn des Ambtmans daß so genannte Kleine Meyerding durch Ihre deputirte halten und den Erbenzinß einnehmen laßet, dabey einer von den Meyers das Essen zwar schaffet, aber den Zinß davor inne behelt, den tranck bezahlen die deputirte. Und ist es vor diesen mit verkauff und versetzunge des Landes zwar auch so wie bey den Großen Meyerdinge gehalten, es ist aber gleichfals in abgang kommen.

Nicht ganz eindeutig ist der Halbsatz «es ist aber gleichfalls in abgang gekommen». Ist damit gemeint, daß beide Meyerdinge schon zu dieser Zeit nicht mehr bestanden haben, oder waren nur Veräußerungen und Verpfändungen seiner Zuständigkeit entzogen? Keine dieser beiden Möglichkeiten kann vorbehaltlos unterstellt werden. Denn aus einem Bleckenstedter Meierdingsbuch des Domkapitels[16] geht unmißverständlich hervor, daß das ‹große Meierding› bis zum Jahre 1732 alle zwei Jahre abwechselnd in Bleckenstedt, Sauingen und Beddingen gehalten worden ist. Die Protokolle enthalten im übrigen

---

[11] De iuribus et consuetudinibus circa villicos, S. 48 (1738).
[12] Braunschw.-Lüneburg. Land-Recht, I, S. 180 (1791).
[13] Manuskript im StA Wolfenbüttel VI Hs 14, Nr. 63, Bd. 3; ein weiteres Exemplar befindet sich in der Beverina.
[14] S. 39.
[15] S. 41.
[16] Beverina Hdschr. Nr. 70; das Buch datiert von 1644-1732, die Eintragungen enden etwa in der Mitte des Bandes.

regelmäßig gerichtliche Bestätigungen von Kauf- und Pfandschaftsverträgen, sowie Einweisungen der neuen Besitzer (‹Ansatz›) gegen Erlegung einer Gebühr (‹Umsaat›). Allerdings fanden seit 1700 nur noch insgesamt sechs Ansätze statt. Meist beschränkten sich die Protokolle auf die Feststellung:

> Auf diesem gehaltenen Hohen Meyerding ist vom procuratore für dieses mahl kein eintziger ansatz eingebracht, weswegen denn keine umsaht aufgenommen worden.

Das Schicksal des ‹kleinen Meierdings› des Michaelisklosters ist ungewiß. Es muß jedoch noch um 1700 bestanden haben. Das ergibt eine Notiz aus dem genannten Meierdingsbuch vom Jahre 1696[17]:

> Er wäre zum Ansatz parat, debitor wolle zwar vorgeben, es gehöre der qu. morgen vor das *kleine meyerding*, ihm aber wäre es gleich wohin es gehöre und wolle er gerne praestanda praestiren.

Weitere Belege existieren hierzu nicht.

Mit dem Vorstehenden sollte versucht werden, einen ungefähren Überblick über die klösterlichen Meierdinge und den Umfang des ihnen zugehörigen Landes zu vermitteln. Das Fehlen von zusammenfassenden und genauen Einnahmeregistern mußte zur Folge haben, daß vielfach nur Anhaltspunkte gegeben werden konnten und manche Frage offenbleiben muß. Daß die gleichen Schwierigkeiten bereits im Jahre 1803 der Auflösungskommission Probleme aufgegeben haben, zeigt die nachfolgende Aktennotiz[18]:

> Es findet sich keine genaue Bestimmung, wie viele Erbländerei odere andere Güter vor jedes Meierding gehören, noch weniger finden sich Verzeichnisse von den einzelnen Grundstücken. Die Erbenzinsregister können also nicht anders als äußerst mangelhaft sein, zumal da die immer währenden und bis hiehin bei den Reichsgerichten noch schwebenden Streitigkeiten über die Gerichtsbarkeit der Meierdinge solche Ordnung unmöglich machten, und den Meierdingsherren alle Lust benahmen, durch ordentlich angefertigte Beschreibungen der Meierdingsgrundstücke Ordnung einzuführen. Ohne dem erforderte dieses einen Kostenaufwand, der mit den Erträgen der Meierdinge in keinem Verhältnisse stand. Und da übrigens die Ämter den Meierdingen keine Execution zugestehen, diese aber die Ämter nicht requirieren wollen, so zahlte nur derjenige den Erbenzins, und ließ sich ansetzen, der es wollte. Unter diesen Umständen hat man keine data, worüber die Erbenzinsregister berichtet werden könnten und ich glaube nicht, daß ein anderes Mittel dazu vorhanden ist, als daß den Ämtern aufgegeben wird, durch öffentliche Ediktalzitation die Besitzer von St. Michaelschen Meierdingsgrundstücken vorzuladen und ihre Angaben aufzunehmen. Nach diesen Voraussetzungen ist leicht abzusehen, daß der jährliche Erbenzins nicht genau und sehr verschieden eingegangen und daß nach Abzug der Unkosten, Trinkgelder und des Gehalts der Meierdingsvögte, davon die zu Hoheneggelsen, Lafferde und Nettlingen jährlich jeder einen Rth., 12 Mgr. erhalten, nur ein paar Thaler übrig geblieben sind.

2. Meierdinge anderer Grundherren

Das Michaeliskloster besaß nur einen geringen Teil der insgesamt im Bistum vorhandenen Meierdinge. Einen Gesamtüberblick bietet die Land- und Wiesenbeschreibung vom Jahre 1769[19], die in tabellarischer Form alle Meierdingsherren, ihre Meierdinge sowie Lage und Umfang der Ländereien im einzelnen wiedergibt.

Zusammengefaßt ergibt sich folgende Übersicht:

---

[17] aaO., Bl. 64 R.
[18] StAH Hann. Des. 94, Gen., G II C IV, Nr. 6 Bl. 47.
[19] StAH Hild. Br. 1, 23, 1, Nr. 20.

Tab. 7: Meierdinge geistlicher Grundherrschaften im Bistum
(außer Michaeliskloster)

Grundherr	Zahl der Meierdinge	Umfang der Ländereien	
Bischof (als Landesherr)	19	8 745 Mrg.	
Domkapitel	19	15 358 Mrg.	
Kreuzstift	5	1 063 Mrg.	
Moritzstift	3	1 378 Mrg.	1 Vorlg.
Kl. Lamspringe	3	952 Mrg.	
Jesuitenstift	1	3 Mrg.	1 Vorlg.

Die Jesuiten ließen im übrigen die Angelegenheiten ihrer Meierdingsleute auf den Meierdingen anderer Grundherren, vor allem des Domkapitels, verhandeln[20].

Weitere Meierdinge gehörten dem Johannisstift, den Klöstern St. Godehardi, Ringelheim, Wöltingerode, dem Stift Gandersheim sowie einigen Städten und vereinzelten adligen Herren. Dabei handelte es sich jedoch durchweg um Ländereien von geringem Umfang. Einzelheiten finden sich ebenfalls in der genannten Landbeschreibung.

3. Das Verhältnis der Meierdinge verschiedener Grundherren zueinander

Aus den bisherigen Darlegungen könnte man leicht die Vorstellung gewinnen, daß zu einem Meierding eine bestimmte Gruppe von Bauern gehörte, die als solche eine geschlossene Gemeinschaft – eine ‹familia› – gegenüber Angehörigen anderer Meierdinge bildete. Das mag in früheren Zeiten der Fall gewesen sein: Die in der näheren oder weiteren Umgebung des ehemaligen Haupthofs wohnenden Hörigen gehörten ausschließlich zu dessen rechtlichem und wirtschaftlichem Wirkungsbereich.

Die seit dem Ende des Mittelalters zunehmende Territorialisierung und Verdinglichung des Hofrechts veränderte dieses System jedoch weitgehend[21]. Die grundherrliche Hofgenossenschaft wurde allmählich von der Dorfgenossenschaft überlagert. Dort, wo ein aus einer Hofgenossenschaft entstandener örtlicher Verband mit der Dorfgenossenschaft zusammenfiel, wurde das alte System praktisch noch am wenigsten beeinträchtigt. Anders war es dort, wo eine Überschneidung von Grundherrschaften stattfand, also in einem Dorf nicht nur ein Grundherr, sondern mehrere Herrschaftsträger berechtigt waren. Hier mußten früher oder später die hofrechtlichen Beziehungen versagen; die Grundherrschaft hob sich – wie BADER[22] es formuliert – gewissermaßen selbst auf. Wie aus der im vorstehenden Abschnitt zitierten Landbeschreibung ersichtlich ist, fanden sich in einem Dorf häufig mehrere Meierdinge verschiedener Grundherren. Es wurden z. B. in Bierbergen Meierdinge des Landesherrn, des Domkapitels, des Kreuzstifts, des Moritzstifts und der Jesuiten gehalten. Zieht man in Betracht, daß jedes Meierding im Dorf selbst, sowie in den umliegenden Ortschaften seine Genossen hatte, so ergibt sich ein Netz von sich überschneidenden und kreuzenden Zuständigkeiten. So gab es schließlich in den Kerngebieten des Latenrechts kaum ein Dorf, in dem nicht Meierdingsleute verschiedener Grundherren nebeneinander wohnten, bzw. ihre Ländereien im Gemenge hatten. Das Leben in der Dorfgemeinschaft, nachbarliche Beziehungen, Heirat u. dgl. brachten es zwangsläufig mit sich, daß immer mehr Bauern das Land verschiedener Meierdingsherren

---

[20] Vgl. Beverina Hdschr. J 18.
[21] BADER, Dorf II, S. 69.
[22] aaO., S. 89.

unter dem Pfluge hatten[23]. Wie sich diese Tatsache auf die personenrechtliche Bindung des Meierdingsmannes an den Grundherrn auswirkte, zeigt ein Bericht aus Lafferde vom Jahre 1664[24]:

... undt ob sie schon nicht alle dem Capittul zum Hl. Creutze halßeigen wehren, so wehren sie doch des Hochw. Thumb Capittuls oder des Closters S. Michaelis halßeigene Meyerdingsleute und hette solches diese beschaffenheit, das ein man wohl zweyer oder dreyer Meyerdingsländerey haben und deren allen zugleich Meyerdingsman sein könnte, daß er aber aller dreyer halßeigener zugleich sein undt als ein solcher an allen orten das halßhun und bawlebung geben solte, das könte nicht sein, sondern gnug wehr, das er bey einen deren berührten Meyerdingen halßeigen wehr, alß dan bey allen passirt undt gelitten würde.

Die Verhältnisse des 18. Jahrhunderts spiegeln sich in einer weiteren Land- und Wiesenbeschreibung wider[25]:

Johan Diesel aus Kl. Himbstedt hat an Meyerdingsland:

2³/₄ Morgen vors Domkap. Meyerding Söhlde gehörig,
3¹/₂ Morgen vors S. Michaelis Meyerding Hoheneggelsen gehörig,
¹/₂ Morgen vors Domkap. Meyerding Hoheneggelsen gehörig,
¹/₃ Morgen vors Meyerding Gandersheim gehörig,
¹/₂ Morgen vors S. Michaelis Meyerding Nettlingen gehörig.

Johan Henrich Timmermann aus Gr. Himbstedt hat 15³/₄ Morgen Erbland, theils Domcap. Meyerding Söhle und Hoheneggelsen, theils Meyerding Gandersheim, theils Closter Wöltingerode Meyerding Söhle, theils Closter S. Michaelis Meyerding Hoheneggelsen.

Tile Heinemann aus Söhle hat Meyerdingsland:

6¹/₂ Morgen   Domcap. Meyerding Söhle,
2¹/₂ Morgen   Closter S. Michaelis Meyerding Hoheneggelsen,
1   Morgen   Closter Wöltingerode Meyerding Söhle,
1¹/₂ Morgen   Domcap. Meyerding Hoheneggelsen.
Daneben noch 3¹/₂ Morgen Lehnland von den Herren von Stopler.

Diese Reihe könnte man beliebig fortsetzen. Daß sich aus diesen verworrenen Verhältnissen wiederum mannigfache Streitigkeiten zwischen den einzelnen Grundherren ergaben, liegt auf der Hand, da die Bauern oft selbst nicht mehr wußten, welche ihrer Ländereien zu welchem Meierding gehörten, und die Meierdinge ihrerseits wegen der Umsatzgebühr ihre Zuständigkeit sehr großzügig handhabten. Auch hierzu abschließend ein Beispiel in Gestalt eines Briefes, den Abt Johannes des Michaelisklosters am 29. Mai 1667 an dem Dompropst richtete[26]:

Demnach Henni Jurgens gewesener Einwohner zu Söhle im Ambt Steinbrück von Unserm Stifft sechs morgen Erbenzins- und Meyerdingslandes zu lehens recognoscirt, nach deßen Ableben aber solche Länderey in frembde hände gerathen auffs Thumbprobsteyliche Meyerding zu gedachten Söhle gebracht werden wolle: So protestiren Wir nicht allein dagegen serio und reserviren Unserem Stifft die competirenden Jura, sondern ersuchen auch die zu solchem Meyerdinge abgeordneten Herrn und ministros, sie geruhen zu verfügen, daß, wofern allbereits einige vor Unser Meyerding gehörige Länderey auf bemelten Thumprobsteylichen Meyerding auffgetragen seyen, oder künfftig aufgetragen werden solte, solche Aufftragung cassirt und darunter Unserem Stifft nicht praeiudicirt werde.
Erbiethen Uns in simili casu ad reciprocationem und erwarten unfehlbare willfahrung.

Soviel sei zum tatsächlichen Bild des Meierdings‹verbandes› vorausgeschickt.

[23] HARTMANN, in Alt-Hildesheim, 14 (1935), S. 12.
[24] StAH Hild. Br. 3, 1, 487.
[25] Des Amts Steinbrück v. 1769, StAH Hild. Br. 1, 39, 5, Nr. 143, Bl. 95, 121, 165.
[26] StAH Hild. Br. 3, 1, 194.

B. Die Meierdingsleute

Für das Mitglied des einzelnen Meierdingsverbandes war noch im 15. Jahrhundert das Wort ‹Late› gebräuchlich[27]; das Land war ‹Latgut›, das Meierding wurde mancherorts ‹Latengericht› genannt[28]. Häufiger werden aber bereits gegen Ende des Jahrhunderts die Ausdrücke ‹Meierdingsmann› und ‹Meierdingsgut›. Dieser Wandel in der Terminologie ist nicht zuletzt Niederschlag einer sich wandelnden Auffassung von der personenrechtlichen Stellung der Laten: Nicht nur die persönliche Abhängigkeit vom Grundherrn steht im Vordergrund, sondern das dingliche Nutzungsrecht am Gut, dessen Einzelheiten vom gemeinsam gehegten Gericht – dem Meierding –, wenn auch unter Aufsicht des Grundherrn, weitgehend selbständig geregelt werden[29].

1. Die «Halseigenschaft»

a) Als Voraussetzung für rechtmäßigen Besitz

Trotz zunehmender Verdinglichung des Verhältnisses wurde stets daran festgehalten, daß grundsätzlich nur ein sogenannter ‹Halseigener› rechtmäßiger Besitzer von Meierdingsland sein könne.

In einem Bericht des Domkapitels an den Rat der Stadt Hildesheim von 1573 heißt es,

> daß die Meyerdingsgüter der art und natur seyn, daß niemand dieselbe erblich besitzen kan, er sey dan der Kirchen und Capitul zu Hildesheim halseigen.[30]

Wenn Abt Johann von St. Michaelis im Jahre 1664 an seinen Bischof unter anderem schreibt,

> daß nicht alle Meyerdings Leute Leibeigen seindt, sondern nur etzliche und dieselben, die das Halshuon und Bawlebung oder die Köhr geben,[31]

so ist diese Bemerkung mißverständlich. Richtig ist, daß mit dem rechtmäßigen Besitz von Meierdingsland stets die «Behörigkeit» – zumindest gegenüber *einem* Grundherrn[32] – verbunden war[33]. Das bedeutet, daß jeder, der solches Land erworben hatte, verpflichtet war, sich ‹behörig›[34] zu machen.

> Ob auch ein frey man die erbenzinsgüter besitzen oder gebrauchen möge?
> Er müsse sich behörig machen oder er kan sie nicht haben.[35]

---

[27] Gleichbedeutend mit ‹Liten›; NOLTEN, De praediis rusticorum, S. 28: liti, qui et lati, liuti, lassi, lidi, leddi, ledii, lidones et leuti vocantur.

[28] z.B. das Latengericht Winzenburg, StAH Hann. Des. 72, Alfeld II, D, Nr. 1–3; NOLTEN, De iuribus et consuetudinibus circa villicos, S. 134 ff.; WITTICH, S. 223.

[29] Vgl. LÜTGE, Agrarverfassung, S. 103.

[30] b. STRUBE, Tractatio, S. 576.

[31] StAH Hild. Br. 3, 1, 487.

[32] s.o., S. 58 (zu Anm. 24).

[33] GRIMM, III, S. 248 (1483, Lafferde): Wart gevraget, ofte jemand mochte hebben der herren laetgud, he enwere dan dar behorich aff und ein late der kerken? Hirup vant dat ampt, we der herren laetgud wolde hebben, de moste wesen ein laete der kerken.

[34] = hörig, DOEBNER, UB II, 604 (1385): behorich unde egen.

[35] StAH Hild. Br. 1, 23, 1, Nr. 52, Bl. 18 (16. Jh.); vgl. auch Art. 5 der Meierdingsstatuten des Michaelisklosters (17. Jh.), b. NOLTEN, De praediis rusticorum, S. 121, in Hinblick auf die prozessuale ‹Meierdingsfähigkeit›: muß sich zuvorderst, ehe er zugelassen werden kann, qualificiren und den Meyerdingsherren und Gerichte Folge zu leisten angeloben.

Wer das nach einer gewissen Zeit nicht getan hatte, wurde vom Meierding dazu aufgefordert. Eine Notiz aus den Protokollen des Meierdings Hoheneggelsen lautet:

> Auf einstehendes Meyerding zu Hoheneggelsen sind zu citiren und vorzubescheiden, damit sie sich behörig machen:
> 1. Herman Ölrichs zu Söhle ... hat laut Landbeschreibung 1 Morgen im Ballenberger Felde, woran sich behörich machen muß, ist noch kein Meyerdingsmann. (usf.)[36]

Wer auch dieser Aufforderung nicht nachkam, mußte mit dem Verlust des Gutes rechnen:

> Eingebracht, daß diejenige, so noch unbehörig seyn, zum Überfluß ac primum peremptorie citirt werden und falls nach wie vorhin contumaces bleiben, alßdan nicht allein strafbar, sondern auch des Guthes verlustig, und die Meyerdingsvoigte mit Kummer, Pfandung und sonsten zu verfahren bemächtigt sein sollen.[37]

Die gleiche Rechtsfolge ergibt sich aus Art. 33 der Meierdingsstatuten des Michaelisklosters[38]:

> Wan auch ein Meyerdingsmann nicht mit einem Documento, Meyerdings-Schein oder lebendige Zeugen erweisen kan, daß er oder seine Vorfahren sich wegen seines Guths behörig gemacht, so sol derselbe seines Guths verfallen seyn und dessen sich verlustig gemacht haben.

Ein anschauliches Beispiel für die Durchführung einer solchen Zwangsmaßnahme findet sich bei COSMANN[39]:

> Uff des Praelaten S. Michaelis Meyerding zu Lafferde wäre ein Mann aus Gadenstedt betreffet, weilen er Meyerdingsgüther gehabt und sich nicht davon behörig gemacht, auch were auff geschehene citation nicht erschienen, weßhalb Delinquenten eine Kuh in Gadenstedt gepfändet werden sollen, wie aber die Tür nicht eröffnet werden wollen, hätten solche auffgebrochen und ein Pferd heraus genommen, welches, wie der Junker(?) gehöret, auch bei nächtlicher Weile geschehen, hätte er die abgeschickten befraget, warumb sie solche Gewaltthaten bei nächtlicher weile anfingen, sie geantwortet, daß der gepfändete drei mahl auffs Meyerding citiret und nicht erschienen, der Junker darauf geantwortet, so ziehet nur mit dem pferde forth und straffet ihn, daß er daran gedenke.

An dieser Stelle sei bereits vorausgeschickt, daß die Meierdingsgüter seit dem ausgehenden Mittelalter wegen des geringfügigen Zinses immer begehrter wurden.

Der ‹Halseigenschaft› wurde keine sozial abwertende Wirkung beigemessen[40]. Die Unfreiheit der einstigen Laten bestand ja lediglich noch in einigen an ihrer Person haftenden und wirtschaftlich geringfügigen Abgaben (vgl. unten b); spätestens seit dem 14./15. Jahrhundert bedeutet sie nicht mehr die Verfügungsgewalt über eine Person, sondern es liegt im Kern nichts anderes vor, als daß zwischen Grundherrn und Hintersassen Beziehungen von Person zu Person und nicht solche realer Natur bestehen, m.a.W., die Abgaben ruhen auf der Person des Pflichtigen[41].

Zahlreiche freie Bauern hatten daher auch keine Bedenken, zu Meierdingsleuten zu

[36] StAH Hild. Br. 3, 1, 242 (1705).
[37] Hohes Meierding 1665, b. STRUBE, Tractatio, S. 578.
[38] b. NOLTEN, aaO., S. 124.
[39] Extractus variorum actorum (undatiert, 18. Jh.), StAH Hild. Br. 1, 23, 1, Nr. 2, Bl. 56.
[40] In diesem Zusammenhang sei auf die Ausführungen FR. LÜTGES in HistJb, 74. Jg. (1954), S. 646, verwiesen, der hervorhebt, daß Freiheit immer nur das ist, was die Menschen ihrerseits als Freiheit empfinden. Für den Bauern aber standen die wirtschaftlichen Tatsachen, frei von jeder ideenmäßigen oder ideologischen Umkleidung, im Vordergrund des Bewußtseins (S. 651). Die Verkennung dieser Relativität des Freiheitsbegriffs durch die Aufklärung hat zu einer weitgehenden Um- und Mißdeutung des Wortes ‹Unfreiheit› geführt.
[41] LÜTGE, aaO., S. 650.

werden, um in den Besitz des billigen Landes zu gelangen[42]. Wer dennoch seines Standes wegen[43] oder aus anderen Gründen nicht halseigen werden konnte oder wollte, dem bot das Institut der ‹treuen Hand› einen Ausweg. Schon in einem Urteil des Michaelisklosters aus dem Jahre 1484 wird diese Möglichkeit erwähnt:

> Item fragede desulve, were ock we öre Laet-Gud hebben mögte, de öre Laete nicht en were? Vant dat Ampte, ja we seck Gelt lete bekennen an ören Gude, de nicht behörig en were, de scholde enen behörigen Man bidden, de ome dat Gut ontfange tho truwer handt.[44]

Entsprechendes findet sich in den Artikeln 19 und 20 der Freidings Emmerke[45]:

> Es kan auch kein freyman eigenbehörige meyerdingsgüther, davon halshuner und baulebung gehen, besitzen, er setze dan eine getreue handt an das meyerdingsguth und er bleibe also frey. Da aber jemandts befunden werde, der zugleich freye und meyerdingsgüther hätte und bey das meyerdingsguth keine getreue handt gesetzet, der soll des obersten freygrefen und der freyen willen machen und entweder das freye oder meyerdingsguth abstehen.

Der Freie konnte also einen Meierdingsmann beauftragen, für ihn die aus dem Besitz des Gutes herrührenden Rechte und Pflichten wahrzunehmen. Dabei war der Beauftragte jedoch nach außen hin nicht nur mittelbarer Vertreter, sondern das spätere Meierdingsrecht erkannte den faktisch Besitzenden bereits soweit an, daß der Halseigene als unmittelbarer Vertreter des formell handlungsunfähigen Freien angesehen wurde[46], also als ‹ideeller Treuhänder›[47]. Das ergibt sich deutlich aus einem Attestat der Dompropstei vom Jahre 1731[48]:

> ... daß niemand ein Meyerdings-Guth besitzen kan, er sey denn schon oder werde ein Meyerdingsmann oder stelle vor sich, weil er ohnbehörig, nach seinem eigenen Gutbefinden und Belieben eine getreue Hand, das ist, er benenne jemanden aus den Meyerdingsmännern, welcher in seinem Namen praestanda praestire, observanda observire, angesetzt werde und das Meyerding frequentire, und denominire nach dessen Absterben wieder einen anderen von denen Meyerdingsleuthen an dessen Platz.

Da der Freie dem Zugriff des Meierdings entzogen war, haftete im Falle der Zinssäumnis der Treuhänder:

> Der getreuen Hand Amt bestehet darin, dahin zu sehen, daß die Länderey zu seines Principalen Nachteil nicht versetzet oder veralienirt werde. Daneben muß der Mandatarius dahin sehen, daß die jährliche Zins von dem Lande, worüber er zur getreuen Hand bestellet ist, richtig abgeführet werden, sonsten muß er dafür einstehen.[49]

Dem Treuhänder stand eine geringfügige Vergütung für seine Tätigkeit zu, nämlich jährlich «ein neuer Hut»[50] oder ein Geldbetrag[51].

Daß von der Einrichtung der Treuhand recht häufig Gebrauch gemacht worden ist, bezeugt noch STRUBE[52]:

---

[42] Dazu ausführlich unten, S. 80 ff.

[43] Art. 7 der Meierdingsstatuten des Domkapitels, in Decas observationum: Geistliche und in perpetuo coelibatu lebende Personen, oder die in Gelübden, Eyd und Pflicht stehen, oder sonst anderwerts schon halseigen sind, werden zu keinen Meyerdingsgütern von alters her zugelassen.

[44] b. STRUBE, Tractatio, S. 582.

[45] GRIMM, IV, S. 664.

[46] WITTICH, S. 225.

[47] BEYERLE, Die Treuhand im Grundriß des Deutschen Privatrechts, S. 28, 29.

[48] b. STRUBE, Tractatio, S. 584; vgl. v. BÜLOW-HAGEMANN, Praktische Erörterungen, Bd. 10, Nr. XI, S. 79.

[49] Art. 13 der Meierdingsstatuten des Domkapitels.

[50] Ebd., Art. 14.

[51] v. BÜLOW-HAGEMANN, aaO., S. 85: alle 4 Jahre 18 Mariengroschen.

[52] Rechtliche Bedenken, 4. Th., Bed. XC, S. 240.

Das Meyerrecht bringet nicht leicht jemand als ein Bauer an sich, der schweren Lasten halber, womit die Güter beladen sind. Aber Meyerdingsgüter kaufen die größte und reichste Leute gern, nachdem ihnen verstattet wird, durch eine treue Hand bey den Meyerdingen zu erscheinen.

b) Pflichten aus der Halseigenschaft

Das Recht des Grundherrn an der Person des Halseigenen kam seit alters her vor allem in gewissen Diensten und Abgaben zum Ausdruck, die der Meierdingsmann aus seiner persönlichen Habe an den Grundherrn zu leisten hatte, und die nicht als Gegenleistung für überlassenes Land, sondern gleichsam als Ertrag aus der Person zu verstehen waren.

Die drückendste Verpflichtung aus dem ursprünglichen Hörigkeitsverhältnis, der Frondienst, war mit dem Ausscheiden der Haupthöfe aus dem Villikationsverband verschwunden[53].

Geblieben waren Baulebung oder Köhr, Bedemunt und Halshuhn.

In einem alten Nettlinger Rechtsspruch wurde dazu folgendermaßen erkannt:

Do stunt Henningk Damman upp, und dyngpalde syck myt ordel und rechte, und fragede von der herren wegen van Sunte Michaele, wees men ene bekende an örem Laet-Gude?
Dar se alle tho gingen und sprecken darumme, unde funden vor recht in dusser wyse:
De herren van Sunte Michaele hebben an örem Laet-Gude den Tins, dat Richte, de Ummesaate, de Bulewynge, den Beddemunt, unde vortmehr wen de Erven sterven, vallt dat Gud an den Herrn.[54]

Schon in diesem frühen Urteil wird nicht mehr klar getrennt zwischen Rechten am Land und Rechten an der Person: Erste Anzeichen einer sich anbahnenden Verdinglichung der Halseigenschaft. Dagegen bringt LÜNTZEL[55] einen Beleg, in dem der alte Sinn dieser Ahgaben noch ganz lebendig erscheint: Meierdingsleute des Michaelisklosters versprechen,

als in dem Vastelovende to ghevende dat Rockhon *van orem eygen live.*

Dieses Rauch- oder Halshuhn war später – wie auch der Landzins – jährlich zu Michaelis fällig[56]. Im übrigen wurde streng zwischen dem Rauchhuhn als öffentlich-rechtlicher Abgabe und dem Hals- oder Meierdingshuhn unterschieden:

1. Rauchhuhn haftet auf dem Hofe und muß jeder Hof, welcher bebauet ist, und Rauch ausgehet, ein solches Huhn geben, er mach dienstfrey oder dienstpflichtig seyn.
2. Die Meyerdingshüner ... haften nicht auf denen Höfen, sondern auf gewißen Persohnen, welche sich auf das Meyerding vorgekauffet haben.[57]

Da es auch landesherrliche Meierdinge gab, waren Verwechslungen an der Tagesordnung. So beklagte sich im Jahre 1716 das Moritzstift[58], das Amt Peine habe nach dem Tode eines Meierdingsmannes des Stifts von dessen Nachkommen ein Pferd nächst dem besten (Baulebung) eingezogen, und zwar

unter dem irrigen Vorwande, der gestorbene Melchior Borsumb hätte ans Ambt ein halßhuhn gegeben, folglich müße an daßelbe nunmehro auch das praetendirende pferdt verabfolget

[53] STRUBE, Tractatio, S. 588; nur die vom landesherrlichen Dienst befreiten Meierdingshöfe in der Dompropstei – soweit sie dem Domkapitel zugehörig waren – leisteten noch unbedeutende grundherrliche Frondienste, WITTICH, S. 228.
[54] 1487, b. NOLTEN, De praediis rusticorum, S. 107.
[55] 1468, in: Bäuerliche Lasten, S. 213.
[56] GRIMM, III, S. 253 (Völksen 1647, Art. 3).
[57] StAH Hann. 74, Peine, E, 3 (1776).
[58] StAH Hild. Br. 3, 1, 460, Bl. 8.

werden. Weilen aber dies ans ambt gehörige huhn kein halß- sondern hoff- oder rauchhuhn ist, so muß Uns nottwendig questionirtes pferd oder der werth davon gereichet werden.

Die Sterbfallsabgabe, im Hildesheimischen ‹Baulebung› genannt[59], teilweise auch ‹Köhr›, wird in den Weistümern häufig erwähnt, z. B.:

welcher Meyerdings-Guether besitzet und stürbet, dessen Erben müßen den Köhr geben.[60]

Ursprünglich bestand die Abgabe aus dem besten Stück Vieh (Besthaupt). So heißt es noch 1358 in einer Urkunde des Kreuzstifts:

debitum exuvialis, quod vulgariter dicitur bulevinghe, id est equus optimus ... vel bovis optimus.[61]

Später begnügte sich der Grundherr zumeist mit dem zweitbesten Stück. In einem Brief vom Jahre 1664[62] bemerkt Abt Johannes dazu:

Gibt auch jeder Halßeigener jahrlichs ein Halßhuon seinem Eigentumbsherren, und wan sie verstorben ein Pferd, wan wo keine Pferde seynd, eine Kuh, negest der besten. In Völkersen jenseits vom Calenberge geben Uns Unseres Closters S. Michaelis Leibeigene, welche keine Pferde oder Kühe haben, so woll Frau alß Man den Rock oder des Werth dafür.

Das Weistum von Völksen[63] fährt fort:

Was sie zu Köhr geben müßten?
Der Ackermann das pferd nägst den besten, der Köther die Kuh nägst der besten, die Frau den rock nägst dem besten.

Ähnlich lautet Art. 4 der Meierdingsstatuten des Domkapitels[64]:

Die Halseigenschafft, welche ein neu angehender Meierdingsmann thun muß, bestehet in mündlicher Verpflichtung, daß nach seinem Tode die Baulebung von seinen Erben abgeführt werden soll, welche ein Pferd oder Kuh nechst dem besten Stücke ist, oder, wofern kein Vieh vorhanden ist, müssen die Erben wegen der Baulebung mit dem Meyerdinge sich abfinden, so gut sie können.

War der Verstorbene völlig verarmt, so reichte ein symbolischer Akt aus:

Ist er oder sie aber gantz arm, das sie nichts überbehalten undt wehren ein bettler, so soll nach seinem dode der stecken undt bettelsack nach der begrabniß auf das Grab gestochen werden, alßdan mach der Meyerdingsvoigt zu tretten undt eines von den beiden nehmen, dan ist der abbt bezahlet.[65]

Die Baulebung war vier Wochen nach dem Ableben des Meierdingsmannes von seinen Erben zu entrichten[66]. Bei Verzug drohte den Erben die Pfändung:

Wan nun einer in ausgebung des köhrs saumig würde, wie sich der her gegen denselben verhalten sol?
Wan der Voigt den köhr zur rechten Zeit gefordert und nicht ausgeben würde, sol sich der her an die güter halten.[67]

[59] Schon UB V, 1170 (1366): buleve; zur Entwicklung vgl. SCHRÖDER-KÜNSSBERG, Lehrbuch, S. 494.
[60] b. STRUBE, Tractatio, S. 585 (Nettlingen 1573); dsgl. GRIMM, III, S. 253 (Völksen 1647, Art. 11).
[61] UB V, 805.
[62] StAH Hild. Br. 3, 1, 487.
[63] GRIMM, III, S. 253.
[64] Decas observationum.
[65] StAH Hild. Br. 3, 1, 792 (17. Jh.); vgl. zu diesem Fall auch v. BÜLOW-HAGEMANN, aaO., S. 79.
[66] GRIMM, III, S. 253 (Völksen 1647, Art. 13).
[67] Ebd. (Art. 12).

Zuweilen versuchten die Meierdingsleute, sich eigenmächtig von der Abgabe zu befreien. Das domkapitularische Meierding in Sarstedt urteilte im Jahre 1650:

> Wan ein Meyerdingsman stürbe, ob dem Erbherrn alßdan die Bawlebung nicht gebühre? Eingebracht: Die Meyerdingsnothen seyn solchenfalls nichts dem gutsherrn gestendig, weil sie einen schweren erbenzinß haben.

Der Rechtsspruch wurde jedoch alsbald vom Kapitel für ungültig erklärt[68].

Heiraten zwischen Liten untereinander sowie eines Liten mit einer Freien unterlagen im Mittelalter dem Konsens des Grundherrn[69]. Für die Erteilung des Konsenses hatte der Lite eine Gebühr zu zahlen, den Bedemut oder die Bumede[70].

Noch im ausgehenden Mittelalter wird diese Abgabe in den Hildesheimer Urkunden verschiedentlich zusammen mit der Baulebung erwähnt[71]. Aber schon im 15. Jahrhundert scheint das Erfordernis des Konsenses nur noch bei Heiraten nach auswärts bestanden zu haben:

> Item schall nemand uth den Amten edder uth dem Sticht frygen by X Br. Marck to Bröcke.[72]

Während die Meierdingsleute der Dompropstei die Heiratsabgabe noch im 18. Jahrhundert zu zahlen hatten, geriet sie bei den Halseigenen des Michaelisklosters spätestens um die Mitte des 17. Jahrhunderts in Vergessenheit[73]. Die ‹gemeinen Urteile› der klösterlichen Meierdinge sprechen nun nur noch von Halshuhn und Baulebung. Somit gab es de facto keine Beschränkung der persönlichen Freiheit des ‹Halseigenen› mehr; nur die Art der Abgabe läßt noch erkennen, wer als unfrei galt:

> Ist auch im Stifft Hildesheimb die Gewohnheit und von undenklichen Jahren bey Unserem Closter und anderen Stifftern hergebracht, daß dieselben, welche die Bawlebung geben, leibeigen seind ... und also die Bawlebung ein gewißes Zeichen der Halßeigenschafft in diesem Stiffte seye.[74]

STRUBE[75] bemerkt im Jahre 1761 zu einem Urteil des Meierdings in Rössing:

> Halshuhn und Baulebung sind ein Überbleibsel der alten Knechtschaft, und sind die Meyerdingsleuthe zu Rössing ehemals homines proprii gewesen.

Heiraten zwischen Meierdingsleuten und Freien hatten auf ihren personenrechtlichen Status keinen unmittelbaren Einfluß. Allerdings konnte das eheliche Güterrecht in Verbindung mit dem formellen Meierdingsrecht zu einer Veränderung führen:

Im Meierdingsrecht – wie im deutschen Recht allgemein – wurde das Vermögen der Gatten zu einer Verwaltungseinheit zusammengefaßt[76]. Die Verwaltung oblag kraft seiner Muntgewalt dem Manne[77].

Besaß nun eine Frau – etwa infolge Erbfalls – Meierdingsgut und heiratete einen freien Mann, so mußte sich der Mann vor dem Meierding an das Gut setzen lassen:

---

[68] StAH Hild. Br. 1, 23, 1, Nr. 52, Bl. 30.

[69] SCHRÖDER-KÜNSSBERG, Lehrbuch, S. 493.

[70] UB I, 396 (1180): ut femina villicacionis hominem ecclesie vel femina ecclesie viro de villicacione nupserit, persoluto debito, quod vulgo bumede appelatur post virum, cui nupta est, deinceps cum prole pertineat.

[71] UB VI, 302 (1378), 349 (1378), 1388 (1396), 1491 (1398).

[72] b. STRUBE, Tractatio, S. 587 (Michaeliskloster 1488).

[73] STRUBE, aaO., S. 587.

[74] StAH Hild. Br. 3, 1, 487 (1664).

[75] Rechtliche Bedenken, 1. Th., Bed. CXLIII, S. 333.

[76] Ssp. Ldr. I 31, 1; CONRAD, Rechtsgeschichte, S. 407.

[77] Ssp. Ldr. I 31, 2.

Wan auch ein Mann mit seiner Frauen Meyerdingsgüther an sich freyet, ist die Frau schuldig, die Güther vorm Gericht ihrem Mann aufzutragen, und der Mann sich daran setzen zu lassen.[78]

Da aber gerichtliche Handlungen, wie der Ansatz an Meierdingsgut, nur gegenüber Halseigenen vorgenommen werden konnten, war der Ehemann gehalten, sich behörig zu machen oder sich eines Treuhänders zu bedienen.

Das gleiche galt für folgenden Fall:

Ein Meierdingsmann starb und wurde von seinen unmündigen Kindern beerbt. Heiratete seine Witwe erneut, so übernahm der zweite Ehemann die Verwaltung des Kindesvermögens.

Gefragt, wan ein man eine witwen freidt, ob derselbe nicht sol sich insetzen lassen und wegen der Kinder den Erbenzinß erleggen bis sie mundig sein?
Ingebracht: Der das land unter dem pfluge hefft, sol sich insetzen lassen und den Erbenzinß erleggen, bis die Kinder mundig werden.[79]

Offenbar wurde vor der Wiederverheiratung der Frau für die Kinder kein Vormund bestellt, sondern die Mutter übernahm selbst die Rechte und Pflichten des verstorbenen Vaters und damit auch die Verwaltung und Nutznießung des Kindesvermögens[80]. Heiratete sie wieder, so übertrug das Meierdingsrecht dem Ehemann eine Vormunds-ähnliche Stellung, indem es ihn verpflichtete, sich bis zur Mündigkeit der Erben an das Gut setzen zu lassen. Letzteres erforderte freilich wiederum «Behörigkeit» bzw. Stellung einer ‹treuen Hand›.

c) Dauer des Meierdingsverhältnisses

Die Halseigenschaft übertrug sich grundsätzlich auf die Abkömmlinge des Meierdingsmannes:

Die Halßeigenschafft bleibt auf alle descendentes, sie seyen wo sie wollen, verheyrathen sie sich in anderen Ländern und Städten, so können sie nicht zu Bürgern noch zu Ämbtern, Gilden und Zunfften auff- und angenommen werden, sie haben sich erst freygemacht bey ihrem Eigenthumbsherren und von demselben einen Schein auffzuweisen.[81]

Gehörten Mann und Frau verschiedenen Meierdingen an, so sind «die Kinder dahin halßeigen, wo die Mutter halßeigen ist»[82].

Ebenso war es, wenn nur ein Partner unfrei war:

wan die Mutter halßeigen wehr, alßdan alle ihre kinder metgens und knabens auch halßeigen wehren, undt solches in infinitum; iedoch die metgens niemahls etwas gäben oder praestirten, sondern nur die knaben, so davon gebohren wurden, wan aber ein halßeigener

---

[78] Art. 8 der Meierdingsstatuten des Michaelisklosters, b. NOLTEN, De praediis rusticorum, S. 121 ff.

[79] StAH Hild. Br. 3, 1, 425 (Lafferde 1611).

[80] Vgl. STOBBE, Handbuch, Bd. V, S. 381; das Zutagetreten einer Art ‹mütterlichen Gewalt› nach dem Ableben des Vaters hat auch FEHR, Die Rechtsstellung der Frau und der Kinder in den Weistümern, festgestellt (S. 103); bei den Hägern der Grafschaft Homburg galt folgendes: «Die Frau, so sie Kinder hat, bliebe ad dies vitae in den Gütern, wann keine Kinder oder Erben, fiele es an den Herrn», b. NOLTEN, aaO., S. 151; WITTICH, S. 226, nimmt das gleiche bzgl. der Meierdingsgüter an.

[81] StAH Hild. Br. 3, 1, 487 (1664); Art. 5 der Meierdingsstatuten des Domkap., aaO.: Die Halseigenschafft wird auf die Kinder ohne Entgeld(!) propagiret; StAH Hild. Br. 1, 23, 1, Nr. 2: keiner kan ein Bürger werden, müßte sich zuvor freykauffen und dan auf die Güter einen Verzicht thun (1605).

[82] StAH Hann. 74, Peine, E, 9 (1662).

knabe entlich ein freyes megdten heyrathete, als dan zwar er vor sich, als ein halßeigener praestanda praestiren müße, wan aber ein freyer man ein halßeigen metgen freyete, alßdan der man zwar a praestandis frey wehr, seine kinder aber alle halßeigene propter ventrem quem partus sequeretur.[83]

Wer also sein Meierdingsgut veräußert hatte und vermeiden wollte, daß er und seine Kinder weiterhin zu Halshuhn und Baulebung verpflichtet blieben, mußte sich bei seinem Grundherrn freikaufen.

Wer seine Meyerdings-Güter andern wieder verkauffet, der kan auch der Hals-Eigenschafft wieder erlassen werden, alleine, er muß sich desfalls bey dem Meyerdingsherrn erst frey kauffen und einen Erlaß-Brieff haben, sonsten bleiben die Kinder halßeigen, wan er auch gleich bereits seine Güter andern wieder verkauffet und überlassen hätte.[84]

Zweifelhaft ist jedoch, ob diese Bestimmungen noch im 18. Jahrhundert Anwendung fanden. Nachrichten über förmliche Freilassungen finden sich jedenfalls nicht mehr. Da auch der Hörigenverband nur noch der Güter wegen bestand, und von ungesessenen Halseigenen nirgends die Rede ist, dürfte in der Praxis vermutlich mit der Aufgabe des Meierdingsgutes zugleich eines Freilassung eo ipso stattgefunden haben[85].

2. Das Besitzrecht

a) Die Erblichkeit

Das Besitzrecht der Meierdingsleute an dem ihnen verliehenen Gut war gegenüber dem der Meier insofern günstiger, als es von alters her lebenslänglich und vererblich war. Für die Grundhörigen der Villikationszeit brachte die ‹glebae adscriptio› zwar noch eine Beschränkung der Freizügigkeit mit sich, von der jedoch seit dem Ende des Mittelalters nichts mehr zu spüren war.

Dagegen festigte sich das Besitzrecht derart, daß es schließlich dem Eigentum sehr nahe kam. Bezeichnenderweise finden seit etwa dem 16. Jahrhundert häufig Ausdrücke wie ‹väterliches Erbland› oder ‹freies Erbland› Anwendung[86].

Für das Erbrecht selbst galt die Parentelenerbfolge[87]. Nächste Erben waren die Abkömmlinge, wobei es unerheblich war, ob die Kinder aus erster oder einer nachfolgenden Ehe stammten[88].

Wan ein Vadder Kinder habe von 1, 2, 3 oder 4 frawen, ob nicht die Kinder alle gelicke nha zu dem nachgelassen gude sin sollen?
Daruf ingebracht: Dieweill sie von einem vater geboren sein und eines vaters gud, sollen sie zu dem gude gelicke nha sin.[89]

Dabei standen Töchter den Söhnen gleich[90].

In der zweiten Parentele erbten die Geschwister des Mannes (Schwertmagen) neben denen der Frau (Spindelmagen) zu gleichen Teilen:

[83] StAH Hild. Br. 3, 1, 487 (Lafferde 1664).
[84] Art. 9 der Meierdingsstatuten des Domkapitels, aaO.
[85] So HOFFMAN, S. 84; WITTICH, S. 224.
[86] NOLTEN, De praediis rusticorum, S. 87. ·
[87] Ssp. Ldr. I 17, 1; SCHRÖDER-KÜNSSBERG, Lehrbuch, S. 821.
[88] Vgl. STOBBE, Handbuch, Bd. V, S. 101, 382.
[89] StAH Hild. Br. 3, 1, 521 (Nettlingen 1574).
[90] b. NOLTEN, De praediis rusticorum, S. 127: «Suster unde Broder weren dem Gode like na» (Lafferde 1483).

Gevraget, wer de swerthalve nicht alse ervede alse de spillhalve?
Hir vant dat Ampt up: ja, de sunt dar like na.[91]

Ebenso gleichberechtigt waren die Abkömmlinge von Schwert- und Spindelseite.

Item Hinrike Slott leet fragen, efte sisters kinder und brodern kinder nicht scholden like
nah arven syn?
Item da wart up gevunden: ja, dat se schulden gelike arven syn.[92]

Bei ihnen galt aber, im Gegensatz zur ersten Parentele der Vorzug des männlichen Ge-
schlechts:

Wenn ein Meyerdingsmann ab intestato ohne Kinder verstirbt, und niemanden als seinen
Bruder und seines verstorbenen Bruders Kinder hinterläßt, so gehen diese mit jenem nach
Meyerdingsrechten in gleiche Theile und succediren in solches Gud.
Es ist aber was merkwürdiges, daß in solchen erblichen Ansatze des Bruders Söhne denen
Töchtern vorgehen, als welche die Schwestern ihres Erbtheils halber nur bloß ablegen müssen.[93]

Ein ‹gesetzliches› Erbrecht des Ehegatten bestand nicht. In gewissen Fällen galt jedoch
die Regel ‹längst Leib, längst Gut›, nämlich wenn die Ehegatten das Gut gesamthände-
risch besaßen, weil sie es z. B. gemeinsam erworben hatten:

Wart gevragt eine meyne ordell, offte twee personen vrawe edder menne gut koften, und
sturven sunder kinder, öre eine na den andern, welche öre mogte erven?
Is gevunden vor recht, de lest utginge, de verervede dat Gut synen erven.[94]

Jedoch konnte in einem solchen Fall der Ehegatte nur dann die Erbschaft antreten,
wenn er sich bereits zu Lebzeiten des Verstorbenen vor dem Meierding hatte ansetzen
lassen[95].

Im bischöflichen Latengericht Winzenburg hatte der letztlebende Ehegatte grundsätzlich den Nießbrauch an dem Gut[96].

Eine Sondernachfolge in das Gut (Anerbenrecht) läßt sich bei den Meierdingsgütern
nicht feststellen[97]. Mehrere Erbberechtigte waren dem Gut ‹gleich nah›, wurden also
Miterben. Sie konnten nun entweder das Land gemeinsam bewirtschaften oder es teilen[98].
Ferner bestand die Möglichkeit, daß nur einer das Gut übernahm, und die Miterben von
ihm abgefunden wurden, oder aber es kam zum Verkauf, und der Erlös wurde geteilt[99].

Die Verordnung wegen der Ablagen und Leibzuchten von 9. April 1781[100], die ein
Anerbenrecht statuierte, galt nach ihrer Präambel

[91] b. NOLTEN, aaO., S. 127 (Lafferde 1483); dsgl. GRIMM, IV, S. 681 (Völksen 1513). Hier
wird nur das Verhältnis von Agnaten zu Kognaten gemeint sein, obwohl ‹schwert› und ‹spin-
del› zuweilen auch schlechthin als Bezeichnungen für Mann und Frau anzutreffen sind, SCHRÖ-
DER, ZRG 4 (1883), S. 2.
[92] GRIMM, IV, S. 682 (Völksen 1530).
[93] Ablegen = abfinden; Art. 22 der Meierdingsstatuten des Domkapitels, aaO.
[94] b. STRUBE, Tractatio, S. 610 (Michaeliskl. 1476).
[95] Art. 24 der Meierdingsstatuten des Domkapitels, aaO.
[96] Laten-Gerichts des Amt Winzenburg Recht und Gewohnheiten, Art. 26, b. NOLTEN, De
iuribus et consuetudinibus circa villicos, S. 134.
[97] v. BURI, Bauerngüter, S. 497: Sie vererben solche Güther auf ihre Kinder und übrigen Verwandten, bey welcher Erbfolge der älteste vor dem jüngsten oder der jüngste vor dem ältesten
keinen Vorzug hat; dsgl. v. BÜLOW-HAGEMANN, Praktische Erörterungen, Bd. 10, Nr. XI, S. 82.
[98] STÜVE, Lasten des Grundeigentums, S. 123; um die Mitte des 17. Jahrhunderts hatte das
Michaeliskloster in Gr. Lafferde 76 Meierdingsleute, StAH Hild. Br. 3, 1, 520 (1665), aber nur
21 Hofstellen, Hild. Br. 3, 1, 444 (1661).
[99] STOBBE, Handbuch, V, S. 389; CONRAD, Rechtsgeschichte, S. 415.
[100] s. o., S. 26, Ziff. 16.

bloß in Ansehung der Meyergüther, da gegenwärtiges Landesgesetz die Meyerdings-Grund-
stücke keineswegs bezielet.

b) Besitzwechsel und ‹Umsaat›

Den Meierdingsleuten war gestattet, ihr Land oder Teile davon zu veräußern oder zu
verpfänden. Voraussetzung für die Gültigkeit des Rechtsgeschäfts war grundsätzlich der
Konsens des Abtes[101], da ohne seinen Willen niemand Meyerdingsgut besitzen durfte:

> Vor dussem Meyerding ward gevraget ene gemene ordell, wer ock eene mochte Latgut edder
> Tyns-, dat is Meyerdings-Gud besitten ohne der Herren willen?
> Wart gevunden, dat nemand schall Gud hebben, dat sy Latgud edder Meyerdingsgut, dat en
> hebbe mit der Herren willen[102]

War diese Voraussetzung nicht erfüllt, so konnte dem unrechtmäßigen Besitzer bis zur
Beibringung des Konsenses das Land entzogen werden.

> Ward gevraget, effte we gud hedde unde nich der Herren willen hedde, wer seck de Herren
> des gudes nich undermaten[103] mochten, so lange dat se willen ghemachet hebben?
> Wart gevunden, ja, se mochten seck sodanes gud undermaten, so lange dat de willen were
> ghemaket.[104]

Ähnlich lautet eine Entscheidung aus dem 17. Jahrhundert:

> Wann einer Meyerdingsgüter versetzen oder verkauffen will ohne der Herren und der Erben
> wißen und wollen, ob nicht der Käuffer oder Pfandtreger seins geldes oder der Erbe seins
> guts verfallen?
> Eingebracht, die seind der guetter und des geldes verfallen. Jedoch seind sie in der Herren
> Gnade.[105]

Noch im 14. Jahrhundert wurde der Konsens regelmäßig durch eine Urkunde des Abtes erteilt; zahlreiche Abschriften solcher Urkunden des Michaelisklosters finden sich im
Kopiar des Abtes Hermann Hake[106]. Diese Übung geriet später in Fortfall. Etwa seit
dem Beginn des 16. Jahrhunderts erteilte – zumindest in den größeren Grundherrschaften[107] – der Vorsitzende des Meierdings im Namen des Abts mündlich den Konsens. Das
geschah zugleich mit der förmlichen Auflassung des Gutes, dem sogenannten ‹Ansatz›,
der stets vor dem Meierding stattfinden mußte. Der Ansatz schloß schließlich die Genehmigung des Grundherrn stillschweigend in sich ein. Das wird bereits deutlich in einem
Spruch des Meierdings Völksen:

> Wan einer oder mehr dieses meyerdings güter ohne vorwissen und bewilligung des herrn und
> stifts S. Michaelis veränderte, verpfändete, verkaufte, ob er solches ohne brüche mochte ge-
> than haben?
> Solches könnte ohne brüche nicht geschehen, sofern das guth innerhalb jar und tag auf dem
> nächsten gerichte nicht uffgetragen und verlassen wurde.[108]

Fehlender Konsens konnte also durch fristgemäßen gerichtlichen Ansatz geheilt werden; bis dahin war das Rechtsgeschäft schwebend unwirksam. War allerdings der Verkäufer oder Verpfänder selbst unrechtmäßiger Besitzer, so war das Geschäft nichtig[109].

[101] v. Buri, Bauerngüter, S. 498.
[102] b. Nolten, De praediis rusticorum, S. 128 (Lafferde, 1510).
[103] = in Gewalt und Besitz nehmen, Schiller-Lübben, Bd. V, S. 31.
[104] b. Nolten, aaO., S. 127 (Lafferde 1484).
[105] StAH Hild. Br. 1, 23, 1, 52 (Domkap.); Jur. Zeitg., 1844, III, S. 98 (Attestat der Dompropstei v. 1664).
[106] Beverina Hdschr. Nr. 278.
[107] Anders z. B. Kl. Ringelheim; Strube, Tractatio, S. 566.
[108] Grimm, III, S. 253 (1588).
[109] Art. 24 der Meierdingsstatuten des Domkapitels, aaO.

Wichtig für den Grundherrn war letztlich nur der ordnungsgemäße Ansatz, der es ihm ermöglichte, eine gewisse Übersicht über die Güter zu behalten[110]. Im übrigen lag ein – kontrollierter – Besitzwechsel durchaus in seinem Interesse, da die geringfügigen Zinserträge auf diese Weise durch die Umsatzgebühr (‹Umsaat›) aufgebessert wurden[111].

> Ob auch Meyerdingsgüter ahne vorwissen und bewilligung des gutsherrn schullen vorsetzet oder vorpfendet werden?
> Daruf ... ingebracht, nhein, besonder *der gutsherr müsse das seine darvon haben* und in das Meyerdingsbuck geschrieben werden.[112]

Die Umsatzgebühr entsprach dem meierrechtlichen Laudemium und war von jedem neuen Besitzer, sei es Käufer, Pfandgläubiger oder Erbe, beim Ansatz[113] vor dem Meierding zu entrichten.

> Ob nicht von den Gütern, so in dics Meyerdingsgerichte gehörig, wan sie verkauffet, versetzet oder verpfendet werden, dem Herrn Abt zu S. Michael in Hildesheim die Umsaat gebüre?
> Eingebracht, so oft das Guth einen neuen Besitzer bekommt, so oft gehöret dem Herrn Abt die Ummesaat.[114]

Art und Höhe der Gebühr änderten sich im Lauf der Zeit. Auch differierten sie an den verschiedenen Meierdingen. So scheinen die Herren von Stopler zeitweise Naturalien vorgezogen zu haben:

> Gefunden: kleine Gut, kleine Gans, grote Gut, grote Gans. Wo der köper edder erbe sich mit den gutsherren verdragen kan, mach er der herren willen machen.[115]

Teilweise finden wir die Höhe der Umsaat in das Belieben des Grundherrn gestellt.

> Was die ummesaat seyn solle?
> Damit ihn der herr abt begnädiget.[116]

Ein Protokoll vom 9. Juni 1681[117] gibt jedoch nähere Auskunft:

> Balthasar Herman zu Volkersen gekaufft von Hans Hinneman und Hans Elwert 1 morgen für 22 rth.
> Gefragt, ob die verkauffer das landt verlassen solten?
> Eingebracht: Ja, und daß der Käuffer solte erblich damit angesetzet werden: worauf vom Richter oder Vogt erblich immittirt und hat Herman für den Umsatz gegeben:
> 1 rth., 3 gr., 4 pfg. pp.
> N.B.: Wan einer angesetzet wird, bekömpt der Vogt 3 gr., procurator 9 gr.

Beim Meierding Lafferde hatte der neue Besitzer etwa 10 % der Kaufsumme zu entrichten:

> 6. Noch gefraget, wenn Meyerdingsgudt vorkaufft oder vorsetzt worden, wie viehell dem gutsherrn zur umbsate gebuere?

[110] «Dat ock de herren nit alleen ore ommesate kregen, sondern ock wusten war se ores tynses unde gudes warende scholden», b. NOLTEN, De praediis rusticorum, S. 128 (Lafferde 1512).

[111] WITTICH, S. 229.

[112] StAH Hild. Br. 3, 1, 194 (Hoheneggelsen 1572).

[113] Genauer, *vor* dem Ansatz, wie sich aus einem Schreiben des Abtes v. 1696 ergibt: «... die Meyerdings-Noten auch außerdem nicht gern zu dem ansatz fortschreiten, eh und bevor ihnen die gebüren müßen erleget werden», StAH Hild. Br. 3, 1, 210.

[114] b. STRUBE, Tractatio, S. 567 (Völksen 1664); dsgl. StAH Hild. Br. 3, 1, 194 (Hoheneggelsen 1572).

[115] b. STRUBE, aaO., S. 572 (1556).

[116] GRIMM, III, S. 253 (Völksen 1588, Art. 10).

[117] StAH Hild. Br. 3, 1, 664.

Daruf ingebracht: dem herrn gebuere der 10. pfenni, jedoch sey gnade besser alse recht.
10. dem Herrn gebuere zur umbsate der 10. pfenni, jedoch sy gnade besser alß recht, den Meyerdings-Nothen aber gehöre, wan er gehörich is 2 pfenni, wan er aber nicht behorich is, gebuere inen 4 pfenni.[118]

Wer also als bisher freier Mann zum erstenmal Meierdingsgut erwarb, mußte den Genossen mehr zahlen als einer, der bereits Meierdingsmann war. Später, als der Andrang freier Leute zum Meierdingsland stärker wurde[119], begünstigte man die «wirklichen» Meierdingsleute noch mehr:

So ist auch wegen der Ummesaat beschlossen, daß diejenige, welche würckliche Meyerdingsgenossen seyn und Erbländerey haben, die Halbscheid, die andere aber, so nur pfandweise besitzen und sich an ein oder mehreres bekennen lassen wollen, gleich deme, so daß Meyerding zum ersten mahle betritt, voll geben müssen.[120]

Im 18. Jahrhundert galten für alle Meierdinge des Michaelisklosters hinsichtlich der Höhe des Umsatzes einheitliche Grundsätze:

Bei allen diesen Meierdingen muß, wenn solche (Güter) verkauft oder versetzt werden, dem Kloster die Umsaat zu 5 % der Kaufsumme oder Pfandschillings entrichtet werden. Bei geschenkten, getauschten, geerbten und angefreiten Gütern beträgt die Umsaat vom Morgen 18 Mariengroschen. Aquirirt einer Meierdings*höfe*, so wird nur die Größe des Platzes in Anschlag gebracht und vom Morgen 18 Mgr. bezahlt. Außerdem erhält der Actuarius[121] des Meierdings für jeden Ansatz 1 rth.[122]

Neben der reinen Umsatzgebühr waren häufig noch weitere Abgaben beim Ansatz zu leisten. So mußte nach Art. 9 der Meierdingsstatuten des Michaelisklosters der Käufer den Meierdingsleuten – gleichsam als ‹Einstand› – einen Schinken von 10 Pfund, drei gute Brote und 10 Groschen geben[123], ferner dem Meierdingsvogt 10 Groschen, dem Prokurator 9 Groschen und dem Schreiber 3 Groschen. War auch der Meierdingsherr anwesend, so war ihm ein «Stübchen» Wein zu reichen[124].

Ob die Umsatzgelder ganz dem Kloster zustanden oder teilweise den Meierdingsleuten verblieben, läßt sich nicht eindeutig klarstellen. LÜNTZEL[125] berichtet, daß der Meierdingsherr, wenn er selbst Meierdingsland für den Eigenanbau ‹erwerben› wollte, ein Drittel des herkömmlichen Umsatzes an die Genossen zahlte. Daraus könnte man schließen, daß er selbst grundsätzlich nur zwei Drittel beanspruchen konnte. Vom bischöflichen Meierding Bierbergen heißt es in einem Brief vom Jahre 1795[126]:

Es wird durch den Meyerdingsvogt eine Menge Bier angeschafft, und dazu nicht nur die bei den Meyerdingen eingehenden Sporteln, als Verkaufsgeld, Umsatzgeld u. dgl. verwandt, sondern von jedem der vors Meyerding gehört, noch eine Auflage von 10 Mgr. eingefordert.

Hier verfügten die Meierdingsleute also für eigene Zwecke über die Umsatzgelder, wobei allerdings fraglich bleibt, inwieweit sie dazu befugt waren. Was das Michaelis-

---

[118] StAH Hild. Br. 3, 1, 194 (Lafferde 1571).
[119] s. u., S. 80 ff.
[120] Meierdingsstatuten des Michaelisklosters, Art. 44, b. NOLTEN, De praediis rusticorum, S. 125, 126.
[121] Das ist der Oberschreiber.
[122] StAH Hann. Des. 94, Gen., G II C IV, Nr. 6, Bl. 46 (1803); vgl. Art. 35 der Meierdingsstatuten, b. NOLTEN, aaO.
[123] Ebd.
[124] Ähnlich die Meierdingsstatuten des Klosters Lamspringe, b. STRUBE, Tractatio, S. 572; ebd., v. Stoplersches Meierding (1565): Der kaufer gebe den Meyerdings-Leuten einen zover full bier mit 4 gr. zu bezalen, und einen schincken.
[125] S. 86.
[126] StAH Hild. Br. 1, 23, 1, Nr. 117, Bl. 1.

kloster betrifft, so zählt m. E. der genannte Art. 9 der Statuten die den Meierdingsgenossen zustehenden Abgaben erschöpfend auf. Das Umsatzgeld wird, mangels ausdrücklicher anderweitiger Regelung, in voller Höhe der Klosterkasse zugeflossen sein[127].

Auf den förmlichen Ansatz wurde daher vom Meierding größter Wert gelegt; erst durch ihn wurde der Besitz rechtlich sanktioniert:

> Auf die mir zugeschickte Frage dienet zur Erläuterung und Antwort, daß zwar wohl per pacta ein Erbrecht an Meyerdingsgüther könne acquiriret werden, doch der acquirens ehender nicht von dem Meyerdinge pro domino gehalten werde, bis er von demselben öffentlich auf sothane pacta durch Urtheil und Recht daran gesetzet worden.[128]

Inhalt des Ansatzes war die Eintragung des Neubesitzes in das Meierdingsbuch und die förmliche Tradition des Landes durch den Richter[129].

Ursprünglich hatten der Grundherr und jeder Genosse gegen den Ansatz ein Einspruchsrecht:

> Vor dussen Meyerdinck ys gefragett worden eyn meyne ordell van des herrn tho sunte Mychaell wegen, effthe eyner ock in dat meyerdingh bock mochte vorteketh werden edder an eyn gud mochte gessettheth werden, dar insprake up dem meyerdinghe gescheh?
> Dar up vanth dath ampth, enscholle eyn dar nych ansetten noch in dat meyerdigck bock vorteketh werden.[130]

Dieses Einspruchsrecht schwächte sich später in ein Näherrecht ab[131].

Um die Umsatzgebühren zu sparen, wurde der Ansatz von den Bauern häufig unterlassen. Es setzte mit der Zeit ein lebhafter ‹Schwarzhandel› mit Meierdingsland ein, so daß die Meierdingsbücher mit den tatsächlichen Besitzverhältnissen bald nicht mehr übereinstimmten. Das domkapitularische Meierding Hasede (17. Jh.) vermittelt ein anschauliches Bild dieses Zustandes:

> Weiter gefraget, weilen eine zeitlang viele Erbländerey veräussert, verpfandet, versetzet, verkauffet, einer dem andern zugefreyet, und also Ihre Gn. der Herr Thumprobst und ein Hochw. Thum-Capittul Ihrer gebührender Erben- und Pfennig-Zinsen dadurch beraubet worden, und in den Registern von Jahren zu Jahren die alten Namen stehen bleiben, auch sich keiner deßwegen bey dem Meyerdinge angiebt, und also offt die Länderey in die andere, dritte ja vierdte Hand gerathen thut, in Meinung, wann die Pfennig-Zinse allein auff die alten Nahmen außgegeben werden, daß solches alsdenn genung. So wird gefraget, ob nicht alle diejenigen, so Erbländerey haben, besitzen, geniessen und gebrauchen, sich bey dem Meyerdinge (davon sie sich nicht vürheero verwahren lassen) sollen gebührlich angeben, praestanda praestiren, sich darin verwahren, vor einen Meyerdings-Mann einschreiben, oder an die unter Händen habende Erbländerey eine treue Handt setzen lassen?
> Eingebracht: Ein jeder solle sich auf dem nächsten Meyerding angeben und verwahren lassen. Und da ein solches nicht geschieht, sey derselbe in der Herren Straffe verfallen.[132]

Sogar eine landesherrliche Verordnung[133] nahm sich dieses Problems an:

> Da einige contracte über Meyerdings-Güter zwischen ein oder anderen Partheyen vorgenommen, und ein solcher nicht für das rechte Meyerdings-Gerichte zu beliebung, damit es in desselben Buch geschrieben und die gepür davon richtig abgetragen, gepracht, daß alßdan solcher contract ungiltig seyn und darüber mit nichten geholffen werden soll.

---

127 Dafür spricht auch Art. 10 der Statuten, b. NOLTEN, aaO.
128 Attestat des Domkap. v. 1724, b. NOLTEN, aaO., S. 115.
129 Näheres unten S. 95 ff.
130 StAH Hild. Br. 3, 1, 521 (Nettlingen 1446).
131 v. GIERKE, Privatrecht, II, S. 791 und Anm. 28; s. u., S. 72 ff.
132 E. PUFENDORF, Introductio in proc. civ., I, S. 783 ff.
133 Verordnung des Bischofs Ferdinand v. 1613, StAH Hild. Br. 1, 23, 1, Nr. 2, Bl. 51 R.

Das Michaeliskloster drohte in seinen Meierdingsstatuten dem ansatzsäumigen Besitzer mit Geld- und Naturalbußen, bei weiterer Widersetzlichkeit mit der Einziehung des Guts. Dabei wurden die Besitzer – je nach der causa ihres Erwerbs – unterschiedlich behandelt:

Art. 15:

Wan einer ein Guth kauffet und sich solches nicht alsbald im ersten und andern Gerichte bekennen lässet, derselbe sol vor jedes vorbey passirtes Gerichte 18 mgr., das dritte Gerichte aber seines Guths verlustig seyn.

Art. 27:

Wan einer ein Guth pfandsweise an sich bringet und sich im ersten folgenden Gerichte nicht ansetzen lässet, der sol das erste mahl dem Herrn Praelaten eine gantze Tonne Bruehahn[134], denen Meyerdings-Leuteh die Halbscheid, das zweyte mahl in duplo, das drittemahl aber seines Guths verlustig seyn.

Art. 37:

Wan ein Sohn nach seines Vaters Tode in sechs Jahren an Meyerdings-Ländereyen der Gebühr nach sich nicht ansetzen lässet, soll derselbe seines Guths verlustig und secundum statuta verfallen seyn.[135]

Trotz solcher ausführlichen Bestimmungen waren Umgehungen des Meierdings auch weiterhin häufig. Das Michaeliskloster verwendete für derartige Fälle im 18. Jahrhundert zur Arbeitserleichterung bereits eine Art Formular. In einer «Sammlung von Beyspielschriftsätzen für ein Meyerding» findet sich folgende «Citation zum Ansatz»[136]:

Nahmens des Hochw. H. Abtes als Ober-Meyerdingsherrn des Stiffts und Closters S. Michaelis wird N.N. in A. hiemit ernstlich bedeutet, wegen vor einigen Jahren bereits an sich gebrachten Clösterlichen Meyerdings-Guthes auf dem am ... zu haltenden Hohen Meyerding auff hiesiger Abtey sich ohnfehlbar ansetzen zu lassen, und fals solches von selbigem dieses Jahr abermahls unterlassen würde, gewiß zu gewärtigen, daß dessen Güther auff diesjährigen Hohen Meyerding öffentlich als caduc erklärt werden sollen, wornach selbiger sich zu achten und für Schaden zu hüten hat.

In der Freiheit, sein Land zu verkaufen, unterlag der Meierdingsmann insofern einer Beschränkung, als einem bestimmten Personenkreis ein Näherrecht an seinem Gut zustand.

Unter Näher- oder Retraktsrecht (jus retractus) versteht man dasjenige an einem fremden Grundstück bestehende dingliche Recht[137], kraft dessen der Berechtigte (Retrahent) innerhalb einer bestimmten Frist verlangen kann, daß das Grundstück, wenn es an

---

[134] Auch Broihan, Bräuhahn = Weißbier aus Weizen, RWB II, Sp. 461; nach APPENS, S. 30, war es das ‹niedersächsische Nationalgetränk›. Das ehemalige Haus Nr. 3 der Mühlenstraße in Hannover soll die Inschrift getragen haben:

Anno Domini 1526
Carl Broyhan hir das getränk erfant,
das nach ihm ‹Broyhan› ist benant.

[135] b. NOLTEN, aaO., S. 123, 124, 125; weniger differenziert Meierding Hoheneggelsen, StAH Hild. Br. 3, 1, 194 (1644): wan einer etwa durch Erbfall, Kauff oder Pfandschafft Meierdingsguth erlangt hat oder an sich gebracht, sollte sich der gebühr anmelden oder ansetzen lassen, widrigenfalls würde der Herr Prälat die Güter einziehen.

[136] StAH Hild. Br. 3, 1, 378 (1748), S. 2.

[137] So vor allem v. GIERKE, Privatrecht, II, S. 771 (‹anwartschaftliches Sachenrecht›) gegenüber der älteren Theorie eines obligatorischen Rechts (‹actio personalis in rem scriptam›), Jur. Fak. der Universität Göttingen, StAH Hild. Br. 1, 23, 1, Nr. 4, S. 87; so noch im 19. Jh. EICHHORN, Privatrecht, § 103; über den Theorienstreit LABAND, AcP 52, S. 151 ff.

einen Dritten verkauft worden ist, ihm übertragen werde[138]. Die Klage des Retrahenten ist auf Anerkennung seines nun frei gewordenen Besitzrechts gerichtet[139].

Voraussetzungen dieses Besitzrechts sind

a) der Verkauf seitens des Vorbesitzers,
b) der Eintritt des Retrahenten in die Verbindlichkeit des Käufers.

Das Retraktsrecht schließt also ein dingliches Vorkaufsrecht in sich ein, geht in seiner Wirkung aber über jenes hinaus[140].

Retraktsberechtigt waren nach Meierdingsrecht[141]:

a) die nächsten Anverwandten,

So ließ er ein urthel zu Rechte fragen, ob er nicht alß nechster Erbe auf gethane Einsprach den Vorzug haben und zum gutte verstattet werden solte?
Eingebracht: Wo fern Einsprecher alß nechster Erbe die gelder niederlegen würde, gienge er einem frembden vor.[142]

Es sein zwey bruder und eine schwester, die haben 3 morgen landes und ein jeder habe 1 morgen, da wisse ehr wo die gelegen. Nhun habe die schwester den brudern ihren morgen angebotten, die sie nicht hetten wollen. Ob sie nhun nicht einem frömbden den morgen vorsetzen oder vorkauffen muge?
Ingebracht: Jha, mit bewilligunge des Gutsherrn und der Nothen.[143]

Dabei waren Schwert- und Spindelmagen gleichberechtigt[144].

b) die nahen Freunde,

Wan ein Acker, Wiese oder ander Meyerdings-Guth verkaufft werden solte, oder allbereits an einen Frembden verkaufft wäre, ein näher Freund solchem Kauff contradicirte mit Erbiethen, daß er sobald in den Kauff treten und das Geld erlegen wollte, so hat derselbe die Praeferenz fürm Frembden.[145]

c) der Grundherr,
d) die ‹treue Hand›, wenn ein Unbehöriger verkaufen will,
e) ‹der das Land unter dem Pfluge hat›, also der unmittelbare Besitzer (Pächter, Pfandgläubiger), wenn der Besitzmittler verkaufen will,
f) alle Meierdingsgenossen[146].

Das Recht der letzteren bestand jedoch nur subsidiär, während die unter a) bis e) Genannten in der Reihenfolge gleichberechtigt waren[147]. Das Fehlen einer Rangfolge konnte zu Schwierigkeiten führen, wenn mehrere Interessenten auftraten. Im Kreise der Verwandten wird naturgemäß die Gradesnähe den Ausschlag gegeben haben. Wie es beim Zusammentreffen anderer Berechtigter gehandhabt wurde, ließ sich aus den Quellen nicht entnehmen. Es liegt nahe, anzunehmen, daß die Praevention oder – im Falle der Gleichzeitigkeit – das Los entschied[148].

---

[138] HÜBNER, Grundzüge, S. 345, 347: der Verkauf ist nicht Begründungstatsache, sondern nur Auslösungstatsache, d.h., das Näherrecht besteht schon vorher als ein das Besitzrecht einschränkendes dingliches Recht; v. GIERKE, aaO., S. 772.

[139] HEUSLER, Institutionen, II, S. 63.

[140] HÜBNER, aaO., S. 348.

[141] Sog. Retractus legitimus. Vertraglicher Retrakt (retractus conventionalis) kam kaum vor, vgl. Jur. Fak. Göttingen, StAH Hild. Br. 1, 23, 1, Nr. 4, Bl. 87.

[142] StAH Hild. Br. 3, 1, 423 (Lafferde 1620).

[143] StAH Hild. Br. 3, 1, 513 (Nettlingen 1577).

[144] b. NOLTEN, De praediis rusticorum, S. 135 (Nettlingen 1594): Kläger lassen fragen, ob er als die Schwerdthalve zum Kauff nicht näher sey als die Spillseithe?
Urtell: Sie sind dem Kauff gleich nahe, und mogen es beide kauffen.

[145] Art. 17 der Meierdingsstatuten des Michaelisklosters, aaO.

[146] Art. 33 der Meierdingsstatuten des Domkapitels, aaO., zählt die Berechtigten a–f auf.

[147] s. o., Anm. 141.   [148] HEUSLER, Institutionen II, S. 63, 64.

Wer sein Näherrecht geltend machen wollte, mußte sich beim Meierding melden, bevor der Käufer angesetzt wurde[149], da die mit dem Ansatz verbundene Friedewirkung gerade den Sinn hatte, anwesende Dritte mit etwaigen Rechten an dem Gut ein für allemal auszuschließen[150], wodurch gleichzeitig für die Geltendmachung der Rechte Abwesender nach sächsischem Recht die Frist von Jahr und Tag in Lauf gesetzt wurde[151]. Der Verlust der Ausübungsbefugnis nach Ablauf der Frist war ein Fall der Verschweigung[152]. Später wurde er als eine eigentümliche Art der Verjährung aufgefaßt, behielt aber die wesentlichen Züge der Verschweigung bei[153]. Dabei behauptete sich im gemeinen Recht die alte Frist von Jahr und Tag[154], während in den Partikularrechten die Frist meist erheblich abgekürzt wurde[155].

Der Lauf der Frist begann im allgemeinen mit dem Tage, an dem der Verkauf ohne Angebot an den Retrahenten offenkundig geschlossen oder öffentlich verkündet wurde. Im Meierdingsrecht war das der Tag des gerichtlichen Ansatzes und der Eintragung des Besitzwechsels in das Meierdingsbuch. Da allerdings im Meierding alle volljährigen Genossen dingpflichtig waren, ist es fraglich, ob ein Retrahent, wenn er beim Ansatz nicht zugegen gewesen war, noch das Recht hatte, nachträglich den Retrakt zu beanspruchen. Es ist anzunehmen, daß er – abgesehen von unverschuldetem Fernbleiben aus ‹echter Not› – dieses Recht verwirkt hatte[156], und daß somit die Frist von Jahr und Tag nur diejenigen schützte, die nicht dingpflichtig waren, also z. B. die Ehefrau und die Berechtigten zwischen 12 und 21 Jahren, evtl. auch Auswärtige.

Der Verkäufer seinerseits war verpflichtet, vor der Veräußerung an einen Fremden das Gut im Meierding zum Kauf anzubieten[157].

Cord Clages läßt anzeigen, daß er seine freunde alle seine güter zum kauf angebothen und will es inen jetzo nochmals vor diesem Meyerdinge zum drittenmahle angebothen haben, und läßt fragen, wan er nun die güter an einen fremden verkauffen würde, ob alßdan auch die freunde insprake thun mögen?
Daruf ingebracht: dieweill Cord Clages den freunden das gut zum drittenmahl angebothen, und es nicht kauffen wollen, so möge er das einem frembden verkauffen und ihm sol keine insprake geschehen.[158]

Wurde diesem Erfordernis nicht Genüge getan und der Erwerber wirksam angesetzt, so konnte der übergangene Retrahent gegebenenfalls Schadensersatzansprüche geltend machen[159].

Die Herzöge von Calenberg versuchten zu Beginn des 17. Jahrhunderts, die Veräußerungen einzelner Teile von Meierdingsgütern (‹Pertinenzstücken›) zu verhindern, um die Höfe steuerkräftig zu erhalten[160]. Diese Bestrebungen stießen auf den Widerstand der Meierdingsleute. Ein Beispiel für die daran anknüpfenden Auseinandersetzungen bieten die Verhandlungen des Meierdings in Rössing von 1615[161]:

---

[149] Art. 33 der Meierdingsstatuten des Domkapitels, aaO.
[150] Ssp. Ldr. II, 6, 4.
[151] RICHTER, S. 19.
[152] IMMERWAHR, S. 38.
[153] v. GIERKE, Privatrecht II, S. 783.
[154] Vgl. z. B. GRIMM, III, S. 13; VI, S. 372 (§ 67 e).
[155] Beispiele bei v. GIERKE, aaO.
[156] Sinngem. v. BÜLOW-HAGEMANN, Practische Erörterungen, Bd. 10, Nr. XI, S. 86.
[157] v. GIERKE, Privatrecht, II, S. 791, Anm. 28.
[158] b. STRUBE, Tractatio, S. 619 (Michaeliskl. 1583).
[159] Ein solcher Prozeß findet sich in StAH Hild. Br. 3, 1, 521 (Nettlingen 1575).
[160] Vgl. Calenberger Constitution v. 1593, C.C.C., Bd. IV, Cap. VIII, S. 47 f.
[161] STRUBE, Rechtliche Bedenken, 1. Th., Bed. CXLIII, S. 332, 333.

Gefraget: Ob die Meyerdingsgüter nicht billig bey den Höfen, dabey sie von alters her gewesen, bleiben sollen?

Erkant: Es gebe ein jeder seine gebür davon. Darum brauche es ein jeder nach seiner Gelegenheit.

Beamte[162] contradiciren diese Urthel. Müste die Länderey bey den Höfen bleiben.

Meyerdingsleute: Auf diese der Beamten Contradiction lassen sie es bey der vorigen erkenntnis, wie im vorigen protocoll zu finden, bewenden.

Und im Protokoll von 1656[163] heißt es:

Gefragt: Ob nicht die Meyerdingsgüter bey den höfen, dabei sie von alters her gewesen, bleiben sollen?

Erkant: Wan jeder seine gebühr davon gebe, mögte er es nach seiner Gelegenheit brauchen.

Beamte: Widersprechen dieser Erkenntniß. Läge dem Landtagsabschiede[164] zuwider und könnten daher darin nicht willigen.

STRUBE[165] bemerkt, daß ungeachtet des landesherrlichen Widerspruchs auch weiterhin Pertinenzstücke veräußert worden seien.

Wurde Meierdingsland verpfändet, so war der Pfandgläubiger, da er die Gewere am Gut erlangte[166], verpflichtet, sich vor dem Meierding ansetzen zu lassen, andernfalls er seines ‹Pfandschillings› verlustig wurde. Das bedeutete, daß er im Falle einer Klage gegen den Schuldner auf Rückzahlung des Darlehens vor dem Meierding grundsätzlich abgewiesen wurde:

Sollte aber der Gläubiger den gerichtlichen Ansatz in etlichen Jahren nicht befördern, damit er die Meyerdingsunkosten erspare, auch den gebührenden Umsatz nicht abführen möchte, so ist ein solcher Gläubiger, wenn mit ihm nach Meyerdingsrechtsstreite verfahren werden sollte, seines Pfandschillings verlustig.[167]

Außerdem konnte ihm der Besitz entzogen werden[168]. Kleinere Stücke Land konnten jedoch für kurze Zeit umsatzfrei verpfändet werden; nur den Genossen mußten die geringfügigen Abgaben erbracht werden[169].

Versetzte ein Meierdingsmann sein Land an zwei Gläubiger zugleich, so ist zwischen privatrechtlichen und strafrechtlichen Folgen zu unterscheiden. Privatrechtlich galt, wenn beide zum Ansatz erschienen, nur die ältere Obligation, während der jüngere Vertrag als unwirksam außer Betracht blieb[170].

Der herr zu S. Michaell hefft fragen lassen, wan einer oder mehr seine Meyerdingsgüter eines oder zwey mahl vorsetze und der vorige pfandtdreger hette seynen pfandtschilling noch nicht wedderbekomen, und fragen lassen, wie sich der Herr gegen den oder die vorhalten sol? Daruf ingebracht: Wan einer einen pfandtschilling mit wissen und willen des Gutsherrn und der Meyerdingsleute auf Meyerdingsgüter thue, derselbe soll sein pfand und das gudt behalten. Thut aber darnach einer was mehr daruf, solches soll nichtig und krafftloß sein, und derselbige soll dem herrn und denen Nothen in straffe verfallen sein.[171]

---

[162] Über das Teilnahmerecht herzoglicher Beamter am Meierding vgl. STRUBE, Tractatio, S. 651 f.

[163] s. o., Anm. 161.

[164] s. o., Anm. 160.

[165] s. o., Anm. 161.

[166] Verpfändung ohne Übertragung der Gewere kam im deutschen Privatrecht nur ausnahmsweise vor, HEUSLER, Institutionen, II, S. 135.

[167] Ohne Quellenangabe zit. b. v. SELCHOW, Bl. 267; dsgl. StAH Hild. Br. 3, 1, 194 (Lafferde 1571): Ingebracht, das mugen de gutsherrn richten und sey des geldes vorlustig.

[168] Art. 27 der Meierdingsstatuten des Michaelisklosters, aaO.

[169] StAH Hild. Br. 3, 1, 513 (Nettlinger Meierdingsbuch v. 1573, S. 42, 43): ... aber einen morgen mag man woll ein jahr vorsetzen und den genossen ihre gebuer darum geben.

[170] v. SELCHOW, Bl. 267.

[171] StAH Hild. Br. 3, 1, 513 (Hoheneggelsen 1582).

Strafrechtlich wurde der Schuldner also wegen Doppelversetzung bzw. Betruges des zweiten Gläubigers verantwortlich gemacht:

> Weiter gefragt, wan einer oder ander etzliche Länderey und Meyerdings-Güter zweymal versetzte und also in betrüglicher Weise handelte, was dessen Straffe sein soll?
> Erkant: Die Straffe stehet bey dem Herrn.[172]

Der ordnungsgemäß angesetzte Pfandgläubiger übernahm bis zur Wiedereinlösung des Gutes alle meierdinglichen Pflichten.

> Henni Holland ließ fragen ein gemein Urteill, wann güter verpfandet werden, ob der verpfander nicht den erbenzinß erleggen soll?
> Daruf ingebracht: der pender soll den Erbenzinß geben, biß ehr sein pfandgeldt weder kricht.
> Der verpfender habe den Zinß außgegeben, ob nicht der besitzer den außgelechten erbenzinß weder zu geben schuldig?
> Daruf ingebracht, jha.
> In was zeit er das weder geben soll?
> Daruf ingebracht, in 1 und 14 tagen.[173]

c) Zins- und Dingpflicht

Während die Meier überwiegend Naturalabgaben leisteten, lag auf den Meierdingsgütern ein Geldzins (‹Pfennigzins›). Nur die Nettlinger Meierdingsleute lieferten in geringem Umfang auch Feldfrüchte ab[174].

Auf den einzelnen Meierdingen wurden laut Auflösungsakten[175] folgende Zinssätze erhoben:

1. Hohes Meierding:
   Vom Morgen 4 Pfennig jährlich,
2. Hoheneggelsen:
   Vom Morgen 3 Pfennig jährlich; von 3 Morgen zusammen 1 Mariengroschen,
3. Lafferde:
   Vom Morgen 4 Pfennig jährlich,
4. Nettlingen:
   Vom Morgen 3 Pfennig jährlich; von 3 Morgen zusammen 1 Mariengroschen; teilweise auch Feldfrüchte, «davon das Quantum fast bei jedem einzelnen verschieden ist»,
5. Völksen:
   Vom Morgen 1 Pfennig jährlich.

Fällig war der Zins in Völksen am Tage der Hegung des Meierdings:

> Auf was Zeit der Erbenzinß von rechts wegen bedaget sey?
> Daruf ingebracht: Der pfennigzinß zu goddesfrede alß wan das Meyerdingsgerichte werde gehalten und die huener auf S. Michaelis dach.
> N.B.: wird Goddesfrede genandt, wenn das Gericht eingeleuttet und gehalten wird.[176]

Bei den übrigen Meierdingen lag der Termin zu Michaelis.

> Uf welche zeit die erbenzinß von Rechts wegen bezald werden soll?
> Daruf ingebracht: der ervenzinß sey jerlichs uf Michaelis bedagett.[177]

---

[172] b. MEYER, Deductio, S. 88 (Himmelsthür 1612); dsgl. b. NOLTEN, De praediis rusticorum, S. 132 (Völksen 1582); vgl. Art. 43 der Meierdingsstatuten des Michaelisklosters, b. NOLTEN, aaO., S. 12.
[173] StAH Hild. Br. 3, 1, 521 (Nettlingen 1574).
[174] Genaue Register der ‹Einnahmen des Nettlinger Erbenzinßkornes› von den 9 Hufen und Höfen enthalten Beverina, Hdschr. 290 a (1633) und 300 (1643).
[175] StAH Hann. Des. 94, Gen., G II C IV Nr. 6, Bl. 46.
[176] StAH Hild. Br. 3, 1, 664 (Völksen 1651); dsgl. GRIMM, III, S. 253.
[177] StAH Hild. Br. 3, 1, 194 (Hoheneggelsen 1572).

Im Falle der Zinssäumnis hatte der Abt das Recht, nach erfolgloser Mahnung das Gut in ‹Kummer› legen zu lassen.

Ob einer oder mehr den Erbenzinß zu rechter Zeit nicht erlechten, ob ehr das sonder bruche muge gethan haben?
Daruf ingebracht: so der erbenzinß zu rechter Zeit nicht ausgegeben, sol das gut zu Kummer gelecht werden.[178]

Der Kummer – der deutschrechtliche Arrest – entspricht im wesentlichen der ‹Frohnung› des Sachsenspiegels[179]. Bei beiden stand weniger die Befriedigung des Gläubigers im Vordergrund, als vielmehr der Gedanke der Einschüchterung und Verwarnung des Schuldners[180]. Die Maßnahme hatte also noch starken Strafcharakter. Die Beschlagnahme, die der symbolischen Formalitäten des sächsischen Landrechts (Strohwisch, Kreuz u. dgl.) entbehrte, erfolgte auf Antrag[181] des Abtes durch gerichtliches Urteil und Eintragung im Meierdingsbuch. Damit waren rechtswirksame Verfügungen unmöglich geworden, da das Meierding nunmehr jeden Ansatz verweigerte. Der Schuldner wurde jedoch vorerst im Besitz des Gutes gelassen[182]. Blieb er allerdings auch weiterhin im Verzug, so erfolgte nach einer gewissen Zeit[183] die tatsächliche Entsetzung des Wirts und die Aberkennung des Landes[184].

Wie lange der kummer wheren sol?
Urtel: der jungker sol zeit geben bis uf Michaelis, bezalen sie nit, so sol ehr auß iren guetern nhemen, die das landt haben und uf dem hofe whonen.[185]

Die Meierdingsstatuten des Michaelisklosters[186] drohen von vornherein – unter Übergehung des Kummers – diese Rechtsfolge an:

Wan einer seinen Erbenzinß in gebührender Zeit nicht entrichtet, der ist seines Guths verlustig und dem Meyerdingsherren anheim gefallen.

An das eingezogene Gut konnte sich der Abt entweder selbst mittels eines Treuhänders setzen lassen[187] oder es einem anderen Meierdingsmann austun:

Item im Jahre 1661 ist Tormeyern zu Kochi im Amt Wolfenbüttel 1 vorl. ob non solutum canonem Meyerdingico-emphyteuticum caduciret und vom Meyerdingsvogt ad mandatum unterm Pflug genommen.

---

178 StAH, aaO.; GRIMM, III, S. 253 (Völksen 1651): Man sol den Nichtbezahler die Güter in Kummer legen; StAH Hild. Br. 3, 1, 521 (Nettlingen 1592): Der jungker sol ein mahl den zinß mahnen, wan sie dan nit außgeben, sol er das Landt in Kummer legen.

179 Ssp. Ldr. II, 41, 1.

180 PLANCK, Gerichtsverfahren, II, S. 253.

181 Wortlaut eines Antrags b. STRUBE, Tractatio, S. 642.

182 v. BÜLOW-HAGEMANN, Practische Erörterungen, Bd. 10, Nr. XI, S. 87, sind der Ansicht, daß dem Schuldner auch die weitere Bebauung des Landes untersagt worden sei. Dagegen sprechen die folgenden Belege.

183 Im Sachsenspiegel nach ‹Jahr und Tag›; im Meierdingsrecht fehlen einheitliche Fristen, das Höchstmaß waren 3 Jahre: StAH Hild. Br. 3, 1, 425 (Lafferde 1611): Wegen des Erbenzinses, wie lange Jahr die Zeit haben sollen, auszugeben? Die herren sollen mahnen und wehr den Zinß in 3 jahren nicht außgifft, der soll der güder vorlustig sein; dsgl. StAH Hild. Br. 3, 1, 194 (Hohenegelsen 1572).

184 Gegen Erstattung der melioramenta, GRIMM, III, S. 248 (Hohenegelsen 1481).

185 StAH Hild. Br. 3, 1, 521 (Nettlingen 1592); dsgl. GRIMM, III, S. 253 (Völksen 1598); StAH Hild. Br. 3, 1, 664 (Völksen 1651): Frage, «da nun einer in dem Kummer beharren und nicht bezalen wolle, wie man sich gegen denselben verhalten sol?», Antwort: «sie sollen des guths vorlustig seyn».

186 Art. 10, b. NOLTEN, De praediis rusticorum, S. 121 ff.

187 b. STRUBE, Tractatio, S. 558: Wan einer in dreyen Jahren seine Erbenzinß nicht außgeben würde, so mögen sich die Herren an das Guth mit einer treuen Hand setzen lassen (Domkapitel).

Im Jahre 1686 Jonassen Witkop zu Berel Amts Lichtenberg 1 Morgen caduciret ex priori capite und Hansen Helmold anderweit eingethan.[188]

In besonderen Härtefällen konnte jedoch von der Einziehung Abstand genommen werden:

Ist endlich auf flehentliches Anhalten Curdt Bonstede und in Ansehung jetziger schlechten Zeiten die Caducität vom Herrn Praelaten mit der Bedingung erlassen, daß von jedem Morgen pro mulcta und versäumten Erbenzinses entrichten soll 2 Thaler.[189]

Nicht gestattet waren den klösterlichen Meierdingen Pfändungen in das bewegliche Vermögen eines Schuldners, da dieses keine ‹qualitas meierdingica› besaß[190]. Hierfür waren ausschließlich die Ämter als ordentliche Gerichte zuständig. Lediglich dem Domkapitel stand auf Grund des sogenannten ‹Steuerwaldschen Vergleichs› vom 27. 4. 1618[191] der direkte Zugriff auf Gebäude, Inventar und Feldfrüchte offen[192].

Andere Grundherren, denen dieses Recht nicht zustand, konnten letztlich nicht verhindern, daß die Bauern mit ihren Zinsleistungen oft jahrelang im Rückstand blieben. Ein Verzeichnis des Michaelisklosters für die Dörfer Gr. und Kl. Lafferde mag hierfür als Beispiel dienen.

Tab. 8: Zinsrückstände der Meierdingsleute in Groß und Klein Lafferde (1600) [193]

	Meierdingsmann	jährl. Zins	Rückstand
Gr. Lafferde	Heinrich Warnecke	1,5 Schillinge	27 Jahre
	Cord Jordans	11,5 Schillinge	19 Jahre
	Tile Wallers	11,5 Schillinge	6 Jahre
	Carsten Ebers	7,5 Schillinge	13 Jahre
	Henni Unverzagen	5,3 Schillinge	6 Jahre
	Hinrich Schrader	33,3 Schillinge	8 Jahre
	Barwert Borchers	2,1 Schillinge	6 Jahre
	Cord Waßmann	9,– Schillinge	6 Jahre
	Henni Riekmann	9,5 Schillinge	4 Jahre
	Jacob Cramme	5,– Schillinge	11 Jahre
	Helmeke Meierdingk	3,3 Schillinge	6 Jahre
	Hans Karding	6,– Schillinge	8 Jahre
	Henni Steinmann	8,3 Schillinge	11 Jahre
	Cord Ludeke	16,– Schillinge	11 Jahre
	Carsten Unverzagen	2,5 Schillinge	19 Jahre
	Cord Schürding	10,– Schillinge	10 Jahre
	Henni Colp	1,– Schilling	4 Jahre
	Hans Gerke	2,5 Schillinge	11 Jahre
	Rennert Meyer	2,– Schillinge	6 Jahre
	Cord Bolemann	6,3 Schillinge	14 Jahre
	Hinrich Cramm	6,– Schillinge	6 Jahre
	Henni Schirding	6,– Schillinge	20 Jahre
	Kone Cramme	3,3 Schillinge	6 Jahre
Kl. Lafferde	Hinrich Heinemann	15,– Schillinge	14 Jahre
	Ledeke Schmedt	2,1 Schillinge	6 Jahre
	Hans Rimann	7,5 Schillinge	14 Jahre
	Hinrich Schmedt	2,– Schillinge	6 Jahre

[188] b. STRUBE, Tractatio, S. 561, 562 (Michaeliskloster 1713).
[189] b. STRUBE, aaO., S. 564 (1676).
[190] Juristische Fakultät der Universität Göttingen, StAH Hild. 1, 23, 1, Nr. 4, Bl. 110.
[191] Abgedr. b. MEYER, Deductio, S. 72–76.
[192] v. SELCHOW, Bl. 141; näheres s. u., S. 101.
[193] StAH Hild. Br. 3, 1, 426, Bl. 45.

Wenn es für die Freien einmal bestritten war, ob ihre Dingpflicht nur im Grundbesitz wurzelte[194], oder ob auch die Besitzlosen schon auf Grund ihres Wohnsitzes dingpflichtig waren[195], so gibt es im Meierdingsrecht auf diese Fragen nur eine Antwort: Zins- und Dingpflicht müssen beide als auf dem Gute ruhende Lasten verstanden werden[196], denn beide gingen mit der Veräußerung des Gutes auf den Erwerber über.

Wesentlicher Inhalt der Dingpflicht war es, auf dem jährlich einmal gehegten echten Meierding[197] zu erscheinen und an der Rechtsfindung mitzuwirken. Wer sich dieser Pflicht entzog, wurde mit einer Ordnungsstrafe belegt.

Vor anfang des Meyerdinges ließ der herr zu S. Michael die Meyerdingsnothen wißen, das derjenige wher zu den Meyerdingen nicht khome und aussen bleibe ohne vorlaub des vogedes, der sol uf 3 pf. gebruchett werden, welches die Meyerdingsleutte bewilliget.[198]

Wiederholtes Ausbleiben wurde entsprechend schärfer geahndet.

Item wan ein Meyerdingsman 3 mal ausbleibe und von dem Meyerding sich absentirete, waß dessen straff sey?
Eingebracht: Zum ersten mahl soll der außpleibende 3, zum andernmahl 6 (pfenni) und zum dritten mahl ein halbfaß bier geben.[199]

Bis zur Zahlung der Buße fand der Betroffene vor dem Meierding kein Gehör:

Vor jetztgemelten Meierdinge ist unter andern vorgekommen die Meyersche aus Brunerssen und ließ durch ihren erbetenen vorsprachen Hans Brerschwalen bitten, ob nit ihr umb die gebuer das Meyerdingsbuch umbgelesen werde, darauß sie zu ersehende, waß ihr von einem Hoffe undt einer halben Hueffe landeß mit 12 Morgen von Rechts wegen gebüre.
Daruf ingebracht, sie habe davon in etlichen Jahren nit zum Meyerding gegangen, derowegen sie dem Herrn und Noten in brüche gefallen; wenn sie öhme davor will willen machen, so wollen sie ihr Uhrteill finden, sonsten nit.[200]

Wer dreimal vergeblich aufgefordert worden war, hatte mit Kummer und Einziehung des Gutes zu rechnen.

Ist Heinrich Ludeken zu Lafferde drey mahlen geschett, soll willen machen.
Ingebracht, es sollen ihme seine guder arrestirt werden bis er willen mache.[201]

Die Meierdingsstatuten[202] brachten schließlich folgende einheitliche Regelung:

Art. 7:
Alle und jede Meyerdings-Nothen sind schuldig, wann das Meyerdings-Gerichte gehalten wird, vor dem Gerichte sich anzugeben, der aber zu spaat kommt, oder gar aussenbleibet, ist in Straffe und seines Meyerdings-Rechts verfallen.

Art. 2:
Wann einer Erbenzinß-Güter hat und innerhalb Landes wohnet, in drey Jahren, ausserhalb Landes aber in sieben Jahren davon das Meyerding nicht begehet, derselbe ist seines Rechts und Gutes verlustig.

194 So z. B. v. GIERKE, Genossenschaftsrecht, I, S. 87 f.
195 SOHM, Reichs- und Gerichtsverfassung, S. 338.
196 PLANCK, Gerichtsverfassung, I, S. 53.
197 Das Hohe Meierding wurde alle 2 Jahre gehalten.
198 StAH Hild. Br. 3, 1, 194 (Lafferde 1571); dsgl. StAH Hild. Br. 3, 1, 450 (Lafferde 1582).
199 StAH Hild. Br. 3, 1, 521 (Nettlingen 1620); StAH Hild. Br. 3, 1, 425 (Lafferde 1611).
200 StAH Hild. Br. 3, 1, 233 (Nettlingen 1568).
201 StAH Hild. Br. 3, 1, 425 (Lafferde 1611); dsgl. StAH Hild. Br. 3, 1, 194 (Hoheneggelsen 1645).
202 b. NOLTEN, De praediis rusticorum, S. 121 ff. (ohne Angabe der Entstehungszeit; wohl ca. 1700).

Diese Rechtsfolgen traten nur dann nicht ein, wenn übergeordnete Pflichten oder echte Not ein Erscheinen verhinderten:

Ward gevunden, wan er schon nicht zu rechten zeit ankohme, sondern si in folge und feide, muge es ihm on schade sin.[203]

Wan aber ein oder mehr mit Herrendienste, Krangkheitt oder andere ehafft vorhindert, sollen sie sich bey dem vogede entschuldigen oder entschuldigen lassen, wollen aber gebetten haben, das die vorige und künfftige brüche auffkommen möchten, damit sie sich desto besser zusamede halten mugen(!).[204]

Der haußwirth sol zum Meyerding kommen und nicht die frawen und kind, es were dan daß der haußwirth verstorben oder sonsten mit Herrengescheften vorhindert.[205]

3. Meierdingsrecht und andere Besitzrechte

Wie schon an anderer Stelle erwähnt worden ist, boten der geringfügige Zins, der auf dem Meierdingsland lag, sowie die Möglichkeit, die Güter frei zu veräußern oder zu verpfänden, einen starken Anreiz für Außenstehende, selbst einem Meierdingsverband beizutreten bzw. mittels eines Treuhänders solches Land zu erwerben.

Diese Entwicklung gab noch keinen Anlaß zur Besorgnis. Bedenklich für die Grundherren war jedoch die Tatsache, daß viele Inhaber weniger günstiger Besitzrechte begonnen hatten, sich die Vorteile des Meierdingsrechts auf illegale Weise zu verschaffen. Bäuerliche Meier und Lehnsleute insbesondere, denen das Recht, ihr Land zu verkaufen oder zu verpfänden versagt war, versuchten in zunehmendem Maße, Teile ihres Landes vor einem Meierding zum Ansatz zu bringen.

Der Hildesheimer Hofrat Blum schreibt in einem Gutachten vom Jahre 1766[206]:

Es könnte zum Exempel sich zutragen, daß ein Lehensmann (dies läßt sich auch von einem Mayer sagen), welcher zugleich zum Meierding gehörig ist, bei dem Meierdinge auftritt und einen Morgen Lehnland als seines Vaters Erbe sich in der Absicht ansetzen läßt, um solchen dereinst verkaufen zu können. Verläßt er demnächst diesen Morgen bey einem anderen Meyerding andern käuflich, so wird der Lehns- oder Gutsherr in eine besondere Verlegenheit gesetzt und auf solche Art sind schon viele partes integrantes bey den Höfen abgängig, wie die Erbregister vermelden.

Auch das Michaeliskloster wurde von solchen Fällen betroffen. So verpfändete ein Meier aus Gadenstedt im Jahre 1717 einen Morgen Meierland, an den sich der Pfandgläubiger später vor dem Meierding Lafferde ansetzen ließ[207].

In seinem Gutachten «Wahre Beschaffenheit der Stift-Hildesheimischen Erbenzinsgerichte oder Meyerdinge» von 1778[208] schreibt v. SELCHOW dazu:

Noch gefährlicher aber ist die eigenmächtige und einseitige Ansetzung von Meyer-, Zins-, Lehn- oder anderen dienstpflichtigen und contribuablen Äckern und Höfen bei den Meyerdingen. Die Meyerdingsleute genießen auf der einen Seite den großen Vorteil, daß sie geringe Zinsen geben und ihre Güter frei verkaufen können oder belasten, wenn der Verkauf oder Versatz nur in der bei jedem Meyerding hergebrachte Frist angezeiget, in dem Meyerdingsbuch der neue Besitzer eingeschrieben und dem Herrn der an- oder umsatz und den Nothen die Gebühr hergebrachter Maßen entrichtet wird.

---

[203] StAH Hild. Br. 3, 1, 450 (Lafferde 1582).
[204] StAH Hild. Br. 3, 1, 513 (Hoheneggelsen 1577).
[205] StAH Hild. Br. 3, 1, 521 (Nettlingen 1620).
[206] StAH Hild. Br. 1, 23, 1, Nr. 14.
[207] StAH Hild. Br. 3, 1, 177.
[208] StAH Hild. Br. 1, 23, 1, Nr. 85, Bl. 92 (ungedruckt).

Kein Wunder also, daß Leute, welche Geld erborgen oder Land verkaufen wollen, welches sie als Meier oder Zinsleute nicht thun können, mit Verschweigung der Beschaffenheit ihres Landes an eines der Meyerdinge gehen und ihr Land dort als Meyerdingsland ansetzen lassen. Freilich wird der arme Käufer oder Gläubiger betrogen, wann der Betrug auskommt. Aber was macht der Bauer nicht, auf die Gefahr, fürs erste zu einer dringenden Bedürfnis Geld zu bekommen, und in der Hoffnung, daß der Betrug werde verschwiegen werden?

Die Meyerdingsleute auf der anderen Seite sehen einen solchen Zuwachs als einen Gewinn an, und ohne das Recht dessen, der sein Land ansetzen will, genau zu untersuchen, begünstigen sie den Ansatz.

Die Sorge des Landesherrn um die Steuerkraft der Meierhöfe kommt im «Votum wegen der Meyerdinge» des Hofrats Steigentesch[209] vom Jahre 1773 zum Ausdruck:

Es haben zwar bereits viele Mittel ausgedacht werden wollen, die Gelegenheit zu verhindern, daß Lehn- oder Meierland nicht bei den Meyerdingen angesetzt werde, wodurch die Höfe selbst in eine Unfähigkeit, den Dienst und die praestanda zu entrichten, gerathen, und die in den Landesverordnungen so sehr beachtete Consistenz der Höfe der größeren Gefahr und zwar um so gewisser ausgesetzt ist, je weniger es an Beyspielen fehlet, daß die Meyerdinge solches Land, ohne seine Beschaffenheit zu untersuchen, angesetzt und eingeschrieben haben. Das Gericht zu Gadenstedt klagte wenigstens 1751, daß eine Frau zu Gadenstedt einen Morgen Land als frey angegeben, dem Stift zum Hl. Kreuz auf ein Darlehen versetzt, sodann vor dem Meierdinge zu Bülte, jetzt Lafferde, sich habe ansetzen lassen, welchemnächst sie diesen Morgen wieder einem anderen verpfändet habe.

Das bereits mehrfach zitierte Gutachten der Juristischen Fakultät der Universität Göttingen[210] von 1775 schlug daher vor:

daß entweder der Meierdingsherr dem Gutsherren, unter dessen ordentlicher Gerichtsbarkeit das angesetzte Grundstück gelegen, jedesmahl von dem geschehenen Ansatz Nachricht zu geben, oder im Falle die Richtigkeit des Ansatzes in Zweifel gezogen wird, derselbe die meierdingische qualität des im Streit gezogenen Fundi zu erweisen schuldig sei.

Ob dieser Vorschlag in der Praxis je einen Niederschlag gefunden hat, ist ungewiß.

C. Das Verfahren vor den Meierdingen

1. Die Beteiligten

a) Der Richter

Der Vorsitzende des Meierdings wird in den Protokollen ‹Richter›, häufiger ‹Meierdingsvogt› genannt. Er wurde vom Abt auf Vorschlag der Meierdingsleute ernannt.

Weil dan der Meierdings-Vogt gestorben, ob der her nicht macht haben sol, den vogt zu nennen und inzusetzen?
Ingebracht, sein dem hern das nennen stendig und den vogt zu setzen. Also ist Hans Henrigk Pommart, daß er des Closters und der Meierdings Leute beste thun sol, hefft angelobt.[211]

Regelmäßig war er selbst Höriger[212].

Das Amt endete mit dem Tod oder Rücktritt des Vogtes.

[209] StAH Hild. Br. 1, 23, 1, Nr. 14, Bl. 50 (1773).
[210] StAH Hild. Br. 1, 23, 1, Nr. 4, Bl. 106.
[211] StAH Hild. Br. 3, 1, 425 (Lafferde 1610).
[212] StAH Hild. Br. 3, 1, 487 (1664): ..., daß die Meyerdingsvögte gemeinlich auß den Meyerdingsnothen, welche lange jahr die Meyerdinge besucht und Meyerdings gerechtigkeit wißen, genommen werden.

Anno 1572 ahm dage inventionis Sanctae Crucis hadt der Erw. in god Her Johann abt des Stiffts S. Michaelis ein echt und recht Meierdingk gehalten uf dem abthove zu Hoheneggelsen in biweßende Herren Michaelen Fabri und Conradi Stedinges.

Richter: Henni Hersingk
Bisizer: Burghard Rose und Hans Schrader

Vor anfangs dieses Meierdings hadt der voget Henni Hersingk dem herrn zu S. Michaell und den Meierdings-Noten uffgedancket, auß ursachen dat ehr solch ampt seines alters halber nicht lenger konnte verwalten. Welche afdankunge der her zu S. Michaell und die Noten angenhommen und haben alßbalde einen anderen voget mit nahmen Barwart Hersingk des alten vogedes son, wiederumb angenommen, der auch vom wolgemelten hern zu S. Michaell bestediget mit fulborde der Meierdingsleute dem Herrn und den Nothen ein eidt geschworen, daß er seins ampt, so viell ime immer meglich, will vorwalten und vorwaren, daß es ime erstlich vor gott, dem herrn zu S. Michaell und den Meierdingsleuten sol unvorweißlich sein.[213]

Die Amtszeit der beiden Beisitzer betrug ein Jahr.

Ist gefunden, wan die bisizer ein jahr ohr ambt verwahret, mugen sie wol ihr ampt upgeven.[214]

Entgegen dem heutigen Sprachgebrauch hatte der Richter nach deutschem Recht mit der eigentlichen Rechtsfindung nichts zu tun[215]. Das war Aufgabe der Urteiler; der Richter nahm daran nicht teil. Ihm oblag die Leitung der Verhandlung und Beratung sowie die zur Aufrechterhaltung von Ruhe und Ordnung im Gericht notwendige Tätigkeit[216]. So eröffnete er die Sitzung, handhabte den Frieden, erteilte das Wort sowie die Erlaubnis zu allen gerichtlichen Handlungen[217].

Eine der Hauptaufgaben des Meierdingsvogtes war der Ansatz und die ‹Friedewirkung› beim Besitzwechsel von Meierdingsland[218].

In einem Meierdingsbuch des Domkapitels heißt es unter der Überschrift «Von des Richters Amt»[219]:

Nachdem nun die Meierdingserben bestimmten Tages bei dem Meierdinge erschienen und die Beisitzer sich zum Meierdingsgericht gesetzt haben, und von denselben geboten worden, daß die Unbehörige bei Strafe abtreten sollen, so heget der Meierdingsvogt das Gericht. Der Richter gebietet Recht und verbietet Unrecht, solange das Meierding geheget und gehalten wird. Er thut die gerichtliche Ansetzung und wirket über die Land- und Grundgüter einen bestendigen Frieden.

Unter den Beisitzern befand sich nicht selten ein Angehöriger des Klosters, so daß der Abt den Ablauf des Meierdings stets unter einer gewissen Kontrolle behielt.

De bysitters weren fr. Fredericus Hoppe, tunc temporis prior, und Hans Yssen, ok to der tyd use meyger dorsulvest; confrater Brandanus, tunc cellerarius, fuit etiam praesens et adstans.[220]

b) Der Prokurator (Vorsprecher)

Ein besonderes Kennzeichen des alten deutschen Prozesses war seine Formenstrenge: Formalhandlungen mußten von der Partei fehlerlos ausgeführt werden; auch ein gerin-

---

[213] StAH Hild. Br. 3, 1, 194 (Hoheneggelsen 1572).
[214] StAH Hild. Br. 3, 1, 450 (Lafferde 1582).
[215] Ssp. Ldr. III, 30, 2: ordele sal he nicht vinden noch scelden.
[216] DÖHRING, S. 35.
[217] PLANCK, Gerichtsverfassung, I, S. 88.
[218] s. u., S. 95 f.
[219] StAH Hild. Br. 1, 23, 1, Nr. 88, Bl. 494 (18. Jh.).
[220] GRIMM, IV, S. 681 (Völksen 1503).

ger Verstoß zog den Verlust des Prozesses nach sich. Verringert wurde diese Gefahr durch die Verwendung von ‹Vorsprechern›, die für die Partei redeten[221].

Was der Vorsprecher vorbrachte, galt rechtlich als von der Partei gesprochen. Beging der Vorsprecher einen Fehler, so konnte der Vertretene der Erklärung seine Genehmigung versagen. Der Vorsprecher zahlte dann eine Buße, der Partei aber stand Erholung und Wandelung zu. Es war also gleichzeitige Anwesenheit des Vorsprechers und der Partei unerläßlich. Der Vorsprecher war kein bloßer Parteienvertreter[222], sondern zugleich Helfer des Gerichts, das er bei der Rechtsprechung zu unterstützen hatte[223]. Nach sächsischem Recht war die Hinzuziehung eines Vorsprechers nicht obligatorisch[224].

Im Meierdingsrecht erhielt sich das Institut des Vorsprechers bis in die Neuzeit. Allerdings machten sich auch hier im 16. Jahrhundert Auswirkungen der Rezeption bemerkbar: Das römisch-kanonische Recht kannte als Sachwalter der Parteien den ‹procurator›, dessen Stellung zwar der des deutschrechtlichen Vorsprechers ähnlich, aber doch insoweit noch gefestigter war, als die Parteien ohne ihn keine Prozeßhandlungen vornehmen durften. Der Prokurator besaß also eine Monopolstellung[225].

Eine solche Stellung erhielt in der Folge auch der Vorsprecher im Meierdingsrecht. Bereits um die Wende vom 16. zum 17. Jahrhundert ist es für die Parteien Pflicht, sich eines Vorsprechers zu bedienen:

> Wird eine gemeine Urthel gefraget, wan einer vortrete, sich auffgerichter Briffe berühmte, und es geschehe nicht durch Vorsprachen, wie man sich gegen den verhalten soll?
> Gefunden, es solle niemand werben unter straffe, es geschehe denn mit achtsleutten und Vorsprachen.[227]

> Es befindet sich, daß Ludecke Siepke mit Selbstworten herausgefahren, und nicht durch Procuratorem und Achtsleute gehandelt, was damit verbrochen?
> Noten erkennen, damit ihn der Juncker begnadigen will.[228]

Die Bezeichnung Vorsprecher wurde bald völlig von dem lateinischen Ausdruck ‹procurator› verdrängt. Die Aufgabe der von den Parteien aus den Meierdingsleuten gewählten Vorsprecher bestand darin, das Begehren der Parteien geordnet und schlüssig vorzutragen und die erforderlichen Beweise anzutreten[229]. Der Vorsprecher begann i. d. R. damit, daß er eine Reihe von Urteilen finden ließ, welche die ihm im Verhältnis zu seiner Partei zukommenden Befugnisse betrafen, z. B. seine Schadloshaltung und Sicherstellung[230]:

> worauf der gegentheil vor seinen vorsprachen Barward Fasterling begehret. Fasterling fragte, ob ehr nicht so frey von dem Meyerdinge ab, alß darzutretten sollte, und daferne ehr der sachen nicht bestandt were, er von seinem principalen indemnis und schadloß gehalten werden müßte?
> Eingebracht: Jah, ein jeglicher were schuldig, sein procuratorem zu indemnisiren.[231]

Dann erst erfolgte der Vortrag in der Sache selbst. Eine besondere Stellung nahm der Prokurator des Grundherrn ein. Er «erkennt auf des Richters Anfrage über die anstän-

221 PLANITZ, Rechtsgeschichte, S. 228.
222 PLANCK, Gerichtsverfassung, I, S. 194.
223 DÖHRING, S. 120.
224 Ssp. Ldr. I, 60, 1.
225 DÖHRING, S. 119.
227 b. STRUBE, Tractatio, S. 651 (Lafferde 1605).
228 Ebd., S. 651 (v. Stoplersches Meierding 1624); dsgl. Art. 16 der Meierdingsstatuten des Michaelisklosters, b. NOLTEN, aaO.
229 STRUBE, aaO., S. 651; BURCHARD, S. 283.
230 PLANCK, Gerichtsverfassung, S. 197.
231 StAH Hild. Br. 3, 1, 233 (Lafferde 1649).

dige Tageszeit zur bevorstehenden Hegung des Gerichts, auch was zu gebieten und verbieten sei»[232]. In diesem Bereich kam ihm also eine erkennende Funktion zu, die freilich
auf rein formale Vorfragen beschränkt blieb.

Ferner ließ er im Namen des Abtes die Urteile finden, die allgemein die Rechte und
Pflichten der Meierdingsleute gegenüber dem Grundherrn betrafen. Dieses ‹gemeine
Urthel›[233] wurde zu Beginn jedes Meierdings gefragt. Meist beschränkte man sich darauf,
ältere Protokolle zu verlesen oder auf sie Bezug zu nehmen.

> Ob die Meyerdingsleuthe die vorhergesetzte, abgelesene und durch die achtsleute eingebrachte
> urthell nicht schuldig sein in krefften zu halten?
> Eingebracht, ja.[234]

> Zum vierden, ob auch die Meyerdingsleute die Urtell so zu Lafferde gefunden, willen bey
> krefften halten?
> Daruf ingebracht, sie willen die hiebevor gefunden urtell zu Lafferde bey krefften halten,
> wen sie auch bey ihrer gerechticheit mugen gelassen werden.[235]

Nicht bei allen Meierdingen waren Prokuratoren zugelassen. So schrieb z. B. Art. 2
der Statuten des Winzenburger Latengerichts[236] vor:

> Es werden keine Advocaten oder Procuratoren zugelassen, sondern die Partheyen sollen die
> Sachen einfältig vortragen.

Auch bei den Meierdingen des Domkapitels war das alte Amt des Vorsprechers in
Fortfall gekommen und an seine Stelle ein vom Grundherrn bestellter Gerichtsbeamter
getreten:

> Zu diesem öffentlichen Meyerdingsgerichte werden keine Advocaten, Vorsprecher oder Pro-
> curatoren zugelassen, ausgenommen zwey Procuratores, welche von dem obersten Meyer-
> dingsvoigt, so der Landesherr ist, dazu ernennet werden. Der Procuratoren vornehmstes Amt
> bey diesem Gericht ist, daß sie der Urthelträgere und Achtsleuten Einbringen notiren und
> solche annotirten Vorträge dem Pfennig-Schreiber zur gerichtlichen dictatur ad protocollum
> anbringen, und dasselbe mit bestärcken helffen.[237]

c) Die Achtsleute und Urteilsträger

Dem Prokurator wurden auf seinen Antrag sogenannte Achtsleute und Urteilsträger
aus der Mitte der Meierdingsleute beigeordnet.

> Procurator: Wann mir dann eine Sache zu schwer fiele, so begehre ich Achts Leute und Ur-
> thelträger.
> Meyerdings-Leuthe benennen dieselben.[238]

Über die rechtliche Stellung und die Aufgaben dieser Gerichtspersonen geben die
Quellen keine hinreichende Auskunft. Ein Hoheneggelser Protokoll vom Jahre 1700[239]
zählt Amt und Namen der am Meierding teilnehmenden Personen auf und nennt u. a.
auch je zwei Achtsleute und Urteilsträger.

---

[232] StAH Hild. Br. 1, 23, 1, Nr. 88, Bl. 494 (Domkapitel).
[233] StAH Hild. Br. 3, 1, 425 (Lafferde 1596): Ludwig Brede vorsprake bringet in die gemeine
urthel.
[234] StAH Hild. Br. 3, 1, 664 (Völksen 1651).
[235] StAH Hild. Br. 3, 1, 194 (Hoheneggelsen 1572).
[236] b. NOLTEN, De iuribus et consuetudinibus circa villicos, S. 134 ff.
[237] Art. 17 der Meierdingsstatuten des Domkapitels, aaO.
[238] GERICKE, S. 27.
[239] StAH Hild. Br. 3, 1, 242.

‹Achtsmann› kann sowohl Berater als auch Urteilsfinder (Schöffe) bedeuten[240]. In der friesischen Gerichtsverfassung steht z. B. seit etwa 1500 ‹achtemann› für den altfriesischen ‹asega›[241].

GREFE[242] deutet auch die Achtsleute bei den Meierdingen als Urteiler bzw. Schöffen. Das ist insofern mißverständlich, als man unter Schöffen gemeinhin Personen versteht, denen das Dingvolk die ursprünglich allen seinen Mitgliedern zustehende Rechtfindung delegiert hat[243]. Schöffen in diesem Sinne waren die Achtsleute jedoch nicht, da die Urteilsfindung im Meierding allen stimmberechtigten Genossen oblag[244]. Vielmehr erkannten Achtsleute und Urteilsträger gemeinsam mit den übrigen Genossen über die anstehenden Fragen:

Die Urthel-Träger und Meyerdings-Erben erkennen über der Procuratoren Anbringen und was wegen vorgebrachter Meyerdingssachen recht und billig sey, daß also von Anfang bis zum Ende des Gerichts durch Urthel und Recht verfahren wird.[245]

Desgleichen heißt es in Art. 3 einer Meierdingsprozeßordnung des Domkapitels vom 22.6.1770[246]:

..., wann Urthelträger, Achtsleute *und* Noten sich selbst über eine Sache des Ausspruchs nicht vereinbahren mögten, ...

Die besondere Aufgabe der Achtsleute und Urteilsträger (die Bezeichnungen werden in Quellen und Literatur zumeist gleichbedeutend gebraucht) bestand aller Wahrscheinlichkeit nach darin, daß sie den übrigen Genossen die ihnen vom Prokurator vorgetragene Sach- und Rechtslage auf Grund ihrer besonderen Rechtskenntnisse erklärten und sie bei der Urteilsfindung berieten. Das wird besonders klar bei v. MASCOV und STRUBE zum Ausdruck gebracht. MASCOV[247] schreibt zu den Meierdingen des Michaelisklosters:

Inter reliqua autem Judicia Censitica nobile Judicium Censiticum Monasterii S. Michaelis, quod plures quam 140 Censitos habet, densum praestantes. Praeest huic judicio censitico, ut reliquis eius generis, Praefectus Judicii Censitici, der Meyerdings-Vogt, cui adsunt Notae; quoe nomine veniunt sic dicti homines Meierdingici, qui judicio adsistunt. *Ab his interdum sententiam rogantur* Scabini, quos Achts-Leute et Urthel-Träger appellant. Cui tamen vis nulla dissentientibus hominibus Meyerdingicis, qui omnes in judicio comparere tenentur, et a Scabinis de facto et jure informantur.

Im gleichen Sinne äußert sich STRUBE[248]:

Meierdingi ferunt sententias. Designant Assessores vocatos Achts-Leuthe und Urthel-Träger, qui jurium meierdingicorum peritiores populum de jure et facto instruunt, huius sententiam rogant et conclusum protocollo inseri curant.[249]

---

[240] RWB, I, Sp. 406.
[241] HECK, S. 196.
[242] Hannovers Recht, II, S. 271.
[243] PLANITZ, Rechtsgeschichte, S. 24.
[244] s. u., S. 86 ff.
[245] Art. 18 der Meierdingsstatuten des Domkapitels, aaO.
[246] b. HINÜBER, Beyträge, II, S. 13.
[247] Notitia Juris et Judiciorum, S. 406.
[248] Tractatio, S. 467.
[249] Vgl. WESTFELD, Das Meierding zu Sersum (Sorsum unter Wittenburg), NVA, Bd. 1 (1822), S. 212: der Vogt läßt die Erben zwei unter sich auswählen zu Achtsleuten oder Referenten. Die Quelle zu diesem Aufsatz, das «Sorsumer Meyerdings Buch, angefangen mondtages nach Dionysii a. 1547» (bis 1753) befindet sich in der Handschriftenabteilung der Göttinger Universitätsbibliothek (Mskr. 8° Jurid. Ur. 759). Diese Kenntnis verdanke ich einem Hinweis von Herrn Prof. Dr. EBEL in Göttingen.

Die im Wege der Abstimmung gefundene Erkenntnis wurde von den Achtsleuten und Urteilsträgern ‹eingebracht› und vom Richter im Namen des Meierdingsherrn bestätigt[250].

d) Die Noten

Die Urteile wurden von den sogenannten ‹Meierdings-Noten› gefunden. Dabei taucht die Frage auf, ob es sich hierbei um ein Schöffenkollegium gehandelt hat, oder ob sämtliche anwesenden Meierdingsleute an der Rechtsfindung unmittelbar beteiligt waren. Die Bezeichnung ‹Note›[251] als solche sagt darüber nichts aus.

NOLTEN[252] vertrat eindeutig die erstere Ansicht:

Scabini, qui ex rusticis sumuntur, et die Nothen vocantur vel die Erben.

Ihm folgte v. BURI[253]:

Die Personen, woraus das Gericht bestehet, sind ... (u.a.) ... die aus denen Bauern genommenen Scheffen, welche die Erben oder Nothen genannt werden.

Anderer Meinung ist die jüngere Literatur. So heißt es schon bei v. GÜLICH[254]:

Meyerdingsnote bedeutet Meyerdingsmann. Ist über einen Ansatz oder eine Klage zu erkennen, so stimmen die *sämtlichen* Meyerdingsnoten; ihre Stimmen werden durch die Urteilsträger und Achtsleute gesammelt.

WESTFELD[255] vertritt die gleiche Ansicht:

Die sämtlichen Erben machen das Gericht aus und heißen als Genossen des Gerichts Noten ... Die Erben besprechen sich. Sind sie zu einem Entschluß gelangt, so fragen die Achtsleute bei ihnen darauf an, suchen daraus das Resultat und zeigen es dem Richter an.

Ihm folgt schließlich WITTICH[256]:

Die Meierdingsleute, welche sämtlich bei dem Meierdinge anwesend sein mußten, fanden das Urteil. Sogenannte Urteilsträger oder Achtsleute aus der Mitte der Meierdingsleute sammelten die Stimmen.

Keiner der genannten Autoren konnte allerdings seine Ansicht anhand von Meierdingsprotokollen oder ähnlichen Fundstellen begründen. Auch der Verfasser konnte in den benutzten handschriftlichen und gedruckten Quellen keine schlechthin eindeutige Nachricht finden. Dennoch gibt es einige Anhaltspunkte, die geeignet sind, die zuletzt angeführte Auffassung in der Literatur zu bestätigen.

Art. 5 der Meierdingstatuten des Domkapitels lautet auszugsweise[257]:

(Beim Ansatz) wird sein Name im Meyerdingsbuch annotirt, wovon er hernachmahls ein Meyerdings-Note genennet wird.

Diese etymologische Fehldeutung[258] läßt gleichwohl den Schluß zu, daß die Bezeichnung ‹Note› für *alle* Besitzer von Meierdingsland gebräuchlich war und nicht nur für eine Gruppe von Urteilern.

---

[250] WITTICH, S. 230.
[251] = Genosse, SCHILLER-LÜBBEN, III, S. 199.
[252] De praediis rusticorum, S. 92.
[253] S. 496; offenbar unmittelbar von NOLTEN übernommen.
[254] S. 58.
[255] In NVA, Bd. 1 (1822), S. 212.
[256] S. 230; dsgl. HOFFMANN, S. 92, 93.
[257] Decas observationum, aaO.
[258] Vgl. v. GÜLICH, S. 57; s. o., Anm. 251.

Ein Hoheneggelser Protokoll[259] führt zu derselben Folgerung. Dort heißt es:

Ferner sein vor diesem Meigerdinge erschienen Hans und Berward die Borcharde, und liessen fragen, was die *Nothen und Meigerdingsleute* jure bekunden an Klaus Mummen Landerie ufm Grossen Lafferder felde belegen.

Auf demselben Meierding wurde im Jahre 1645 folgendes Urteil gefunden[260]:

Der Procurator gefraget: Ob nicht alle Noten aufs Meyerding zu erscheinen schuldig? Eingebracht: Wer muthwilligerweiß vom Meyerding bleibe ohn rechtmässige ursach, auch seinen erbenzinß in dreyen jahren nicht entrichtete, soll des Guts verlustig sein.

Auch dieses Urteil betrifft offenbar die Ding- und Zinspflicht aller Meierdingsleute. Desgleichen der folgende Rechtsspruch:

Wegen des herrn Sti. Michaelis ein gemein urtell gefragget, dieweill die Nothen alle Meigerdingsgüter haben, und hiebevor zu rechten erkannt, das ein jeder auf allen Meigerdingen erscheinen soll, ob sie nhun solch urtell in krefften halten wollen.
Eingebracht, sie willen die vorige urtell in krefften halten.[261]

Im Jahre 1795 beklagte sich ein Teil der ‹Noten› des bischöflichen Meierdings Bierbergen darüber, daß der Meierdingsvogt für den Ankauf von Bier von einem jeden 10 Mariengroschen eingefordert habe. Das seien insgesamt «bei 600 Noten 300 Mariengulden»[262].

Hier kann mit dem Ausdruck ‹Noten› ebenfalls nur der Meierdingsmann in seiner Eigenschaft als Gerichtsteilnehmer gemeint sein.

Besonders aufschlußreich ist der bei ALBRECHT[263] auszugsweise abgedruckte Appellationsprozeß vor dem Hohen Meierding des Domkapitels in Sachen Willers Ww. in Hoheneggelsen ./. Geschwister Wirries in Gr. Algermissen vom Jahre 1781. Im Verlauf des Rechtsstreits brachte die Klägerin

ein Documentum Notarii bey, worin sie 34 zum gr. Algermissenschen Meyerdinge gehörige Noten abhören lassen, wovon 3 aussagen: wenn sie auf dem Meyerdinge gewesen und befraget wären, ob ..., so hätten sie letzterem (Bekl.) zugesprochen. 23 von ihnen sagen hiegegen aus, sie wären zwar da gewesen, aber nicht befraget; wäre es aber geschehen, so hätten sie allein der Klägerin das Gut zuerkannt.
4 behaupten, sie wären befragt worden, hätten das Land der Beklagten aber nicht zugesprochen. 3 sagen aus, sie wären nicht befragt, könnten sich auch nicht hierüber erklären, und einer sagt endlich: weil er Beysitzer sey, so habe er keine Stimme; hätte er die aber, so würde er gewiß der Klägerin das Land zuerkannt haben.[264]

Dazu vermerkt das Hohe Meierding:

Der Ausspruch der Meyerdings-Noten kann hier für Appellanten gar nichts entscheiden, weil dieser der streiterregende Spruch ist, und es überdem noch durch die Aussagen der Noten in dem beygebrachten Documento Notarii sehr wahrscheinlich gemacht worden, daß bey dem damals abgehaltenen Meyerdinge sehr ungesetzmäßig verfahren sey, indem so viele gegenwärtige Noten nicht um ihre Meinung befragt sind.[265]

Es hätten also rechtens alle 34 erwähnten Genossen des Meierdings Gr. Algermissen an der Urteilsfindung mitwirken müssen; ein Schöffenkollegium war auch hier offenbar nicht vorhanden[266].

[259] StAH Hild. Br. 3, 1, 194 (1572).
[260] StAH, aaO.
[261] StAH Hild. Br. 3, 1, 513 (Hoheneggelsen 1577).
[262] StAH Hild. Br. 1, 23, 1, Nr. 117.
[263] Entscheidungen, Bd. III, S. 280 ff.
[264] ALBRECHT, aaO., S. 284.
[265] Ebd., S. 294.
[266] Gleicher Ansicht sind auch v. BÜLOW-HAGEMANN, Practische Erörterungen, Bd. 10, Nr. XI,

Es mag jedoch – wie auch hier – nicht selten vorgekommen sein, daß tatsächlich nur einige der Anwesenden, i. d. R. wohl die ältesten und rechtskundigsten, ihre Stimme abgegeben und damit die Entscheidung gefällt haben.

2. Allgemeine Verfahrensregeln

a) Dingort

Das Hohe Meierding des Michaelisklosters wurde in Hildesheim auf der Abtei gehalten[267].

Das Meierding Hoheneggelsen fand auf dem großen Meierhof des Klosters, dem sogenannten ‹Abthof›, statt[268].

Der Meier hatte laut Meierbrief die Unkosten des Meierdings zu tragen:

Ambtmann Schnurbusch 1755 ad 9 Jahr bemeyert mitm Meyerhoff und 5 Hufen landt, zinßet 1 gans, 2 hüner, 60 eyer, thut 2 reisen oder zahlet dafür 4 mgr., gestehet den Hufenschatz und die unkosten aufm Meyerding, item

1 Fuder Rogken und gerste,
1 Fuder habern.[269]

Dasselbe galt für die Meierdinge Gr. Lafferde, Nettlingen und Völksen. Auch dort wurden auf dem jeweiligen Haupthof des Klosters (Abthof, Capellenhof u. dgl.) die Meierdinge gehegt, wie sich aus den nachfolgenden Auszügen des genannten Bemeierungsregisters ergibt:

Gr. Lafferde:

Christian Schwalenberg bemeyert mit dem halben Capellenhof nebst 61 morgen und 1,5 Vorli, zinßet 1 ganß, 2 hüner, 10 eyer, 2 reisen oder 4 mgr., stehet mit Hans Jakob Cramm[270] alternative die unkosten aufm Meyerding, item

40 Scheffel Rogken,
20 Scheffel Gersten,
60 Scheffel Habern.

Nettlingen:

Grewe bemeyert mit dem Abbthoff und 4 zehentfreyen hufen land, sambt einer wohrt, zinßet 1 Ganß, 2 Hüner, 60 eyer, thut 2 reisen oder zahlt dafür 4 mgr., gestehet die unkosten aufm Meyerding, item

12 Scheffel weitzen,
60 Scheffel rogken,
60 Scheffel habern.

Völksen:[271]

Johan Diedrich Ridder ad 9 Jahr bemeyert und zinßet derselbe vom Abthoff und 3 Hufen

S. 80; vgl. auch Art. 32 der Meierdingsstatuten des Michaelisklosters, aaO.: Wann ein Urthel unter die Meyerdingsgenossen gestellet wird, daß solches nur von etzlichen und zwar von interessirten Meyerdings*leuten* erkant worden, sol solches von denen Beysitzern und Achtsleuten reformirt und nach deren Erkäntnis durante judicio abgeurthelt werden.

[267] Vgl. GRIMM, III, S. 254 (Nr. 18).

[268] StAH Hild. Br. 3, 1, 194 (1572): «uf dem abthove zu hohen eggelsen».

[269] StAH Hild. Br. 3, 1, 730 (Bemeierungs- und Einnahmeregister v. 1759 ff.).

[270] Ebd.: Hans Jacob Cramm bemeyert mit der anderen halbscheid des Capellenhofes und 47 morgen, 1/2 Vorli.

[271] Vgl. GRIMM, IV, S. 681: A. 1503 hegede use knecht, voget Hans Pyning to Volkersen in deme dorpe up usen meygerhove eyn richte.

landt nebst unkosten aufm Meyerding 1 ganß, 2 hüner, 60 eyer, 2 reisen oder 4 mgr. dafür, item

> 18 Scheffel Rogken,
> 18 Scheffel Gersten,
> 21 Scheffeln Habern.

b) Dingzeit

Während für das alle zwei Jahre stattfindende Hohe Meierding keine festen Gerichtstage erkennbar sind, fiel die Hegung der übrigen klösterlichen Meierdinge jeweils auf dieselben Monate oder gar Tage eines jeden Jahres.

So wurde das Meierding Hoheneggelsen regelmäßig im Mai gehalten[272], das Meierding Gr. Lafferde im Oktober[273] und das Meierding Nettlingen im Juni[274].

Das Meierding in Völksen wurde bereits im zeitigen Frühjahr gehegt:

> Wannmehr jahrlichs das meyerdingsgerichte vom Herrn abbte zu S. Michael gehalten werde? Eingebracht: alß am donnerstag *für* Septuagesimae oder wan es dem Herrn abbte zu S. Michael am besten gefellig und gelegen.[275]

Auf dem Deckblatt derselben Akte findet sich allerdings die Aufschrift:

> Gerichte tho Volckerssen bey Springe wirdt jahrlich vom abbte zu st. Michael in Hildesheim Donnerstag *nach* Septuagesimae gehalten.

Hier liegt aber offenbar ein Schreibfehler vor, da mit Septuagesima das Vorfasten beginnt, in dem – wie auch in der Hauptfastenzeit – keine Gerichte gehalten wurden. An anderer Stelle heißt es:

> Anno 1503 des donnersdages vor dem sondage, als men secht dat alleluja.[276]

Da das Alleluja von Septuagesima bis Ostern in der Meßfeier entfällt, kann hier nur der Sonntag gemeint sein, an dem es zum letzten Mal vor Ostern gesungen wird, nämlich der 6. Sonntag nach Epiphanias. Damit lag in dem bei GRIMM abgedruckten Protokoll der Dingtag um eine Woche früher als in jüngeren Weistümern.

Die Dingzeiten der Domkapitularischen Meierdinge waren nach einer Aufstellung von 1686 auf folgende Tage festgesetzt[277]:

Asede	Montags, dem 12. Apr., nach dem weißen Sonntag.
Barsumb	Mittwochs, den 14. Apr. nach dem weißen Sonntag.
Mülly	Montags, den 10. Mai post Rogate.
Losebeck	Freytags nach Himmelfahrt Christi, den 15. Mai.
Itzumb	Sambstags nach Himmelfahrt Christi, den 15. Mai.

---

[272] StAH Hild. Br. 3, 1, 194 (3.5.1572; 2.5.1589; 9.5.1644; 29.5.1645); b. NOLTEN, De praediis rusticorum, S. 135 (3.5.1596); b. STRUBE, Tractatio, S. 676 (5.5.1670).

[273] b. STRUBE, aaO., S. 651 (10.10.1605); ebd., S. 568 (13.10.1608); StAH Hild. Br. 3, 1, 425 (11.10.1610; 17.10.1611); StAH Hild. Br. 3, 1, 423 (12.10.1620); STRUBE, aaO., S. 642 (13. 10.1648); ebd., S. 676 (14.10.1669); ebd., S. 611 (16.10.1689); anders 1483: feria post dominicam Quasimodogeniti, b. NOLTEN, aaO., S. 127.

[274] b. STRUBE, Tractatio, S. 585 (1487 tertia feria pentecostes); b. NOLTEN, De praediis rusticorum, S. 102 (1510 feria III. pentecostes); StAH Hild. Br. 3, 1, 513 (1571–1577 Dinstag nach Corpus Christi).

[275] StAH Hild. Br. 3, 1, 666 (1649); dsgl. b. NOLTEN, aaO., S. 132 (1588); vgl. ebd. das Attestat des Herzogs Heinrich Julius v. Calenberg (1591), worin er dem Kloster den Fortbestand des Meierdings zusichert, «das jahrlichs auf den gewöhnlichen Tag, als Donnerstag *für* Septuagesimae alda zu Volckersem von Euch gehalten» werde.

[276] GRIMM, IV, S. 681.

[277] StAH Hild. Br. 1, 12, 2, Nr. 8, Bl. 167.

Söhle	Montags post Exaudi, den 17. Mai.
Bülten oder *Gr. Lafferde*	Dienstags post Exaudi, den 18. Mai.
Hohen Eggelsen	Mittwochs post Exaudi, den 19. Mai.
Himmelsthür	Donnerstags in der Pingstwochen, den 27. Mai.
Adlumb	Montags nach Hl. Dreyfaltigkeit, den 31. Mai.
Bahrumb	Montags nach dem zweiten Sonntag der Hl. Dreyfaltigkeit, den 7. Juni.
Gr. Algermissen	Mittwochen nach S. Johannis Baptistae, den 30. Juni.
Evern	Montags, nach dem 5. Sonntag der Hl. Dreyfaltigkeit, den 5. Juli.
Gronaw	Mittwoch nach dem 5. Sonntag der Hl. Dreyfaltigkeit, den 7. Juli.
Hohe Meyerding	des anderen Tages nach Mariae Geburt, den 9. September.

Die Zeit, während der das Gericht gehalten wurde, nannte sich – zumindest in Völksen – ‹Goddesfrede›.

Wird Goddesfrede genandt, wann das Gericht eingeleuttet[278] und gehalten wird.[279]

Über die Tageszeit finden sich nur wenige Nachrichten, z. B.:

Auff welchen Klockenschlag die Meyerdingsleuthe zu Meyerdingsgerichte zu erscheinen schuldig?
Eingebracht, deß morgens zu acht schlegen.[280]

Uf welche zeit sich behore aufs meierding zu kohmen?
Zu Recht gefunden, uf 10 oder 11 schlege.[281]

Im Meierdingsbuch von Bleckenstedt (Domkapitel)[282] findet sich im Protokoll von 1670 folgende Notiz:

Den Meyerdingsleuthen ist angedeutet worden, weilen sie itzo so spät kommen, das die Herren uff sie warten müßen, das wer ins künfftige nicht umb 8 Uhr morgens fürm Meyerding erscheinen würde, in 5 gr. Straffe verfallen sein solle.

c) Ordnungsregeln

Dem Grundsatz des Gerichtsfriedens gemäß hatten die Genossen ohne Waffen zu erscheinen.

Wann auch einer mit Gewehr vors Meyerding treten solte, derselbe ist allemahl den Meyerdingsleuten in strafe verfallen, auch wohl gar seines Gewehres verlustig.[283]

Da ‹Unbehörige› dem Gericht ohnehin fernzubleiben hatten, war das Verhalten des Gografen von Bavenstedt vor dem domkapitularischen Meierding Losebeck besonders strafwürdig:

Da einer unbehörig und darzu mit Gewehr und gewaffneter Hand in das Meyerding getreten, ob derselbe ohne strafe solches könnte gethan haben, und ob das Gewehr dem Richter nicht heimgefallen wäre?
Eingebracht: Solches gebührte sich nicht, wäre der Gogreve von Babenstedt, so solches gethan, strafbar, und das Gewehr an den Richter verfallen.[284]

Bei der das Meierding einleitenden Verlesung der ‹gemeinen Urthel› oder der Meier-

---

278 Über das Glockenläuten vor Gerichtstagen vgl. LIPPERT, S. 22 ff.
279 StAH Hild. Br. 3, 1, 664 (1651); STRUBE, Tractatio, S. 557.
280 StAH, aaO. (Völksen 1651).
281 StAH Hild. Br. 3, 1, 450 (Lafferde 1582).
282 Beverina Hdschr. Nr. 70.
283 Art. 29 der Meierdingsstatuten des Michaelisklosters, b. NOLTEN, aaO.
284 b. MEYER, S. 95 (1652).

dingsstatuten war Schweigen geboten; «Geschwätz und nichtiges Plauderwerk» wurden mit 5 Groschen Strafe geahndet[285].

Bestraft wurde auch derjenige, der unaufmerksam war und an der Rechtsfindung keinen Anteil nahm.

Was sollen die verdienet haben, die vor dem Meyerdinge auf der nist liegen und nicht auf die Urthel achtung geben?
Urthel: Der oder dieselben sollen so gut gehalten werden, als wenn sie zum Meyerding nicht wären erschienen und sollen 4 mgr. zur straffe geben.[286]

Schließlich wurden alle sonstigen Störungen des Gerichtsfriedens streng geahndet. So hat das Meierding Bierbergen des Moritzstifts am 26. September 1712 einen Teil seiner Meierdingsleute zu insgesamt 100 Floren Strafe verurteilt, weil sie

ohn rechtschaffene Ursach, ehe das Meyerding von denen Meyerdingsherren aufgehoben worden, ohnverantwortlich und abtrünniger weise davon gegangen waren und (mit den Worten: Nun lasset die Pfaffen das Meyerding allein halten) zum Trotze der Meyerdingsherren sofort die Schlüssel zum Broyhahns-Keller gefordert und sich zum Saufen niedersetzen wollen.[287]

Einem Meyerdingsbuch des Michaelisklosters sind folgende Eintragungen entnommen[288]:

1575 leit use voget Albert Scrader fragen, wat de verböret, de seck entginge vor den Meigerdinge mit Sceldeworden unde sondern worden, de vor den Meigerdinge verboden weren? Hebben dat ampt gefunden, man scholde geven einer hove tins, de darin overtrede.

1580: In diesem gerichte zangeden seck Henrick Bertram und Brerschwalen Kläger und Beklagte, derwegen der Richter ein gemein urthel fragen lassen, weil Hochmuth und Scheltwort verboten weren, ob solche nit scholde geholden werden. Ingebracht: De seinen mund nit redden edder twingen kunde, si dem Herrn und den Noten in Straffe gefallen, und willen ihnen neine Urthel finden, si hebben den erst willen gemaket, darauf sie sich erbothen, dem Herrn und auch den Noten willen zu maken.

1614: Hans Hemmen zu Volckersen, der das Meyerding für ein Lumpenwerck gescholten, bestraffet zu 2 tonnen Broihan und bezahlet.

Das gesellige Eß- und Trinkgelage, das regelmäßig im Anschluß an das Meierding stattfand, war wichtiger Bestandteil des Gerichtstages. Für nicht wenige Genossen wird der Umtrunk der Hauptgrund für den Besuch des Meierdings gewesen sein; Unbehörige waren selbstverständlich auch hiervon ausgeschlossen.

Wann einer sich anfinden solte, so kein Meyerdingsman were, sondern nur den Trunck verfolgete, derselbe ist in zwei Tonnen Bruehahn Straff verfallen.[289]

Spangenberg[290] berichtet, daß demjenigen, der bei dem Meierdingsmahl zum erstenmal erschien, der sogenannte «ehrliche Willkomm» vom ältesten Prokurator mit den Worten gereicht worden sei:

Der ehrliche Willkomm wird genannt
am Meyerding gar wohl bekannt.
Schau mich daher gebührend an,
kein Schimpf noch sonst ich leiden kann.
Zur rechten Zeit erwarte mein;
beim starken Durst dein Trost will seyn.

[285] Art. 1 der Meierdingsstatuten des Michaelisklosters, b. NOLTEN, aaO.
[286] b. STRUBE, Tractatio, S. 643 (Michaeliskloster 1542).
[287] STRUBE, aaO., S. 628–638.
[288] b. STRUBE, Tractatio, S. 639.
[289] Art. 18 der Meierdingsstatuten des Michaelisklosters, aaO.
[290] v. BÜLOW-HAGEMANN, Practische Erörterungen, Bd. 10, Nr. XI, S. 90; leider fehlt ein Hinweis auf die Herkunft des Spruchs. Bierkrüge mit derartigen Aufschriften sind nach Auskunft des Hist. Museums in Hannover und des Alfelder Museums nicht vorhanden.

Soweit das erforderliche Bier von den Ordnungsstrafen herrührte, war es für die Genossen offenbar frei; an manchen Meierdingen wurden darüber hinaus auch die eingekommenen Umsatzgelder zur Anschaffung von Speise und Trank verwendet[291]. Im übrigen mußten die Meierdingsleute ihre Zeche selbst bezahlen, nur der Vogt und die Beisitzer wurden freigehalten:

Zum verden gefragt, wie es mit der zeche des vogtes und bisizer item der vorspraken solle geholden werden, ob sie gleich den Noten gelden und bezalen sollen.
Daruf finden die noten, der vogt sei frih, aber die vorspraken und bisizer sollen gleich inen gelden.
Das urtel hadt der her abt geschulten und befohlen, es sollen die bisizer gleich dem vogte frih sin.[292]

3. Die sachliche Zuständigkeit

Eine genaue Abgrenzung der Kompetenz der Meierdinge gegenüber den ordentlichen Gerichten – den Ämtern – hat es nicht gegeben[293]. Dem Herkommen nach wurden vor die Meierdinge alle Streitigkeiten gezogen, die sich im weitesten Sinne auf das Meierdingsgut bezogen. Dazu gehörten nach der Auffassung der Grundherren auch alle obligatorischen Klagen eines Meierdingsmannes gegen einen anderen. Darüber hinaus übten die Meierdinge alle Akte der ‹freiwilligen Gerichtsbarkeit› aus, wie Ehestiftungen, Kauf- und Pfandschaftsverträge, Teilungs- und Abfindungsrezesse, Inventarien u. dgl.

Mit dem Erstarken der landesherrlichen Gewalt im 16. Jahrhundert begannen die Bischöfe, die Befugnisse der Meierdinge zu beschneiden. Dies gelang am ehesten bei den landesherrlichen Meierdingen, deren Obermeierdingsvogt der Bischof selbst war. Hier wurden die Meierdingsvögte durch bischöfliche Amtsleute ersetzt und somit die Meierdinge de facto der ordentlichen Gerichtsbarkeit eingegliedert[294]. Die übrigen Meierdingsherren, deren mächtigster das Domkapitel war, widersetzten sich allen Schmälerungen ihrer Gerichtsbarkeit auf das heftigste[295].

Nach der Stiftsfehde war der größte Teil des Stifts und damit auch die Mehrzahl der Meierdinge an die Herzogtümer Wolfenbüttel und Calenberg gekommen; die im Amt Steuerwald angesessenen, der Dompropstei zugehörigen Meierdingsleute waren im ‹kleinen Stift› und damit unter bischöflicher Regierung geblieben. Hier nahmen die Kompetenzstreitigkeiten ihren Fortgang.

Der damalige Bischof Ferdinand war schließlich bereit, die Sache gütlich beizulegen und einigte sich mit dem Dompropst, Rechtsgutachten der Universitäten Freiburg und Würzburg einzuholen[296]. Diese Gutachten vom Jahre 1617 wichen indessen derart voneinander ab, daß man sich an keines von ihnen hielt, sondern am 19. Februar 1618 einen Vergleich schloß, der am 27. April des gleichen Jahres in Kraft trat.

In diesem sogenannten ‹Steuerwaldschen Vergleich› heißt es unter Abs. 10[297]:

Es sollen auch die domprobsteiliche Beamte, wenn wegen Meyerdingsgüter zwischen denen entzelnen in den Steuerwaldischen Dörfern gesessenen Leuten Streit und Mißverstand entstehen thut, darüber cognosciren, zu erkennen und zu exequiren, ingleichen auch dieselbe

---

[291] Zum Beispiel StAH Hild. Br. 1, 23, 1, Nr. 117 (Domkapitularisches Meierding Bierbergen), s. o., S. 70, Anm. 126.
[292] StAH Hild. Br. 3, 1, 450 (Lafferde 1582).
[293] WITTICH, S. 230.
[294] MEESE, in ZdHV, Jg. 1861, S. 46.
[295] Ders., aaO.
[296] v. SELCHOW, Bl. 84.
[297] Abgedr. b. v. DALWIGK, Praktische Erörterungen, S. 21.

ihrer Pacht, Dienst, Zinß, Bawlebung, Halßhüner und andere Schuldigkeiten halber zu pfanden und einzulagern, Macht haben, in übrigen Personal- und anderen Fällen aber dieselben vorm Haus Steuerwaldt verklagt und darauf exequirt werden.

Mit der Stiftsrestitution im Jahre 1643 wurden die domkapitularischen und sonstigen Meierdinge wieder mit dem Stift vereinigt. Damit entstanden neue Schwierigkeiten, da die bischöfliche Regierung die Zugeständnisse des Steuerwaldschen Vergleichs nicht über das Amt Steuerwald und die Dompropstei hinaus angewandt wissen wollte. Insbesondere beanstandete die Regierung die bei den Meierdingen eingeführte Versendung der Akten zur Entscheidung durch auswärtige Juristenfakultäten als eine «gesetzwidrige Neuerung»[298]. Dieser Praxis folgte auch das Michaeliskloster. So wurde z. B. im Jahre 1624 ein streitiger Rechtsfall an die Juristenfakultät Helmstedt gegeben. Das Begleitschreiben lautete:

Als wir nöthig erachten, über beykommende zwischen Unsern und Unseres Stiffts angehörigen Meyerdingsleuten entstandene strittige Sache Rechtsspruch einzuholen, und zu dem Ende gegenwärtige Acta an E.E. und Hochgel. Gl. gelangen zu lassen, so bitten Wir freundlich, sie wollen ohnbeschwert auf erwogene der Sachen Beschaffenheit hierüber eine Sentenntiam im Nahmen Unseres Stiffts verordneter Richter, Beysitzer und sämtlicher Meyerdingsnoten des Meyerdings zu Volckersen begreiffen, und bey Zeigern, wo müglich, sich mit wenigen erklehren wie bald wir der Acten wieder mächtig sein könnten, und Ihnen pro studio et labore gebühren wolle, denen wir oberdieß nach möglichkeit zu dienen freundtwillig seynd.
Datum Hildesheim den 18. Aug. anno 1624   Johann Abbt[299]

Im übrigen wurde den Meierdingen die Zuständigkeit in folgenden Sachen bestritten:

a) Vollziehung der Erkenntnisse,
b) Bestätigung der Ehestiftungen und sonstigen Verträge der Meierdingsleute,
c) Rechtsprechung über die auf den Grundstücken befindlichen ‹wolkenflüchtigen Güter› (Gebäude, Vieh- und Feldinventar) und wegen der ‹Haare› (die auf dem Grundstück wachsenden Früchte),
d) Verfahren in Konkurssachen,
e) Einziehung rückständiger Abgaben,
f) persönliche Klagen der Meierdingsleute[300].

Für alle diese Angelegenheiten war nach Ansicht der Regierung allein das Amt zuständig.

Das Michaeliskloster hatte vor allem mit dem Amt Peine zu kämpfen. So zog das Amt im Jahre 1743 den Rechtsstreit Heinrich Cramm Ww. contra Pastor Rüttger, der schon vor dem Meierding Lafferde anhängig war, an sich, weil angeblich Zweifel über die ‹qualitas meyerdingica› des umstrittenen Landes bestanden. Ein Protest des Klosters bei der Regierung blieb erfolglos[301]. Eine weitere Beschwerde des Klosters in einer anderen Sache findet sich bei STRUBE[302]:

Obwohl das unverrückbare Herkommen und die Erkandtnisse hiesiger höherer Dicasteriorum ausser Zweifel setzen, daß alle über Meyerdingsgüther, besonders die Erbfolge in selbige, entstehende Zwistigkeiten von keinem anderen Gericht als dem Meyerding zu entscheiden, so hat dennoch Churfürstl. Regierung einen solchen zwischen Bruns und Brandes anstandenen Rechtsstreit zu ihrer Cognition gezogen, dessen Remittierung an das Meyerding des Klosters S. Michaelis daher billig begehret wird.

---

[298] v. SELCHOW, Bl. 86 R.
[299] b. STRUBE, Tractatio, S. 662; vgl. Art. 36 der Meierdingsstatuten des Domkapitels; HINÜBER, S. 9.
[300] MEESE, ZdHV, Jg. 1861, S. 47.
[301] StAH Hild. Br. 1, 23, 1, Nr. 78.
[302] Tractatio, S. 605, 606 (ca. 1750).

Eine grundsätzliche höchstrichterliche Entscheidung erhofften sich alle Beteiligten von einem Rechtsstreit, den das Domkapitel im 18. Jahrhundert gegen die Regierung führte. Es handelte sich dabei um die sogenannte ‹v. Türksche Meyerdingssache›[303]:

Im Jahre 1726 waren der Amtmann v. Türk und dessen Ehefrau, geb. Buchholz – Besitzer umfangreicher Meyerdingsländereien des Domkapitels –, in Konkurs gefallen. Daraufhin hatten die bischöfliche Kanzlei und das Hofgericht als ‹ordentliche Konkursgerichte› die Sache an sich gezogen und mit der Versteigerung des Gutes und der Befriedigung der Gläubiger[304] begonnen. Diesem Verfahren war von den domkapitularischen Meierdingen widersprochen worden. Als der Widerspruch ohne Erfolg blieb, verkauften die Meierdinge alle zu Himmelsthür belegenen Buchholzschen Meierdingsgüter nebst allem Inventar an den Meistbietenden, nahmen die Gelder an sich und befriedigten daraus ihrerseits einige Gläubiger. Die Regierung verlangte daraufhin die Ablieferung des Erlöses; der Domkellner und das Domkapitel appellierten an das Reichskammergericht.

In diesem Rechtsstreit in Sachen

Domkellner zu Hildesheim von Oeynhausen, Dompropsteylicher und Domkapitularischer Meyerdingspräsident, wie auch ein Hochw. Domkapitel
    contra
Bischof zu Hildesheim und dessen Regierung

ist bis zur Auflösung der geistlichen Grundherrschaften im Jahre 1803/04 keine Entscheidung ergangen. Gleichwohl war die Hauptfrage des Prozesses, nämlich ob den Meierdingen eine «jurisdictio ordinaria et omnimoda» oder nur «potestas dominica» zuständig, über ein halbes Jahrhundert lang das Streitobjekt namhafter Juristen[305]. Dabei ging mancher Schluß über das Ziel hinaus; so liest man bei v. SELCHOW[306]:

Würde man den domkapitularischen Forderungen Recht geben, würde dadurch wirklich res publica in re publica fundiret, und das geheiligte Band zwischen Landesherrn und Unterthanen zuletzt ganz aufgehoben. Ja, selbst das Ansehen Ihrer kaiserlichen Majestät und der beiden höchsten Reichsgerichte ist dabei auf das stärkste interessiret. Denn die Meyerdinge behaupten, daß ihre Urteile und Befehle gänzlich unabhängig sein und wollen selbst den höchsten Reichsgerichten nicht verstatten, sich auf einige Art in selbige einzumischen, Umstände, die schon an sich im Stande sind, das Publicum auf diese Streitigkeiten aufmerksam zu machen!

Auf die Praxis der Meierdinge hatte der schwebende Prozeß keinen wesentlichen Einfluß.

---

[303] Die umfangreiche Akte (768 Bl.) befindet sich in StAH Hild. Br. 1, 23, 1, Nr. 88.

[304] Darunter auch das Michaeliskloster mit dem verhältnismäßig geringfügigen Betrag von 11 Talern und 18 Groschen.

[305] MEYER, Deductio jurisdictionis Meyerdingicae (1758); STRUBE, Tractatio, S. 594 ff. (1768); STEIGENTESCH, Votum wegen der Meyerdinge (1773), in StAH Hild. Br. 1, 23, 1, Nr. 14; ders., Judicia Emphyteutica (1775), in StAH Hild. Br. 1, 23, 1, Nr. 12; Gutachten der Juristenfakultät der Universität Göttingen (1775), in StAH Hild. Br. 1, 23, 1, Nr. 4; v. SELCHOW, Wahre Beschaffenheit ... (1778), in StAH Hild. Br. 1, 23, 1, Nr. 85; v. GÜLICH, Die der hohen Domkirche zu Hildesheim zustehenden Meyerdinge ... (1802); v. DALWIGK, Über die Grenzen der Freidings- und Meyerdingsgerichtsbarkeit, in Praktische Erörterungen, S. 1–108 (1823).

[306] Bl. 92.

4. Ansatz und Meierdingsbuch

a) Ansatz

Unbestritten blieb den Meierdingen das Recht der gerichtlichen ‹Verlassung› und des ‹Ansatzes› bei jeder Veränderung der Besitzverhältnisse[307]. Die hierbei gehandhabten Förmlichkeiten sollen an dieser Stelle kurz behandelt werden.

Gewöhnlich erschienen beide Kontrahenten vor dem Meierding, trugen den zwischen ihnen vereinbarten Kauf- oder Pfandschaftsvertrag vor und beantragten die gerichtliche Übertragung des Besitzes. Meist war allerdings die tatsächliche Übergabe schon erfolgt; der Vorbesitzer hatte dann oft kein Interesse mehr, bei der formellen Übertragung selbst zugegen zu sein, sondern ließ sich durch einen Bevollmächtigten vertreten.

> Ob nicht ein jeder persönlich seine Verlassung oder Bekäntniß, und nicht durch einen Bevolmächtigen ohne erhebliche Ursach, deßwegen leichtlich auf dem Meyerding Irrung entstehen kan, thun und verrichten solle?
> Eingebracht: Ein jeder sol es persönlich thun oder genügsame und beständige Vollmacht einschicken.[308]

Konnte der Erwerber seine Anwartschaft ausreichend dartun, so konnte sogar auf einen Bevollmächtigten verzichtet werden, und die Verlassung vom Amts wegen fingiert werden.

> Solche Veranlassung und translatio dominii geschieht entweder von dem vorigen domino selbst oder durch andere von seinetwegen, nemlich durch einen, so er etwa dazu bevollmächtiget hat, oder durch Richter und Amt ex officio, zu welches letztern dann erfordert wird, daß der acquirens sein erworbenes Erbrecht und titulum durch genügsame Beweiß darthue und darauf sein Ansatz vor dem öffentlichen Meyerdings-Gerichte durch Urthel und Recht gebilliget und erkannt werde.[309]

> Wieder, weil verkauffer nicht zugegen gewesen, gefragt, ob es nicht judicaliter solte verlassen werden?
> Eingebracht, ja, worauf verlaßen und emptor judicaliter immittirt, und dem gude der freden ist gewürcket.[310]

Schon SCHNEIDER[311] wies darauf hin, daß die ‹gerichtliche Auflassung› im Hofrecht ursprünglich keine echte Gerichtshandlung war, sondern der Richter als Vertreter des Grundherrn, an den das Gut ja zunächst zurückgegeben werden mußte, selbst privatrechtlich beteiligt war. Wenn sich der Unterschied zum Landrecht auch mit der Zeit verwischt hat, so läßt die Form des Übertragungsaktes doch noch teilweise den ursprünglichen Sinn erkennen.

Der Käufer oder Pfandgläubiger wurde bei den klösterlichen Meierdingen durch Darreichung eines grünen Zweiges[312] angesetzt, nachdem er zunächst gelobt hatte, alle Meierdingspflichten zu erfüllen:

---

307 WESTFELD, NVA, Bd. 1 (1822), S. 215 bezeichnet diese Aufgabe als ‹Verwaltungssache›; treffender wird man sie als Akt der ‹freiw. Gerichtsbarkeit› charakterisieren, GREFE, II, S. 272.
308 Meierding Hasède (9.), PUFENDORF, Introductio, I, S. 782.
309 b. v. BURI, S. 498 (Dompropst. Attestat v. 1724).
310 StAH Hild. Br. 3, 1, 664 (Völksen 1681); vgl. Meierdingsstatuten des Klosters Ringelheim b. STRUBE, Tractatio, S. 570 (Art. 10): So jemand ein Erbenzins-Gut mit Recht an sich gebracht, der vorige Inhaber aber die Verlassung nicht thun wolte, so kan die Verlassung und der Ansatz Amtshalber vorgenommen werden.
311 In BEYERLEs Beiträge, VIII, 3, S. 271.
312 Übergabe eines Zweiges als Symbol für das Grundstück war schon zur Zeit der Volksrechte üblich, STOBBE, in JhJb 12, S. 145.

Hans Himps frawen erben auß Eldagsen seindt befraget worden, ob sie von denen Himps witib beerbten Landereyen meyerdingsrecht thun wolten, solten alßdan angelassen werden. Eingebracht, ja und dem Meyerdings Vogt die handt gegeben.[313]

Der symbolische Zweig wurde jedoch nicht – wie es im Landrecht die Regel war – zwischen den Parteien gewechselt, sondern dem Erwerber vom Meierdingsvogt überreicht:

Wann einer in ein Guth vor dem Meyerdinge sol eingesetzet werden, muß solches von dem Richter als Meyerdings-Greven mit Darreichung eines grünen Zweiges geschehen.[314]

Folglich erhielt auch der Erbe das Gut in dieser Weise übertragen:

Hans Schrader erschien, bekennet, daß er 3 morgen landes von seinem Vatter geerbt, begehrte angesetzet zu werden.
Quästio: ob er sich nicht solte ansetzen lassen und praestanda praestiren?
Eingebracht: quod sic.
Daruff für die halbe umbsaht gegeben 2 rth., 1 rth. schreibgebühr, 9 gr. procuratori, 3 gr. Meyerdingsvogt, und erblich angesetzt durch praesentirung eines grünen Zweiges und dem gude frede gewürcket.[315]

Der Gedanke, daß der Erwerber das Gut durch den Richter aus der Hand des Grundherrn empfing, kam noch deutlicher auf anderen Meierdingen, z. B. des Domkapitels, zum Ausdruck. Dort war statt der Überreichung eines Zweiges der Griff in des Richters Hut[316] üblich.

inzwischen greift der Verkäufer oder Pfandträger in des Dinggreven Hut und verlasset es. Hingegen greift der Kaufer oder Pfandtreger gleichfalls in den Hut und empfanget es wieder.[317]

Eck griepe an düssen Haut, darmidde treh eck int Gauth im Nahmen des Herrn Hochwürdigen Praelaten un eines Hochwürdigen Convents.[318]

Folge der Friedewirkung[319] war, daß der Erwerber an dem Gut rechte Gewere erlangte, daß jeder, der bei dem Termin zugegen war, das Recht des Einspruchs schlechthin verloren hatte und für Abwesende eine Einspruchsfrist von Jahr und Tag zu laufen begann, deren Anlauf nur im Falle echter Not bis zu deren Beendigung sistiert wurde[320].

Der ganze Vorgang wurde sodann protokollmäßig in das Meierdingsbuch aufgenommen:

Ferner sein vor itzigen Meigerdinge erschienen Arendt Giske, Bürger der Neustadt vor Hildesheim und Arendt Giske von Huddessem vor sich und ihre Erben, auch alse fulmechtige von wegen Henni Giskens seliger hinterlassene Witwe, und haben vor sich ihre Erben zu erbe und egen uffgedragen und vorlassen Cord Gisken und seinen Erben zu Huddessen wohn-

---

[313] StAH Hild. Br. 3, 1, 664 (Völksen 1686).
[314] Art. 13 der Meierdingsstatuten des Michaelisklosters.
[315] StAH, aaO. (Völksen 1696).
[316] So bereits 1397 auf dem Meierding des Kreuzstifts in Clauen, UB VI, 1429: judex (eum) per pilei tradicionem, quem in suis manibus tenuit, investivit; vgl. Gutachten der Juristenfakultät Göttingen, StAH Hild. Br. 1, 23, 1, Nr. 4, Bl. 113: Die Übergabe der Güter vor dem Meierdinge geschieht dadurch, daß ihm der Richter entweder einen grünen Zweig übergab oder die Käufer ... in der Richters Hut griffen.
[317] Ohne Quellenangabe b. APPENS, S. 22; dsgl. b. v. BURI, S. 498 (Attestat des Dompropstes v. 1724).
[318] b. STRUBE, Tractatio, S. 569.
[319] Vgl. UB VI, 749 (Kreuzstift 1386): judex (eos) ad bona investituit et pacem, que vulgariter eyn vredewerkinghe nuncupatur, edixit.
[320] STOBBE, Handbuch, II, S. 375.

hafftich einen hoff binnen Huddessem belegen mit aller gerechticheitt und zubehorunge vor 120 gulden münz, und gedachter Cord Giske heft denselbigen hoff wiederumb von dem Richter zu erbe und egen empfangen.[321]

Etwa seit dem 17. Jahrhundert wurde dem Erwerber überdies ein Ansatzschein ausgestellt[322], der ihm den Nachweis seines Besitzrechtes erleichtern sollte. Die Eintragung im Meierdingsbuch und der gleichlautende Ansatzschein nahmen in späterer Zeit eine knappere Form an:

Hinrich Christian Kopmann in Hoheneggelsen hat von Johan Hinrich Stanzen in Hohen-Assel 1 mg. Erbland vor Hoheneggelsen im Fellenberger Felde zwischen dem Voigt Kather und dem Pfarrlande belegen, für 40 rth. Conventionsmünze erblich gekauft. Bittet erbl. Ansatz. Da dabey nichts zu erinnern, so ist der Ansatz geschehen und dieser Schein darüber ertheilt worden.

Umsaat	2 rth.	
Ansatz-Schein	1 rth.	
Protoc.-Geld		3 gr.
Procurator		6 gr.
Voigt und Beys.		18 gr.
Stempelpapier		3 gr.

Gegeben Hoheneggelsen, in gehaltenem Meyerding, den 18. Okt. 1786.[323]

b) Meierdingsbuch

Vollen Beweis konnte im Streitfalle nur das Meierdingsbuch liefern, in das jede Besitzänderung von Amts wegen eingetragen wurde. Diese Eintragung hatte zwar keine konstitutive Wirkung, d. h. die Übertragung des Rechts war in ihrer Wirkung nicht von ihr abhängig. Insoweit glich das Meierdingsbuch den bei jedem Schöffengericht geführten Gerichtsbüchern[324].

Meyerdingsleuthe können von solchen der Kirche eigenthümlichen Gütern etwas versetzen, nach Gelegenheit bemorgengaben, und ein Meyerdingsmann dem andern wohl gar verkauffen oder vererben. Damit solches desto richtiger zugehe, das dominium desto minder invertiret, die Güter nicht so sehr zerreißen, und den Meyerdingsleuthen sich mit verkauffen und verpfanden zu retten und zu entsetzen keine ursache benommen werde, auch ohne daß man wißen möge, von wem angeregte Erbenzins gereichet oder gefordert werden solle, hielte man darüber nicht allein Protocoll, sondern auch eigene Meyerdingsbücher, worin solche umbsetzung und veränderung connotirt würden.[325]

Wesentlich am Meierdingsbuch war jedoch sein sehr weitgehender öffentlicher Glaube und seine nahezu ausschließliche Beweiskraft, die es als Vorläufer des heutigen Grundbuchs kennzeichnen[326]:

fragede um ein recht ordell, ifft man ock segel unde breve scholde geloven geven, de voer vilen jahren over liggende gödere gegeven sin?
Vant dat ampt, me lide over Meyerdingks-Gut nein breve, dan allein dat Meyerdingks-Bocke.[327]
Der Herr Abt läßt fragen, ob auch Notarien-Brieffe, ausgeschneden Brieffe oder andere Zettel vor diesem Meyerdinge gelten sollen?

---

[321] StAH Hild. Br. 3, 1, 194 (Lafferde 1571).
[322] STEINACKER, S. 484.
[323] StAH Hann. Des. 72, Hildesheim, II, G, Nr. 1, S. 6.
[324] RICHTER, S. 57.
[325] StAH Hild. Br. 1, 23, 1, Nr. 2, Bl. 27 R. (Dompropsteiliches Schreiben von 1606 an Amt Winzenburg).
[326] HARTMANN, in Alt-Hildesheim, Heft 13 (1934), S. 5, 9 Anm. 5.
[327] b. STRUBE, Tractatio, S. 656 (Michaeliskloster 1530); ebd., S. 657 (1583).

Eingebracht: Sie willen dat Meyerdings-Bock in krefften holden, und dar sol nichts über-gahn.[328]

Ob nicht derjenige, welcher einen Pfandtschilling auf dem Meyerding bekennen und solchen ins Meyerdings-Buch einschreiben lasset, einem andern, dem zwar das Land in obligatione versetzt, aber innerhalb einer Art sich im Meyerdings-Buch nicht versichern lasset, vorzu-ziehen und zu praeferiren sey?

Eingebracht: Das Meyerdings-Buch sollte und müßte vor alle Siegel und Brieffe gelten.[329]

Nur mit einem Attestat des Abtes konnte der Rechtsschein des Buchs widerlegt werden:

Man scholde dat mit dem Bocke bewisen, edder mit dem Abbte.[330]

Wann einer ein schriftliches Documentum oder Contract über eine gewisse Sache produciren, von selbiger Sache aber auch im Meyerdingsbuch etwas gefunden würde, so wird demselben mehr dann dem Documento gegläubet, es sey denn daß das Documentum von dem Erben-zinßherren confirmiret.[331]

Entstand unter Meierdingsleuten Streit wegen des Besitzrechts oder auch nur über Größe und Lage eines Landstückes, so konnte jede Partei Auskunft aus dem Buch ver-langen.

Vor diesem Meierdinge ließ Hans Rikman fragen, was die Nothen und das Meierdingk Jure bekunden ahn Henni Heines Landerie uf dem grossen Lafferder velde belegen?
Daruf ingebracht, das Meierdingsboigk dat will es außwisen.
Daruf ist das Meierdingsboigk mit Urtell und recht zu lesende vorgunnet, aber man handt im Meierdingsbucke dazu nichts gefunden.

Ferner sein vor diesem Meierdinge erschienen Hans und Berward de Borcharde, und liessen fragen, was die Nothen und Meierdingsleute Jure bekunden ahn Klaus Mummen Landerie ufm grossen Lafferder felde belegen.
Daruf ingebracht, das Ambtbuch will es außwisen.
Daruf ist das Ambtbuch gelesen und befunden, das anno 1565 Klaus Mumme ist erschienen zu Nettlinge und hat den Borchardes versetzet 5 morgen landes zu 24 jaren vor hundert und sechs und zwanzig gulden münze.[332]

Die Auskunfterteilung war jedoch nur im echten Meierding möglich und konnte nicht zwischenzeitlich erfolgen.

mit den Meyerdings Sachen und büchern aber es eine solche Beschaffenheit hat, daß bey Öff-nung der Bücher gewiße Formalitäten erfordert werden, man aber nicht sofort gelangt darzu, sondern die Zeit des Meyerdinges abgewartet werden müße.[333]

Da das Meierdingsbuch lediglich Niederschriften in zeitlicher Reihenfolge ohne sach-liche oder namentliche Gliederung enthielt, mag es nicht einfach gewesen sein, eine ein-zelne, unter Umständen schon lange zurückliegende Eintragung herauszufinden. Es wurde daher in der Regel eine angemessene Gebühr gefordert:

Läßt du etwa aufschlagen mich –,
auf einen Thaler schicke dich.[334]

LÜNTZEL[335] berichtet von einem Fall, in dem eine Partei lieber von ihrer vermeintlichen Forderung Abstand nahm, als das kostspielige Aufschlagen des Buches zu beantragen.

---

[328] b. NOLTEN, De praediis rusticorum, S. 135 (Hoheneggelsen 1589).
[329] b. MEYER, S. 93 (Domkap. Meierding Himmelsthür 1650).
[330] b. NOLTEN, De praediis rusticorum, S. 129 (Lafferde 1550).
[331] Art. 12 der Meierdingsstatuten des Michaelisklosters.
[332] StAH Hild. Br. 3, 1, 194 (Hoheneggelsen 1572).
[333] StAH Hild. Br. 1, 23, 1, Nr. 52, Bl. 9 (nicht näher bezeichnetes Schriftstück von 1701).
[334] v. BÜLOW-HAGEMANN, Practische Erörterungen, Bd. 10, Nr. XI, S. 90 (offenbar vom Deck-blatt eines Meierdingsbuches).
[335] S. 86.

Über das Ergebnis der Einsichtnahme wurde dem Nachsuchenden ein Attestat ausgestellt, dem die Beweiskraft des Buches innewohnte:

Auff Ansuchen N.N. aus A. wird hiemit attestiret, daß seine vor das Ober-Meyerding hiesigen Stiffts und Closter S. Michaelis gehörigen Ländereyen ad 4³/₄ morgen (so viell man aus dem nachgesehenen Meyerdingsbuch erfahren können) noch zur Zeit an niemandt pfandsweise oder erblich übertragen worden.[336]

Gemäß ihrer großen Bedeutung waren die Meierdingsbücher mit großer Sorgfalt zu führen und aufzubewahren. Die Meierdingsprozeßordnung des Domkapitels vom Jahre 1770[337] schreibt darüber in ihrem Artikel 7 folgendes vor:

Die Meyerdingsbücher sollen in die Lahden geschaft, und unter einem dreyfachen Beschluß darin aufbehalten, die Scheine und Extracten aus denenselben auch nicht anderß, als mit Vorwissen der Noten und Mitunterschrift des Meyerdingsvoigten ertheilet werden, dergestalt, daß, wann letztere darunter nicht mit befindlich, selbige von keiner Wirkung seyn, und in judicando darauf gar nicht geachtet, sondern als unnütz und nichts beweisend verworfen werden sollen.

5. Rechtsmittel

Gegen Entscheidungen der Meierdinge war die Appellation an das Hohe Meierding gegeben.

War me dat ordel schelden scholde?
Wart gevunden, vor der Herren hogeste Meyerdinge, dat me holden scholde tho Sunte Michaele uppe der Ebdye.[338]

Es war außerdem zuständig für Sachen, die wegen schwieriger Rechtsfragen von der ersten Instanz nicht entschieden werden konnten.

Wan etwas vor das Meyerdingsgerichte käme, so die meyerdingsleuthe nicht scheiden könnten, oder wan ein Urthel gefället wurde, wo dan die Sache gehörig?
Das solle gewiesen werden an den herrn, dessen abtey und sein hohes meyerdingsgerichte vor die abtey in Hildesheim.[339]

Die Rechtsmittelfristen waren beim Michaeliskloster und beim Domkapitel verschieden lang:

Wie lange man Zeit haben soll, die Appellation zu iustizieren?
Urtell: Von einem Meyerdinge zum andern.[340]

Wer in Meyerdings-Sachen über die in foro primae instantiae abgesprochenen Decreta et sententias sich graviret befindet, der kann nicht leuteriren, noch remedium nullitatis, vielweniger restitutionis in integrum anstellen sondern muß an das Hohe Meyerding appeliren und zwar viva voce und stande pede. Muß beim Appelationsgericht binnen 14 Tagen eingebracht sein.[341]

Der Rechtsweg zu den staatlichen Gerichten war dem im Meierding Unterlegenen ausdrücklich verwehrt, weil das dort praktizierte gemeine, also römische Recht mit dem

---

[336] StAH Hild. Br. 3, 1, 378 (Sammlung von Beyspielschriftsätzen, 17./18. Jh.).
[337] b. HINÜBER, S. 13.
[338] GRIMM, III, S. 248 (Lafferde 1483).
[339] Ebd., S. 254 (Völksen 1581); vgl. v. SELCHOW, Bl. 86 R.: Man hat nämlich einen Unterschied zwischen klaren und verwickelten Sachen gemacht. In jenen hat man die Entscheidung den Meyerdingsleuten überlassen, streitige Fälle aber, welche über den Verstand der Genossen gehen, haben die Meyerdingsherrn mit Übergehung der Genossen ganz an sich gezogen.
[340] StAH Hild. Br. 3, 1, 521 (Nettlingen 1585).
[341] Art. 38 der Meierdingsstatuten des Domkapitels.

deutschrechtlichen Meierdingsrecht offenbar für unvereinbar gehalten wurde. So heißt es in einem Attestat der Regierung an das Meierding des Klosters Lamspringe von 1669:

> daß von obgedachten Meyerdingsurtheil nur und allein an die Obermeyerdingsherren und weiteres nicht, weder an hiesige fürstliche Canzley oder Hofgericht, noch an das Hochlöbl. Kayserl. Cammergericht in Speyer kan noch mag appeliret werden, sondern solche Meyerdingsurthel für ein ausgehendes und ein mahl für alle abgethanes Recht unwidersprechlich zu halten seyen.[342]

Wer diesem Verbot zuwider handelte, konnte seines Gutes verlustig gehen[343]. Im übrigen mußte er von seiten der staatlichen Gerichte mit Prozeßabweisung rechnen. So entschied das Reichskammergericht in Speyer am 16.7.1668 in Sachen Wallus gegen Borgers:

> daß solche Sach – als eine Meyerdingssache – durch unternommene Appellation an dieses Kammergericht nicht erwachsen, sondern an den Richter voriger Instanz zu remittiren sey.[344]

Zwar gab es über die grundsätzliche abschließende Zuständigkeit der Meierdinge seit etwa der Mitte des 18. Jahrhunderts zwischen Regierung und Meierdingsherren kaum noch Auseinandersetzungen[345]. Die Inappellabilität blieb allerdings insoweit umstritten, als die Regierung wegen Nullitäten und versagter oder verzögerter Justiz den Rekurs an die staatlichen höheren Gerichte für zulässig hielt[346], wie aus einem Schreiben der bischöflichen Kanzlei an das Michaeliskloster vom 14. Mai 1736 erhellt:

> Seynd zwar Ihro Churfürstl. Durchlaucht nicht gemeinet, den Meyerdingsgerichten widerrechtlich vorgreifen zu lassen; vermeinen jedoch aus Landesfürstlicher Macht und Gewalt, auch Ihro obliegender fürstväterlicher Vorsorge halben, in causis protractae vel denegatae justiciae an die Meyerdingsgerichte befindenden Umständen nach gnädigst verordnen zu mögen, befugt seyn.[347]

Auch in dieser Frage erhofften sich die Beteiligten ein klärendes Wort des Reichskammergerichts[348], das jedoch nie gesprochen wurde.

Die Hohen Meierdinge des Michaelisklosters und des Domkapitels wichen in ihrem Aufbau auffällig voneinander ab.

Das klösterliche Meierding auf der Abtei bestand aus dem Abt als Vorsitzenden und den Meierdingsleuten der Dörfer Barsum, Hüddessum und Machtsum als Noten[349]. Für die dort gelegenen Ländereien[350] war es auch erstinstanzlich zuständig. Jedoch fanden in

---

[342] StAH Hild. Br. 1, 23, 1, Nr. 4, Bl. 137; eine Ausnahme von diesem Grundsatz machte das Michaeliskloster in Sachen Conrads ./. Conrads, 1583: Appellation vom Meierding des Closters S. Michaelis an fürstliche Regierung. Nach eingeholten Gutachten der Tübingischen Rechtsgelehrten erkant, daß die Appellation in Formalibus bestendig und diese Sache zur gebührlichen Erörterung an die Regierung erwachsen, StAH Hild. Br. 1, 23, 1, Nr. 2, Bl. 29 (COSMANN, Extractus variorum actorum).

[343] StAH Hild. Br. 1, 23, 1, Nr. 4, Bl. 31: Procurator: Wenn denn einer oder anderer, so auß dießem Meyerdinge Klage zu führen hätten, daßselbe vorbey und etwa nach fürstlicher Regierung, oder Wetzlar, oder sonsten wohin ginge, was ist deßen Strafe? – Eingebracht: Er ist seines Gutes verfallen (Domkapitel).

[344] Bei v. GÜLICH, S. 145, 146; vgl. Jur. Zeitung f. d. Königreich Hannover, 19. Jg. (1844), III. Heft, S. 97, 98 (Attestat der Dompropstei v. 1664).

[345] Gutachten der Juristenfakultät Göttingen v. 1775, StAH Hild. Br. 1, 23, 1, Nr. 4, Bl. 21.

[346] v. SELCHOW, Bl. 90.

[347] b. STRUBE, Tractatio, S. 606.

[348] s. o., S. 94.

[349] StAH Hild. Br. 1, 23, 1, Nr. 20.

[350] s. o., S. 50.

Appellationssachen in der Regel nicht die Noten das Urteil, sondern auswärtige Juristen-fakultäten, denen die Akten übersandt wurden[351].

Das Meierding des Domkapitels auf dem Rittersaal in Hildesheim hingegen setzte sich aus den Meierdingsvögten der 13 dompropsteilichen Meierdinge zusammen. Vorsitzen-der war der Meierdingsvogt von Barsum. Außerdem wohnten dem Gericht als Beisitzer zwei Domkapitulare sowie Beamte des Domkapitels und der Dompropstei bei[352]. Im Rubrum der Urteile hieß es dementsprechend:

Wie wir der Dompropstey zu Hildesheim verordnete Commissarii und eines Hochw. Dom-kapituls Deputati, samt denen 13 Beamten des Hohen Meyerdinges also für Recht erkennen.[353]

6. Vollstreckung

Auf Grund des steuerwaldschen Vergleichs hatten die Meierdinge in der Dompropstei das Recht, wegen rückständiger Gefälle «zu pfanden und einzulagern»[354], ohne die Hilfe der staatlichen Behörden in Anspruch nehmen zu müssen[355].

Den übrigen Meierdingen wurde dagegen nur die Arrestierung – das ‹in Kummer› legen – der Güter zugestanden, während ihnen das Recht zur Pfändung des beweglichen Vermögens ihrer Schuldner mit der Begründung bestritten wurde, daß nur der Grund und Boden dem Meierdingsherrn gehöre, dagegen Gebäude, Früchte und Fahrnis freies Eigentum der Meierdingsleute seien und daher nur dem Zugriff durch die Ämter unter-lägen[356].

Die Vollziehung der Kaduzierungs- und sonstigen Urteile der Meierdinge nahmen die Ämter vollends für sich in Anspruch[357]. Das galt wiederum nicht für die Meierdinge der Dompropstei, die nach dem Vergleich von 1618 «in Meierdingssachen cognosciren, er-kennen und exequiren» durften[358].

Die Meierdinge, die den Ämtern das Recht, in Meierdingssachen zu vollstrecken, heftig bestritten, übersahen dabei freilich, daß sie mangels ausreichender eigener Amts-gewalt häufig gehalten waren, die Rechtshilfe der Ämter in Exekutionssachen von sich aus in Anspruch zu nehmen, wie z. B. das Michaeliskloster im Jahre 1618 sich an den Amtmann zu Steuerwald wandte:

Unser Gebet zu GOtt und freundliche Dienste zuvor, Achtbahr und Wohlgelahrter günstiger guter Freund!

Was gestalt auf Klagen Ilsabethen Meyers von Kemme wieder Hans Bruncken zu Elvede für Unserm Meyerding zu Lafferde zuerkandt, daß Klägerin von specificirten 5 ½ Morgen Lan-des und ½ Hoff abzulegen und ihr Anteil herauszugeben, solches thut beygefügtes Protocoll ausweisen. Weilen dan der verurtheilte Beklagte Hans Bruncken zu der Gebühr von Klägerin nicht zu bewegen, als thun wir Ehrenvest in subsidium juris requiriren und zugleich freund-lich bitten, dieselbe wollen Klägerin der gebührende Execution und Amtshülff widerfahren lassen.

Beschulden es hinwiederum mit möglichen Dienstgefälligkeiten.

Datum Hildesheim den 2. Martii 1618.   Johannes Abbas[359]

351 STRUBE, aaO., S. 662.
352 Ebd.
353 ALBRECHT, Entscheidungen, Bd. III, S. 297.
354 s. o., S. 92, zu Anm. 297.
355 v. BURI, Bauerngüter, S. 495.
356 Gutachten der Juristenfakultät Göttingen, StAH Hild. Br. 1, 23, 1, Nr. 4, Bl. 110.
357 v. SELCHOW, Bl. 110: Die Meyerdinge sind schuldig, die Urteile durch die fürstlichen Be-amten mittelst gebührender Requisition vollziehen zu lassen.
358 s. o. Anm. 354.
359 b. STRUBE, Tractatio, S. 671.

TEIL IV

Hagensiedlung und Hagenrecht

A. Hagensiedlungen im Bistum Hildesheim

1. Hägergut des Michaelisklosters

a) Everode

Das Dorf Everode, zwischen Alfeld und Winzenburg gelegen, wird zum ersten Mal in einer Urkunde des Jahres 996[1] als Besitz des Bischofs Bernward erwähnt (‹Aveningaroth quod nostri iuris est›).

Im Jahre 1022 dotiert es Bernward dem neugegründeten Michaeliskloster[2]. Im Lauf des 12. und 13. Jahrhunderts wird das Dorf noch vereinzelt genannt, unter anderem im Jahre 1255, als Bischof Konrad dem Kloster die Vogtei über ‹Eveningeroth› überträgt[3].

Ein Hinweis auf Hägergut findet sich jedoch erst in dem Güterverzeichnis des Abtes Heinrich von Wendhausen aus dem Jahre 1321[4]. Dort heißt es:

Evingkrode (habemus) V mansos cum curia et I pratrum retro curiam et decimam super X mansis et III prata et VI mansos cum areis qui dicuntur Hegergud, de quolibet manso dantur III solidi Hildensemenses, IV pulli et II sexagena ovarum.

Die schon hier genannte curia – der spätere sogenannte Abt- oder Paterhof – wird im Jahre 1471 an Bertram Betrames vermeiert, und zwar

myt dem tegetkorne van VI hegherschen hoven.[5]

Eine genauere Aufzeichnung über Größe und Lage des Landes konnte erst wieder in einem Verzeichnis aus dem Jahre 1643 (bona monasterii)[6] gefunden werden:

Evingerode:
4 Hufen belegen in 3 Veldern (Neddervelt, am Hohenberge, am Hohen Campe).
Item 4 kothoffe un gehören den Erven zu dem Hegher guet.
Item noch 6 Hueffen un heten hegherhove, horen zu jeder hueffeland 2 hoeffe idem areae.
Desulven hueffen leggen
5 up dem Eveningroder Felde und ½ hueffe tho Robbeshusen un ½ hueffe tho Hasekenhusen.

Die Land- und Wiesenbeschreibung des Amtes Winzenburg von 1769 zeigt, wie das Land auf die einzelnen Häger verteilt war:

---

[1] UB I, 38; die Identität ist zwar nicht völlig gesichert, aber sehr wahrscheinlich, MITTELHÄUSSER-BARNER, S. 128; vgl. BOEGEHOLD, S. 19, 20, 23.
[2] UB I, 67; zur Echtheitsfrage s. o., S. 5, Anm. 5.
[3] UB II, 964; davor UB I, 221 (1140), 594 (1204), II, 548 (1239).
[4] UB IV, 638; dieselbe Angabe im Güterverzeichnis des Abtes Konrad, UB IV, 1336 (1333); statt ‹regersch› muß es dort ‹hegersch› heißen.
[5] StAH Hild. Br. 3, 1, 122.
[6] Beverina Hdschr. Nr. 300.

Tab. 9: Hägergut des Michaelisklosters in Everode (1769) [7]

Häger	Morgen	Häger	Morgen
Conrad Kühne	9,5	Andres Notrot	10,25
Ferdinand Almstedt	13,5	Jürgen Kretzer	2,5
Ludolf Kühne	7,0	Stephan Strotmann	36,5
Henny Bock	7,5	Ernst Bock	3,5
Nicolaus Strotmann	1,5	Philip Strotmann	9,0
Casimir Regenhard	4,5	Nicolaus Möhle	4,0
Conrad Hagemann	1,75	Franz Hagemann	3,0
Christian Holzigel	2,25	Clages Holle	4,0

Das letzte Güterverzeichnis des Klosters aus dem Jahre 1800[8] schließlich nennt neben dem Abthof mit 5 Hufen

6 Hufen und 12 Höfe Hegergut.

Das Hägergut in Everode ist demnach seinem Umfange nach über fünf Jahrhunderte nahezu unverändert geblieben.

b) Hasekenhusen, Robbershusen, Eyershausen, Dankelsheim

In Hasekenhusen, dem heutigen Winzenburg, hatte das Michaeliskloster nach der schon genannten Güterbeschreibung von 1321[9]

I mansum cum attinenciis suis unde het Heigersgud.

Bei einer Vermeierung des Abthofes im Jahre 1525[10] werden

unse heghergud unde hegher tho Hasekenhusen

im Meierbrief noch aufgeführt.

Im Verzeichnis von 1643[11] schließlich findet sich unter der aus der alten Urkunde übernommenen Eintragung

I mansum cum attinentiis und het heyerguet,

der Vermerk:

Die Hufe hat Herzog Heinrich[12] mit eingezogen in daß Hauß Wintzenburg.

Da das Land seitdem in klösterlichen Urkunden und Registern nicht mehr in Erscheinung tritt, werden die dortigen Häger fortan dem Amt Winzenburg und dessen Hägergericht[13] zuständig geblieben sein.

Weiteres Hägergut fand sich im ehemaligen Dorf Robbershusen[14], und zwar nach der Güterbeschreibung von 1321

1/2 mansum cum II areis et aliis attinenciis et dicitur Hegergud.

Der Ort war schon im 16. Jahrhundert wüst[15]; weitere Quellen fehlen.

[7] StAH Hild. Br. 1, 39, 5, 138.
[8] Beverina Hdschr. Nr. 303 a.
[9] s. o., S. 102, Anm. 4.
[10] StAH Hild. Br. 3, 1, 108.
[11] s. o., Anm. 6.
[12] v. Braunschweig-Wolfenbüttel (während der Stiftsteilung).
[13] Dieses landesherrliche Hägerding wird bereits im Winzenburger Erbregister v. 1587 (fol. 96) genannt, StAH Hild. Br. 3, 1, 686; KOKEN, S. 137.
[14] Westlich der Straße Everode–Alfeld, zwischen Humberg und Hahnenberg.
[15] GRAFF, S. 410.

Schwierigkeiten bereitet die Zuordnung der Hägerländereien von Eyershausen und Dankelsheim, die zum erstenmal im Winzenburger Erbregister von 1587[16] erwähnt werden. Dort heißt es:

Zu Haseckenhusen hat man auch Heger-Gerichte, aber darzu keine gewisse Zeit, wer dafür zu thun hat, thue darumb ansuchen. Darauf gehören die Heger-Leute zu Eyershausen, Danckelsen, Everode und Adenstedt.

Das Closter S. Michaelis in Hildesheim hat auch ein Heger-Gerichte zu Everode, mit den Heger-Leuthen zu Everode werden die Heger-Leuthe zu Eyershausen und Danckelsen auch darbey gefordert, und die von Everode kommen wiederum vor das Heger-Gerichte zu Haseckenhusen.

Es muß aber der Herr zu S. Michael zuvor den Ambtman zur Wintzenburg solches wißen lassen, das er damit beykommen oder sitzen könne. Er hat aber von den Heger-Zinsen zu Everode nichts zu heben, das Closter bekompt die alleine, auch die Bawlebung von den Hegers-Güthern.

Das hier in Erscheinung tretende Auseinanderfallen von gerichtlicher und grundherrlicher Zuständigkeit hatte sich offenbar aus dem Umstand ergeben, daß sich die gesonderte Abhaltung der Gerichte für die Häger der einzelnen Grundherren oft nicht gelohnt hat. So heißt es in einem Schreiben des Amtmanns zu Winzenburg, Melchior Marting, vom Jahre 1659:

Weilen die Hegerleuthe zu Eyershausen und Danckelsen fürs Hegergericht des Amts Wintzenburg gehörig . . ., weil davor nicht viell zu thuende gehabt, fürm Hegergericht des Closters zu St. Michaelis in Everode, was zu thuende gehabt, als mit auftragen und verlaßung, alda verrichten laßen, zu welchem Gerichte diese Leuthe und hiegegen die Hegerleuthe des Closter fürs Hegergericht, so alhie beym ambte zu Hasekenhausen gehalten worden, von alters wegen der Nachbarschafft und geringen Menge dero leuthen gefordert worden . . .[17]

Diese an sich zweckmäßige Übung führte im 17. Jahrhundert zu langwierigen Streitigkeiten zwischen dem Amt Winzenburg und dem Michaeliskloster.

Das Kloster behauptete nämlich,

daß nicht allein die Einwohner von Everoda, besondern auch die von Eyershausen und Danckelsen, Unserem Hegergerichte zu gedachten Everoda subigent und krafft uralten Herkommens schuldig seynd, so wol die Hegergerichte mit Herrnpraesenz jederzeit und zwar bey wilkürlicher strafe zu respectiren, alß auch die köhr und andere obligaden zu praestiren.[18]

Damit wurde die völlige Zugehörigkeit der dortigen Häger zur klösterlichen Grundherrschaft geltend gemacht. Ob dieser Anspruch berechtigt war, läßt sich heute so wenig wie damals klären. Die Beweise, die das Kloster vorlegte, waren allerdings wenig überzeugend. So soll im Jahre 1583 ein Eyershäuser Häger Urteilsträger beim Everoder Gericht gewesen sein, ein andermal sogar Beisitzer. Das aber waren nur Auswirkungen der gemeinsamen Hegung des Gerichts, die als solche über die grundherrliche Zuständigkeit ebensowenig aussagten, wie etwa die Ansatzvermerke im Hägerbuch:

Bartold Dreyer zu Eyershausen berichtete, daß er hauß und hoff beneben 20 morgen landes in und vor Eyershausen belegen von Bachmanns Erben für 306 fl. gekaufft.[19]

Denn gerade die gerichtliche Auflassung war die eigentliche Aufgabe des ‹übergrundherrschaftlichen› Hägerdings, in dem Zins- und Dingpflicht voneinander unabhängig geworden waren, wie es z. B. deutlich in nachstehender Vollmachterklärung zum Ausdruck kommt:

[16] s. o., Anm. 13; teilw. abgedruckt b. MÜHLPFORT, S. 131.
[17] StAH Hild. Br. 3, 1, 686.
[18] StAH Hild. Br. 3, 1, 686; auch die folgenden Ausführungen fußen im wesentlichen auf dieser Akte.
[19] StAH Hild. Br. 3, 1, 108 (1630).

Ich endbenanter urkunde und bekenne hiemit, daß ich einige Hegergüter zu Eyershausen, *fürs Hegergericht zu Everoda ding- und dem Abte erbenzinßpflichtig*, iusto emptionis titulo, nach laut heute frühe eingeschickten memorial an mich erhandelt, welche eines althergebrachten Gebrauchs nach uff obbesagten Hegergerichte auffgetragen und verlaßen werden müssen. Weil ich aber leibesschwachheit halber in person mich dazu nicht sistiren kan, so will ich Henni Wenneberg zu Everoda hiemit bevollmächtiget haben, in meinem Namen die Aufftragung und verlaßung in Abwesenheit meines verkäufers zu suchen und alles dasjenige dabey zu thun und zu praestiren, was sich gerichts wegen eignen und gebüren wil.[20]

Ungeachtet der vom Amt erhobenen Einwände zog das Michaeliskloster zunächst auch eine Zeit lang den Hägerzins aus Dankelsheim und Eyershausen ein. Das beweist ein Registerauszug aus dem 17. Jahrhundert, der zugleich eine der ganz wenigen Quellen über das Dankelsheimer Hägerland überhaupt darstellt und daher im folgenden wiedergegeben werden soll:

Tab. 10: Hägergut und Hägerzins des Michaelisklosters
in Dankelsheim und Eyershausen (17. Jh.) [21]

	Häger	Hof	Morgen	Gr.	Pfg.
Dankelsheim	Hans Görries	1	10,5	2	10
	Jurgen Bartram	1	30,0	7	
	Hans Offen	1	9,5	1	10
	Hermann Mennecke	1	13,5	1	10
	Andreß Ambrechts Erben	1	19,5	6	
	Henning Bartramb	1	13,5	1	10
Eyershausen	Hans Flühen	1	16,0		8
	Herman Britlemb	1	25,0	1	
	Herman Zaps	1	16,0	1	2
	Stephen Bartels	1	21,0	1	10
	Andreß Grönen	1	16,0		6
	Henrich König	1	11,5		8
	Andreß Kahrman	1	16,0	1	6
	Dietrich Eylers	1	12,0	1	2
	Hanß Heger	1	14,0		6
	Mathias Strothe	1	15,5	1	
	Hans Bodenstein	1	16,0	1	
	Jurgen Bußman und Kahrman	1	24,0	1	6
	Bastian Holtzigel	1	15,0		8

Im Jahre 1659 richtete der Amtmann zu Winzenburg das während des Dreißigjährigen Krieges nicht gehaltene Hägerding in Hasekenhausen wieder ein und forderte die Eyershäuser und Dankelsheimer Häger auf, dieses Gericht zu besuchen und den Zins und die Köhr an das Amt zu entrichten. Zugleich bedeutete er ihnen, daß sie zum Besuch des Everoder Hägerdings nun nicht mehr verpflichtet seien[22].

Für die Einzelheiten des Streites ist an dieser Stelle kein Raum; zudem läßt sich aus dem vorhandenen Aktenmaterial nicht klar ersehen, wie und wann die Angelegenheit zu einem Abschluß gekommen ist. Wahrscheinlich hat man sich aber für eine vergleichsweise Beilegung entschieden, denn in der Land- und Wiesenbeschreibung vom Jahre 1769[23] ist unter ‹Meierdinge des Michaelisklosters› zu finden:

20 StAH Hild. Br. 1, 23, 1, Nr. 112 (1656).
21 StAH Hild. Br. 3, 1, 686 (undatiert).
22 s. u., Anhang Nr. 8.
23 StAH Hild. Br. 1, 23, 1, Nr. 20.

Hägergericht Everode

Everode	137 Morgen	1,5 Vorling
Eyershausen	206 Morgen	0,5 Vorling
Summa	344 Morgen	

Dagegen ist Dankelsheim nirgends mehr aufgeführt, wird also vermutlich dem Amt zugehörig geblieben sein[24].

2. Hägergut anderer Grundherren

a) Langenholzen

Die älteste urkundliche Erwähnung des Ortes stammt aus dem Jahre 1205[25]. Das Dorf war bis zum Jahre 1228 ein Lehen der ausgegangenen Familie von Ordenberg[26]. Im Jahre 1237 wurden die Güter von Bischof Konrad dem Moritzstift übertragen[27], das sie im Jahre 1241 an das Domkapitel verkaufte[28].

Hägergut wird in den Urkundenbüchern noch nicht erwähnt. Die wenigen uns überkommenen Quellen sind jüngeren Datums[29]. Laut Land- und Wiesenbeschreibung von 1769[30] waren dem Hägergericht Langenholzen folgende Ländereien zuständig:

Alfeld	5 Morgen	
Langenholzen	655 Morgen	1 Vorling
Sack	5 Morgen	
	655 Morgen	1 Vorling

Die Zinsen von dem Hägerland flossen in das Oblegienregister[31].

Im Hägergericht präsidierte ein aus der Mitte des Kapitels erwählter ‹Oberhäger›. Mit den benachbarten Hägergerichtn in Everode und Winzenburg stand dieses Gericht nicht in Verbindung[32].

b) Alfeld

Es dürfte weitgehend unbekannt sein, daß auch in der Stadt Alfeld ein Hägergericht gehalten wurde. Oberhäger und Eigentümer der Ländereien waren im 16. Jahrhundert die Alfelder Bürger Riemenschneider und Barnsdorf, im 18. Jahrhundert zuletzt der dortige Superintendent Berckelmann[33]. Die m. W. einzigen Quellen hierüber befinden

---

[24] Man muß sich hier weitgehend mit Vermutungen zufriedengeben, da es vom Hasekenhuser Hägergericht keine Archivalien gibt. Seit dem 17. Jahrhundert wird es nirgends mehr erwähnt und ist wohl schon früh eingegangen.

[25] UB I, 605.

[26] GRAFF, S. 347; HEINZE, S. 38.

[27] UB II, 494.

[28] UB II, 649.

[29] Vor allem b. PUFENDORF, Introductio, I, S. 786 ff. (1651); im Niedersächsischen Staatsarchiv Hannover befindet sich nur ein dünnes Aktenstück, StAH Hild. Br. 2, E, V, C; ein darin erwähntes und in den Repertorien mit der Signatur Hann. 74 Alfeld, C, A, I, Nr. 20 verzeichnetes Hägerbuch ist nicht auffindbar.

[30] s. o., Anm. 23.

[31] KOKEN, S. 137.

[32] Ebd.

[33] Von wem die Bürger das Land erworben haben, läßt sich nicht feststellen.

sich im Gräflich v. Görtz-Wrisbergschen Archiv im Schloß Wrisbergholzen. Es handelt sich dabei um ein Notizbuch aus dem Jahre 1573 und ein Zinsregister von 1729[34].

Das Hägergut bestand aus vier zwischen dem Holzer- und Perktor gelegenen Höfen, war also im «Alten Dorf», dem am frühesten besiedelten Teil Alfelds[35], zu finden. Das Land wurde laut Register von 1729 zum Anbau von Hopfen oder als Baum- und Küchengarten genutzt. Der Hägerzins betrug jährlich 5 Groschen.

Die Grafen von Görtz-Wrisberg erwarben das Land gegen Ende des 18. Jahrhunderts. Ob und wie lange sie das Hägergericht haben bestehen lassen, ist ungewiß.

c) Sonstiges

Weiteres Hägerland gab es in Adenstedt. Das Winzenburger Erbregister[36] bemerkt dazu:

> Zu Adenstedt hat man auch macht, Hegergericht zu halten, wanns nötig ist und von den Hegerleuten darumb angehalten wird.

Zinsherr war das Amt Winzenburg[37].

Auch das sogenannte ‹freie Heber-Gericht› des Stiftes Gandersheim[38] wird ein Hägergericht gewesen sein[39]. Das Land war auf dem ‹Heber-Hagen›(!) gelegen[40]. In Nordholz (+) im Amt Lauenstein[41] gab es ebenfalls Hägerland, das den Rittern Bock von Nordholz zuständig war. Ein Weistum vom Ende des 17. Jahrhunderts befindet sich im Staatsarchiv Hannover[42].

Das bei GRIMM[43] abgedruckte Weistum des Hägergerichts zu «Gronau» bezieht sich nicht auf die Stadt Gronau a. d. Leine, sondern auf Grohnde a. d. Weser[44].

B. Die Siedlungsform

Im allgemeinen bringt man mit dem Hagenrecht eine besondere Flur- und Ortsform in Zusammenhang: Der Ort ist ein ein- oder zweiseitig bebautes Reihendorf, an dessen einzelne Gehöfte sich senkrecht zur Straße die Flurstücke – als Wald- oder Hagenhufen –

---

[34] Hdschr. Nr. 16 (nach einem von W. HARTMANN in Hildesheim angefertigten Repertorium im StAH Hannover).

[35] Am alten Friedhof, in der ‹Holtzer Twetje›; HEINZE, S. 45.

[36] s. o., Anm. 13.

[37] SEIDENSTICKER, I, S. 389.

[38] Das zwar noch in der Diözese, jedoch bereits außerhalb der Grenzen des Hochstifts Hildesheim lag.

[39] GOEBEL, De iure et iudicio rusticorum, S. 219, Anm. c; eine ‹Gerichtsordnung› b. v. BÜLOW-HAGEMANN, Pract. Erörterungen, Bd. 10, S. 226 ff.

[40] v. BÜLOW-HAGEMANN, aaO., S. 228; dafür spricht vor allem die Tatsache, daß in Gandersheim auch ein den Herren von Oldershausen zuständiges Hägergericht bestand (s. u., Anh. Nr. 9).

[41] Das Amt ging durch die Stiftsfehde an Calenberg verloren, KLEWITZ, S. 40.

[42] StAH Hann. 74 Amt Lauenstein II, Fach 203, Nr. 1; das Gericht wurde später in Marienau gehalten, RUDORFF, AdHV, Jg. 1858, S. 283.

[43] WEISTÜMER, III, S. 676 (1562).

[44] Wie mir Herr WILHELM HARTMANN in Hildesheim mitgeteilt hat, befand sich das Original des Weistums vormals im Besitz von ERNST RUDORFF in Lauenstein. Nach dessen Tode wurde es an das Staatsarchiv in Hannover abgegeben, wo es im Jahre 1943 verbrannt ist.

anschließen[45]. Diese ‹Hagenhufendörfer› finden wir in ihrer reinsten Form bekanntlich in der Schaumburger Ebene[46], häufig auch in Lippe[47].

Weiter östlich begegnen wir zwar noch zahlreichen Abwandlungen dieser ‹Grundform›[48], verbreiteter sind dort aber Hagensiedlungen, die anscheinend ohne ein bestimmtes System angelegt worden sind und oft als Erweiterungen bereits bestehender Dörfer anzutreffen sind[49].

Betrachten wir nun im einzelnen das Hägerland im hier interessierenden Gebiet:

a) Die Gründung des Dorfes Everode fällt – wie sich aus der frühen urkundlichen Erwähnung ergibt – noch in die erste Hälfte der zweiten Rodungsperiode zwischen 800 und 1200[50]. Wir haben also keine Hagengründung vor uns.

Das Michaeliskloster hat die Häger vermutlich im 12. oder 13. Jahrhundert dort angesetzt. Genauer läßt sich der Zeitpunkt nicht bestimmen, da das Hägerland urkundlich erstmals im Jahre 1321 genannt wird. Wo wir das Hägerland in der Gemarkung des Dorfes zu suchen haben, ist an Hand einer Karte des Jahres 1803 leicht nachzuweisen[51] (vgl. Abbildung). Die einzelnen Flurstücke sind in der Mehrzahl mit den Namen der Bebauer gekennzeichnet, so daß sich in Verbindung mit den Zinsregistern ein recht klares Bild ergibt. Die Äcker liegen sämtlich in der Außenflur, was sich daraus erklärt, daß es sich um eine Erweiterungsrodung gehandelt hat; die ortsnähere Flur war bereits erschlossen und gehörte zu dem älteren Abthofe[52]. Ein Schwerpunkt der Rodung lag in der Talsenke zwischen dem Humberg und dem Hagen-Holz[53], die von der Landstraße nach Alfeld durchzogen wird. Die schmalen Ackerstreifen ziehen sich rechtwinklich links und rechts der Straße die Hänge bis zur Waldgrenze hinauf. Es handelt sich hier nicht um eine Hagenhufenflur, sondern um übliche Streifengewanne, allerdings mit der Besonderheit, daß die Streifen in ihrer Lage zwischen Straße einerseits und Wald andererseits eine gewisse Ähnlichkeit mit einer waldhufenartigen Flur aufweisen und ihre Entstehung aus der Waldrodung noch deutlich erkennen lassen[54]. Die Art, in der – nach der Karte – die Ackerstreifen an den Waldrand des Hagenholzes angrenzen, erweckt sogar den Eindruck, daß zwischen den Feldern ursprünglich einmal Hecken gewesen sein könnten, eine Vermutung, die allerdings noch der Bestätigung durch die Siedlungsforschung bedarf. – Weitere Hägeräcker befinden sich verstreut im Hagen-Grund und an der Schierdehne.

Der zweite Schwerpunkt des Everoder Hägerlandes liegt in der kleinen Gemarkung des ausgegangenen Dorfes Robbershusen, im Tal des Meierbaches zwischen Humberg und Hahnenberg[55].

[45] SCHRÖDER-KÜNSSBERG, Lehrbuch, S. 464; KROESCHELL, BlLg, 91. Jg. (1954), S. 57.
[46] WEISS, ZdHV, Jg. 1908, S. 148, 149; MOLITOR, Hägerrecht, S. 338.
[47] ENGEL, Rodungsrecht, S. 4.
[48] Vgl. insbes. RUSTENBACH, ZdHV, Jg. 1903, S. 557 ff. für das Gebiet um Ith und Hils.
[49] ENGEL, NdsJb, Bd. 27 (1955), S. 222; gleichwohl kamen auch im östl. und südl. Niedersachsen reine Hagenhufendörfer vor, wie z. B. Rode (+) b. Geismar, dessen Grundriß KÜHLHORN, S. 13 u. Karte 3, anhand von Scherbenfunden eindrucksvoll rekonstruiert hat.
[50] MITTELHÄUSSER, S. 128; ABEL, Geschichte der dt. Landwirtschaft, S. 28; EVERS, S. 24.
[51] ‹Vermessungs-Brouillon›, angefertigt im Zuge der Auflösung des Michaeliskosters, StAH Kartenabt. 22 a Everode 1 pm; zur Bedeutung der älteren Dorfpläne für die Siedlungsforschung, EVERS, S. 9.
[52] Deshalb ist auch der Hinweis MITTELHÄUSSERS, S. 130, der breite, zusammenhängende Besitzstreifen des Abthofes deute auf eine planmäßige Flurgestaltung hin, in diesem Zusammenhang abwegig.
[53] Der heutige Mullenberg.
[54] Über den Zusammenhang zwischen Langstreifengewannflur und Waldhufenflur vgl. MORTENSEN, S. 79; NIEMEIER, Petermanns Geogr. Mitt., 90. Jg. (1944), S. 73.
[55] Die Lage der Wüstung an dieser Stelle hat W. BARNER in Alfeld durch Scherbenfunde festgestellt.

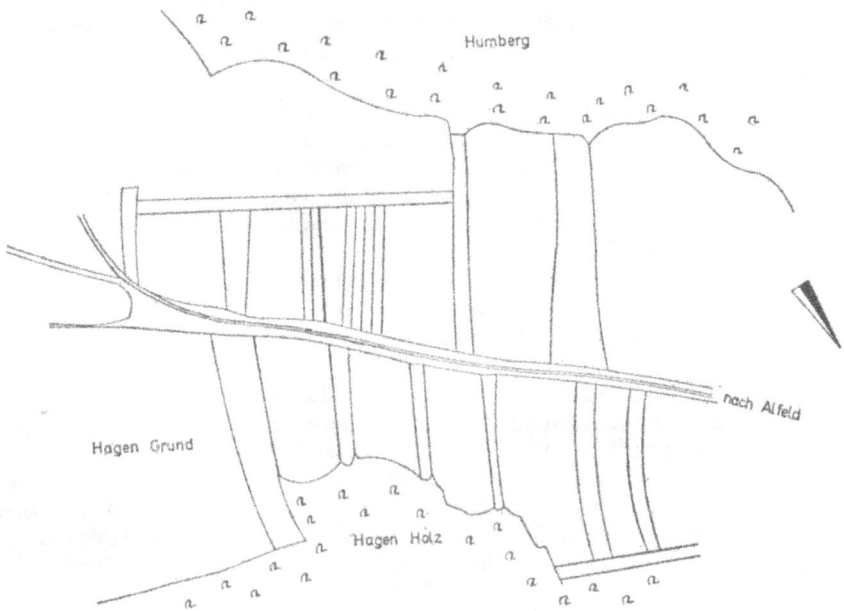

Hägerland im Everoder Feld (1803)

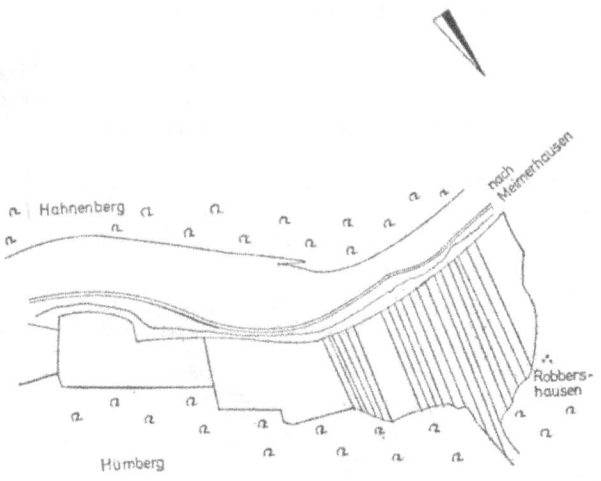

Hägerland im Robbershäuser Feld (1803)

Auch Robbershusen war keine Hagengründung. Schon die Endung des Ortsnamens weist auf ein höheres Alter hin[56]. Wie bei sehr zahlreichen -hausen Siedlungen im Kreis Alfeld handelte es sich auch hier offenbar um eine Kleinsiedlung der ersten Rodungsperiode[57]. Die in der Urkunde von 1321 genannten zwei Hägerhöfe mit 1/2 Hufe Land dürften gleichen Ursprungs sein wie die Everoder Ansiedlungen. Ob die Häger, als das Dorf verlassen wurde, nach Everode übergesiedelt sind, mag dahingestellt bleiben. Jedenfalls führt das Güterverzeichnis von 1643[58] unter dem Everoder Hägerland «1/2 hueffe tho Robbershusen» auf. Das Land wurde also von Everode aus weiter bewirtschaftet. Es befand sich auch noch im Jahre 1803 ausschließlich im Besitz der Häger[59], wie sich aus der oben angeführten Karte ergibt.

Charakteristisch für die Flur ist ihre Einteilung in sehr schmale Langstreifen, die sich senkrecht zur Talsohle den Hang hinauf bis an den Waldrand des Humberges ziehen, offenbar eine Folge früherer Erbteilungen.

b) Das Dorf Langenholzen wurde bis in die jüngste Zeit für eine Hägergründung gehalten; vor allem seine langgestreckte Form und die erstmalige Erwähnung im Jahre 1205 mögen für diese Auffassung ursächlich gewesen sein[60].

Auf Grund besonders geglückter archäologischer Funde ist W. BARNER in seinem 1955 erschienenen Aufsatz «Uraltes Langenholzen»[61] der Nachweis gelungen, daß hier bereits ein urzeitliches Kerndorf vorhanden war, bei dem sich die ursprünglichen Höfe um einen Thie lagerten. Das Urdorf Holthusen ist demnach in der Zeit des 4. oder 5. Jahrhunderts entstanden[62], worauf auch schon die -hausen Endung hindeutet.

Die Siedlung bestand auch in der Folgezeit fort und wurde erst im 12.–13. Jahrhundert um 26 Hägerhöfe erweitert. Den Neubauern wies man ihre Hofstellen an der das Warnetal durchziehenden Straße entlang aus, wodurch das Dorf im Lauf der Zeit den Charakter eines Straßendorfes erhielt.

Das Hägerland liegt, wie das Winzenburger Erbregister von 1587[63] ausweist, auch hier als sogenannter ‹Bergacker› in den Außenbezirken der Flur, während die ältere Flur, der ‹Alt-Veldtacker›, nach dem Register von einem Vollspänner, zwei Halbspännern, zwei ‹freien Leuten› und dem Pfarrer bewirtschaftet wurde[64].

c) Neben diesen an eine bereits vorhandene Siedlung anschließenden Hagenrodungen, in denen sich höchstens noch gewisse Anklänge an die typische Hagenflur finden, ist das Dorf Sack schon von der Ortsform her als eine ursprüngliche Hagengründung erkenntlich[65].

Urkundlich tritt der Ort zusammen mit Langenholzen erstmals im Jahre 1205 in Erscheinung; die Gründung dürfte demnach gegen Ende des 12. Jahrhunderts zu datieren sein[66]. Hier liegen die Höfe rechts und links der Straße nebeneinander auf ursprünglich

---

[56] MÜLLER-WILLE, Petermanns Geogr. Mitt., 90. Jg. (1944), S. 245 (400–800).

[57] MITTELHÄUSSER, S. 125; 65 % der -hausen-Orte im Kreis sind wüst geworden, dies., S. 128; vgl. EVERS, S. 24.

[58] Beverina Hdschr. Nr. 300.

[59] Vorwiegend die Bauern Almstedt und Strotmann.

[60] GRAFF, S. 352; MITTELHÄUSSER, S. 130.

[61] In «750 Jahre Langenholzen» (1955), S. 4 ff.

[62] BARNER, aaO., S. 17.

[63] s. o., Anm. 13.

[64] BARNER, S. 19.

[65] In Sack besaß das Domkapitel 5 Hufen Hägerland, die dem Hägergericht Langenholzen zuständig waren, StAH Hild. Br. 1, 23, 1, Nr. 20, s. o., S. 106.

[66] UB I, 605.

Sack 1886/87 (Quelle: Landeskulturamt Hannover)

wohl gleichbreiten Flurstreifen, die sich allerdings wohl nie über Garten und Wiese hinaus erstreckt haben. Im übrigen liegen die Felder im Gemenge, wobei aber eine frühere planmäßige Aufteilung der Gemarkung nicht zu übersehen ist[67].

Als weitere reine Hagengründungen mit teilweise typischer Ortsform kommen im Kreis Alfeld nur noch Kapellenhagen und Marienhagen in Betracht[68].

Für die Wüstung Mölmerhagen – nördlich von Everode –, deren Name ebenfalls eine Hagengründung vermuten läßt, liegen m. W. noch keine siedlungskundlichen Forschungen – etwa nach dem Beispiel KÜHLHORNS – vor.

Des weiteren wäre in Erwägung zu ziehen, ob die erste Ansiedlung von Alfeld im «Alten Dorf», die im 13. Jahrhundert erfolgt sein soll[69], nicht ebenfalls eine Hagengründung gewesen ist, was auf Grund der in Wrisbergholzen aufgefundenen Quelle zu vermuten ist[70].

d) Im Ergebnis bleibt festzustellen, daß sich in Everode und den benachbarten Dörfern die Rodungen zu Hagenrecht an bereits vorhandene, ältere Siedlungen angeschlossen und deren Gemarkung erweitert haben. In diesen Orten liegt das Hägerland naturgemäß in den Außenbereichen der Flur.

Reine Hagengründungen finden sich demgegenüber nur in sehr geringer Zahl.

Die sich hier stellende Frage, ob wir im untersuchten Gebiet das ‹Kernland› des Hagenrechts[71] zu erblicken haben oder ob die geschlossenen Hagensiedlungen das Primäre gewesen sind[72], wird zwar erst dann eindeutig zu beantworten sein, wenn die Siedlungskunde genauere Auskunft über den Zeitpunkt der Rodungen liefern kann. Zwingender

[67] MITTELHÄUSSER, S. 130 (vgl. die dort entnommene Karte).

[68] Wie mir W. BARNER mitteilte, hat jedoch Marienhagen genau wie Langenholzen einen alten Dorfkern mit Thie und dürfte daher nicht unbedingt in diese Reihe gehören.

[69] HEINZE, S. 45.

[70] Vgl. die Forschungen KROESCHELLS, BlLG, 91. Jg. (1954), S. 53 ff.; NdsJb, Bd. 28 (1956), S. 246 ff. zum Thema ‹Hagenrecht und Stadtgründung›.

[71] MOLITOR, Hägerrecht, S. 332, 333; ENGEL, NdsJb, Bd. 27 (1955), S. 222.

[72] KROESCHELL, HessJb, 4. Bd. (1954), S. 122, 125, 126.

erscheint gleichwohl der Schluß, daß am Anfang die planmäßige Gründung ganzer ‹Hagen› gestanden hat. Nur so ist die Herausbildung eines besonderen Hagenrechts überhaupt verständlich. Erst später werden die Grundherren das Hagenrecht auch auf erweiternde Rodungen in ihren alten Dörfern angewandt haben; das grundherrschaftliche Hagenrecht mag somit eine abgeschwächte Form des ursprünglichen freien Hagenrechts[73] gebildet haben.

C. Die Häger

1. Die personenrechtliche Stellung

a) Die Hagenfreiheit

Über die ‹Freiheit› der Häger herrscht bis heute manche Unklarheit. Während sie in den Weistümern aus der Schaumburger Ebene[74] sowie im lippischen Hagenrecht[75] häufig ausdrücklich hervorgehoben wird, fehlen in den Quellen des hier untersuchten Gebietes derartig klare Hinweise gänzlich. Dagegen erwecken sogar verschiedene urkundliche Nachrichten den Eindruck, als seien die hiesigen Häger, insbesondere die des Michaelisklosters, unfrei gewesen und hätten sich daher von den Meierdingsleuten nur dem Namen nach unterschieden[76].

So heißt es in einem Kopiarbuch von 1452[77]:

Hegers werden genomet up Latin Ministeriales, alse wy underwiset syn von dem notario Clamor, de det hedde explorert von dem Abbede von Abdinghove[78], de dersulven Hegers ock vel hett, *unde sint egen*, unde geven en roeckhoen unde wen se den tinß versittet und geven den nicht uth tho rechten tyden, wert de tinß vormeret unde waßet alle dage tho, unde desulven Hegers mach me verbüten unde verkopen alse dat in vortyden von unsen vorfahren geschehen iß.

Vom Jahre 1468 datiert eine Urkunde, in der der ‹Hagarius› Hans Möller dem Michaeliskloster zwei Hägerhöfe resigniert,

«petens cum instantia, se et suos heredes a servitute sue Hegaria liberari et absolvi».[79]

Schließlich lautet eine Notiz von 1538[80]:

Est etiam aliud genus servorum magis servituti obnoxium et vocantur Hegarii seu ministeriales vel etiam originarii, quia sua origine in servili conditione sunt nati, qui numquam quodam possunt libertati restitui etiam post resignationem agrorum suorum, nisi forte per preces vel pecuniarum summam a dominis suis libertati restituantur et sunt ita servitutis obnoxi, quod possunt vendi et commutari, sicut ante tempora in multis litteris expertum est.

---

[73] Über Frühformen der Hagensiedlung vgl. ENGEL, SchaumbLippHeimat, 11. Heft (1951), S. 125 ff.

[74] GRIMM, III, S. 306; MOLITOR, Pfleghafte, S. 155.

[75] Wt. der 5 Heiderhagen v. 1567: ‹frig Hachgenothen›, ‹frige Luden›, KIEWNING, MittLipp 1938, S. 70, 71; ebd., S. 90 (Wiembecke 1616): Wer sich uf die Hagengüter befreyet, derselbe muß freyer Geburt seyn oder sich frey kaufen und seinen Freybrief darstellen.

[76] So z. B. HAGEMANN, S. 211; SEIDENSTICKER, I, S. 389.

[77] StAH Hild. Br. 1, 23, 1, Nr. 25, Bl. 236.

[78] Zum Bistum Paderborn gehörten die Häger in den Ämtern Barkhausen und Heerse, KIEWNING, aaO., S. 101; MOLITOR, Hägerrecht, S. 334.

[79] StAH Hild. Br. 3, 1, 434.

[80] StAH Hild. Br. 1, 23, 1, Nr. 25, Bl. 237 R.

Eine ‹servitus Hegaria› ist freilich mit der ‹Hagenfreiheit› nur schwer zu vereinbaren und es wird daher zu prüfen sein, ob in Hildesheim die Kriterien der ‹Halseigenschaft›, wie wir sie bei den Meierdingsleuten festgestellt haben, auch im Hagenrecht ihren Platz haben. Unfreiheit in diesem Sinne bedeutete in erster Linie Einschränkung der Freizügigkeit, glebae adscriptio. In den traditionellen Hörigkeitsabgaben Bedemunt, Baulebung und Halshuhn äußerte sich ebenfalls das Recht des Grundherrn an der Person des Pflichtigen.

Was die Freizügigkeit betrifft, so ist bei den Hägern des Michaelisklosters schon im 15. Jahrhundert keine Beschränkung festzustellen. Während die Meierdingsleute in dieser Zeit nur durch Lösung eines Freibriefs, also durch Freikauf, sich und ihre Erben von den Hörigkeitspflichten entbinden konnten, war es den Hägern möglich, ihr Land jederzeit gegen Erlegung einer geringfügigen Gebühr[81] zu verlassen. Dazu bedurfte es nicht einmal zwingend der Inanspruchnahme des Hägerdings.

> Item we dat hegersche gud vorlaten wolde unde dat nicht kunde don in gerichte, de mag einen budel van tween pennigen sinen herren upantworden und schal dar in doen 16 pf. und gaen war he will.[82]

War es im Meierdingsrecht unerläßlich, daß nur der Erwerber angesetzt werden konnte, der entweder selbst ‹behörig› war oder sich durch einen unfreien Treuhänder vertreten ließ, so finden sich solche Beschränkungen im Hägerrecht nicht; die für die Meierdingsweistümer so bezeichnenden termini ‹behörig, halseigen, treue hand› tauchen hier auch nicht einmal auf. Wer die Ansatzgebühr zahlte, wurde ohne weiteres Häger.

> Wenn einer in Langen Holtensen sich wolte niedersetzen auf ein Häger-Guth, was dem Ober-Häger davon gebühre?
> Eingebracht: Soll der Häger mit dem Ober-Häger sich abfinden oder einen Thaler geben.[83]

Häufig war daneben ein Natural-‹Einstand›[84] wie er auch im Meierdingsrecht begegnete.

> Anno 73 den ersten novembris hefft sich Jost Wackenroder ahn synen hoff setten laten und ist dar eyn heger von geworden und gaff den hegeren ½ t (= Tonne) beers und 1 scapkesse und vor 4 s (= Schilling) witbroith und betalede von iderem Jar 2 honer, de vorseten weren.[85]

Weiter ist von Bedeutung, daß bei Heiraten der Häger ein grundherrlicher Konsens bzw. die Entrichtung von Bumede oder Bedemunt offenbar nicht erforderlich war[86].

Schließlich konnte Hägergut nach Meierrecht ausgetan werden[87], desgleichen konnte ein freier Meier auch Häger sein[88], ohne in seiner Freiheit Einschränkungen hinnehmen zu müssen[89]. Der Amtmann Melchior Marting zu Winzenburg war in den Jahren 1646 bis 1652 mit dem Abthof in Everode bemeiert, und zugleich als Besitzer von Hägerland

---

[81] MOLITOR, Hägerrecht, S. 341.

[82] GRIMM, IV, S. 684 (Everode 1488, Art. 17). Man wird die Abzugsabgabe nicht als Freikaufsgeld zu deuten haben, sondern als pauschale Abfindung für die Köhr, vgl. ebd. Art. 7.

[83] b. PUFENDORF, Introductio, I, S. 791 (Langenholzen 1651).

[84] In Lippe ‹Einwehrung› genannt, KIEWNING, MittLipp 1938, S. 83 (Dalborn 1581), S. 90 (Wiembecke 1616).

[85] Archiv Wrisbergholzen, Hdschr. 16, Bl. 2 R. (Alfeld 1573).

[86] MOLITOR, Pfleghafte, S. 155.

[87] GRIMM, IV, S. 683 (Everode 1488, Art. 9).

[88] Archiv Wrisbergholzen, aaO., Bl. 28 (Alfeld 1590): 5 Meier besitzen neben angeführtem Meierland noch Hägergut.

[89] Wenn im Everoder Weistum v. 1488 (GRIMM, aaO.) von einem ‹fronmetman up hegerschen gude› die Rede ist, so bedeutet das keinen Hinweis auf Hörigkeit. Die Bezeichnung hängt mit vrommet, frömd = fremd zusammen, RWb, Bd. 3, Sp. 1002; LASCH-BORCHLING, MWb, Bd. 1, Sp. 1008.

in Eyershausen Vorsitzender des Everoder Hägerdings[90]. Es wäre wohl kaum jemand eingefallen, ihn als Hörigen oder Ministerialen des Klosters zu bezeichnen.

Die Ursache für die Gleichsetzung von Hägern und Meierdingsleuten in einigen Urkunden liegt offenbar in einer zu engen Auffassung der Köhr begründet[91].

Die Köhr, auch unter dem Namen Besthaupt, Baulebung u. ä. als Sterbfallsabgabe bekannt, kam häufig bei Unfreien vor und wurde deshalb früher allgemein als Unfreiheitszeichen angesehen[92]. Im Bistum Hildesheim war sie als ‹Baulebung› insbesondere im Meierdingsrecht von großer Bedeutung. Beide Bezeichnungen wurden jedoch im Meierdings- und auch im Hägerrecht gebraucht[93]. Da das Meierdingsrecht weit mehr verbreitet war als das Hägerrecht, ist es leicht erklärlich, daß derjenige, der Baulebung schuldete, gemeinhin als halseigen galt. In einem Brief vom Jahre 1664[94] betonte Abt Johannes, daß

> im Stiffte Hildesheimb die gewohnheit und von undenklichen jaren bey Unserem Closter und anderen Stifftern hergebracht, daß dieselben, welche die Bawlebung geben, leibeigen seindt.

Unter dieser Praemisse stehen die weiteren Ausführungen:

> In Völkerssen jenseits vom Calenberge, geben Uns Unsers Closters Leibeigene, welche keine Pferde oder Kühe haben, so woll Fraw alß Man den Rock oder den Wehrt dafür, ingleichen geben auch des Closters eigene und Hegerleutte in Evigerode by der Wintzenburg, die keine Pferde noch Kühe haben, oder arm seind einen Hanen.
> Ist auch des Closters leibeigener Man wan er nur so viell hat, alwoh ein Schemel mit drey beynen auffstoßen kan.

Gerade der letzte Satz läßt erkennen, daß die ‹Leibeigenschaft› lediglich aus der Köhrpflicht hergeleitet wird. Denn hier wird auf einen gewohnheitsrechtlichen Satz Bezug genommen, der schon im Weistum von 1488 festgehalten wurde:

> Item de so vele hegersches gud hedde, dar me upp setten konde und mochte einen schemel von dren benen eft enen stol, *wer de nicht plichtich si to geven den koer?*
> Wart gevunden, ja.[95]

Da somit der Sterbfall als Indiz für die Hörigkeit angesehen wurde, konnte es leicht geschehen, daß der Unterschied zwischen Hägern und Meierdingsleuten allmählich verblaßte[96].

Demgegenüber hat schon GRIMM[97] festgestellt, daß der Sterbfall seiner Natur nach kein Ausfluß des Eigentums an der Person eines anderen war, da er nicht nur von Leibeigenen, sondern häufig auch von Leuten erhoben wurde, an deren Habe dem Grundherrn kein Eigentum zustand. So waren in manchen Gegenden auch freie Zinsleute sterbfallpflichtig, wenn sie zur familia eines Grundherrn gehörten[98]. Zu dieser Gruppe wird man auch die Häger rechnen müssen[99], die zu dem Grundherrn, der sie angesetzt hatte,

---

[90] StAH Hild. Br. 3, 1, 686.
[91] MOLITOR, Hägerrecht, S. 342.
[92] Ebd., S. 341; KIEWNING, aaO., S. 75 unterscheidet zwischen Sterbfall und Kurmede.
[93] Der Ausdruck ‹Köhr› war in westlichen Gebieten geläufiger; vgl. GRIMM, III, S. 253 (Völksen).
[94] StAH Hild. Br. 3, 1, 487.
[95] GRIMM, IV, S. 683 (Art. 6).
[96] Zum Beispiel MEYER, S. 3; MASCOV, S. 406; HAGEMANN, S. 20.
[97] Rechtsaltertümer, Bd. 1, S. 514.
[98] Beispiele ebd., S. 516; SCHILLER-LÜBBEN, Bd. 2, S. 536 (koremede); auf S. 537 (koremeslude) wird eine Urkunde von 1348 zitiert, in der nebeneinander ‹dyenstmannen, kormeslude, eyghene lude› genannt werden.
[99] STEIGENTESCH, StAH Hild. Br. 1, 23, 1, Nr. 12, Bl. 15, schrieb schon 1775: Bekannt ist es, daß die Hägerleute sowohl in Ansehung ihrer Person als ihres Guthes merkliche Vorzüge vor den halseigenen Litonen haben.

ursprünglich wohl in einer gewissen Muntunterworfenheit standen[100]. Die Köhr war nicht nur für die Häger im Hildesheimischen, sondern für alle Häger im Mittelgebirge bezeichnend und stand mit deren oft ausdrücklich betonten Freiheit nicht in Widerspruch[101].

Man wird daher im Ergebnis das Hagenrecht zu den freien Leiheformen zählen dürfen.

b) Die Köhr

Die wohl älteste Erwähnung der Köhr im Zusammenhang mit den Hägern des Michaelisklosters dürfte in einer Urkunde des Jahres 1483 enthalten sein.

> dat alle de uf heygerschen gudern beseten weren, de dem closter to stünde und tynß gheven, de weren dem Closter un Stichte körsplichtig he störve wor ome God dat schickede, un se en wüsten ock nicht anders, un weren ock nicht anders von ören öldern un vorvädern belert.[102]

Da die Häger von Everode so arm waren, daß sie weder Pferde noch Kühe halten konnten, gaben sie zur Köhr einen Hahn[103]. Bezeichnend für ihre wirtschaftliche Lage ist auch, was Abt Johannes in seinem Brief vom Jahre 1664[104] schreibt:

> Und wan ein Bettler uf Hegerguete stirbt, wird sein Stab und Bettelsack auf deßen Grab gestochen oder gelegt, von den beyden nimmt des Closters vogt einerley den Stab oder Bettelsack, damit ist das Closter befriedigt.[105]

In Langenholzen wurde i. d. R. eine Kuh nächst der besten gegeben:

> Wan ein Häger sterbe, waß dem Oberhäger an stade bauleben gebührt?
> Eingebracht: Daß an stade der baulebung oder koer, wie sie die Häger nennen, dem Oberhäger eine Kuh negst der besten gebühre, gleichwohl wann die nachbleibenden arm seyn, haben sie sich mit dem Oberhäger abzufinden und zu vergleichen.[106]

Ebenso in Alfeld:

> Item ith is tho rechte gefrageth worden, wen de heger vorvalle dodes halben, wath de kör sy, den de overheger dar von hebben scullen?
> Darup is tho rechte ingebracht worden, eyne koy, oder se mugen de mith gelde betalen oder was se des by den overheger bekomen künnen.[107]

[100] MOLITOR, Pfleghafte, S. 155; ders., Hägerrecht, S. 342; SCHRÖDER-KÜNSSBERG, Lehrbuch, S. 494, halten den Sterbfall für eine aus der Schutzhörigkeit gebildete Nachlaßsteuer; KROESCHELL, HessJb, 4. Bd. (1954), S. 123, sieht die hägerrechtliche Köhr für eine Anerkennungsgabe an den Grundherrn an; vgl. LÜTGE, Agrarverfassung, S. 97.

[101] VOGELL, AdHV, Jg. 1846, S. 271 (Bodenwerder); NOLTEN, De praediis rusticorum, S. 159 (Kl. Amelungsborn); ders., S. 150 (Homburg); KIEWNING, MittLipp 1938, S. 70, 71, 79, 90 (Lippe). Ob das auch für die Schaumburger Häger zutrifft, ist ungewiß; dafür WEISS, ZdHV, Jg. 1908, S. 162; in einer Mindener Urkunde v. 1664 in RWb, Bd. 4, Sp. 1422 (Hagenfreie), heißt es: Von denen Hagenfreyen aber nach deren Tode nur gewisse Stücke, pferdt oder kühe, gezogen werden können; a. A. MOLITOR, Hägerrecht, S. 343.

[102] StAH Hild. Br. 1, 23, 1, Nr. 112, Bl. 32.

[103] s. o., S. 114.

[104] StAH Hild. Br. 3, 1, 487.

[105] Im Schatzregister von Winzenburg, StAH Hild. Br. 1, 34, 3, Nr. 3 (1657–1658), findet sich zu Everode folgender Vermerk: Dieses Dorf ist zwar in den Schatzregistern auch zum Hufenschatz angesetzt mit 18 Thalern, 33 Gr., die Eingesessenen aber beschweren sich nach wie vor denselben zu entrichten, weil die Länderey so gar unfruchtbar und ein Theil der Acker- und Kothoffe annoch ganz wüste seien. Habe deßwegen ihre Nothdurfft und Beschaffenheit den H. Schatzräthen fürtragen lassen.

[106] StAH Hild. Br. 2, E, V, C (1660); vgl. PUFENDORF, Introductio, I, S. 790.

[107] Archiv Wrisbergholzen, Hdschr. 16 (1573).

Die Fälligkeit wird allgemein dem Meierdingsrecht entsprochen haben, trat also vier Wochen nach dem Tode des Hägers ein[108].

Das Alfelder Hagenrecht enthält eine Bestimmung darüber:

Item ith is tho rechte gefrageth worden, wen de koer velth, wor balde dath sculle gefruchteth werden?

Dar up is tho rechte ingebracht worden, se scullen dat in 4 wecken synnen und in vertein dagen nha den koer leggen.[109]

Im Hagenrecht von Nordholz[110], Bodenwerder[111] und Homburg[112] war die Köhr gegen Ende des 17. Jahrhunderts bereits so verdinglicht, daß ihre Höhe – wie der Zins – nach der Größe des Landes bemessen wurde:

für die ganze Köhr, als einer Hufe Landes, eine Kuh oder 5 Thaler.

Das bedeutete, daß die Köhr nur einmal von jeder Hufe erhoben wurde, unabhängig davon, wie viele Häger sich in ihren Besitz teilten. Diese Regelung findet sich im Lippischen Hagenrecht bereits im Jahre 1567[113]:

soll neyne Hove, de si gedeileth oder nich gedeihlet, mehr als *eyn* koirmer gevhn und de sulve schall vahn den Hachgenothen de up dem Gude sith und dehn mehren Deil des Gudes ihnne hefft, erlecht werden.

Dort, wo das Land durch Erbteilung zu sehr zersplittert war, legte man ein geringeres Maß zugrunde, so z. B. in Amelungsborn, wo beim Tode eines Mannes vom Morgen 6 Gulden, beim Tode einer Frau 4 Gulden zu erlegen waren[114].

Im Hildesheimischen finden sich solche Bestimmungen nicht; jeder Häger zahlte – unabhängig vom Umfang seines Besitzes – die gleiche Köhr. War er zu arm, so mußte er sich mit dem Oberhäger vergleichen[115].

2. Das Besitzrecht

Wie im Meierdingsrecht hatte sich auch hier schon früh die Erblichkeit des Besitzrechtes herausgebildet[116]. Erbberechtigt waren die Abkömmlinge; der Ehefrau stand regelmäßig nur eine lebenslängliche Leibzucht zu[117].

Zweifelhaft ist, ob in Everode Realteilung üblich war oder ob einer der Erben das Gut übernahm und die Miterben aussteuerte. Mit einiger Sicherheit wird man – trotz fehlender Quellenangaben – Erbteilung annehmen dürfen. Nur so läßt sich erklären, daß im Weistum von 1488 und 1502 kleinste Parzellen erwähnt werden (Bild des dreibeinigen Stuhles!) oder von einem Bettler oder Pilger auf Hägergut die Rede ist sowie von einem,

---

108 Vgl. GRIMM, III, S. 253 (Völksen 1647).
109 s. Anm. 107; vgl. b. NOLTEN, De praediis rusticorum, S. 150 (Homburg, Quästio 6).
110 StAH Hann. 74 Amt Lauenstein II, Fach 203, Nr. 1.
111 VOGELL, AdHV, Jg. 1846, S. 271.
112 NOLTEN, aaO., S. 150.
113 KIEWNING, MittLipp 1938, S. 73 (5 Heider Hagen).
114 NOLTEN, De praediis rusticorum, S. 164.
115 s. o., S. 115; RUSTENBACH, ZdHV, Jg. 1903, S. 632.
116 Für das Michaeliskloster vgl. StAH Hild. Br. 3, 1, 434 (1468): Hans Möller resigniert sein Hägergut für sich ‹et suos heredes›; GRIMM, IV, S. 685 (1513): Geschwister auf ungeteiltem Gut, also Erben; Beverina Hdschr. 300 (1643): Item 4 Kothoffe und gehoren den Erven zu dem Hegher guet.
117 GRIMM, III, S. 676 (Grohnde); VOGELL, AdHV, Jg. 1846, S. 272 (Bodenwerder); NOLTEN, De praediis rusticorum, S. 165 (Amelungsborn).

der nur sein Gewand hinterläßt[118]. Der Ertrag des Landes war so gering, daß an eine Abfindung wohl nicht zu denken war. Eine Änderung ergab sich offenbar erst im Zuge der landesherrlichen Redintegrierungspolitik des 17. Jahrhunderts. Das folgt aus einem von 1702 bis 1800 reichenden Zinsregister[119]. Während dieser Zeit blieb die Anzahl der Häger in Everode nahezu konstant: Von 1702–1716 gab es 19 Häger, von 1717–1722 sind es 21 und von 1723–1800 schließlich stets 22 Häger.

Auch in Alfeld scheint im 16. Jahrhundert noch Erbteilung üblich und zulässig gewesen zu sein:

Item noch ist tho rechte gefrageth worden, wen de hove vordeleth worden van den erven, wu se sick des wider holden scullen?
Dar up ist tho rechten ingebracht worden, se scullen dar eynen heger van maken.[120]

Der eingebrachte Rechtsspruch ist allerdings nicht ganz eindeutig. Ist damit gesagt, daß jeder der Erben an seinen Teil angesetzt werden soll? Oder liegt die Betonung auf ‹eynen›, was der Annahme eines Teilungsverbotes gleichkäme?

Für die Richtigkeit der ersten Möglichkeit spricht eine andere Stelle:

Anno 1595 wird einer der Söhne des verstorbenen Jobst Wackenroder an dessen Hägergut gesetzt, jedoch mit der folgenden Einschränkung,

Doch ist diese Ansetzung ohn vorkangk und nachtheil der anderen erben geschehen, welche in künfftiger theilung dafür undt entgegen die billige gleichheit bekommen sollen.[121]

Andere Hagenrechte enthielten Teilungsbeschränkungen oder -verbote. So war in Nordholz, Bodenwerder und Homburg[122] eine Teilung nur in Notfällen und mit Zustimmung des Grundherrn gestattet. In Lippe mußte ein Abkömmling das Hägergut übernehmen und die Geschwister abfinden. Das Recht der Heider Hagen erlaubte in Ausnahmefällen die Teilung unter höchstens vier Personen[123].

Bei Veräußerung des Gutes innerhalb der Hagengenossenschaft war ein besonderer Konsens des Grundherrn regelmäßig nicht erforderlich. Wenn in den Weistümern Regelungen von Verkauf oder Verpfändung enthalten sind, dann vorwiegend im Zusammenhang mit Nichtgenossen:

Ob ein Hegergut ohne vorwißen des Oberhegers an einen fremden der kein Heger sey, könne versetzt oder verkauft werden?
Eingebracht, nein, könne nicht geschehen.[124]

Häufig war die Veräußerungsbefugnis zusätzlich durch ein Retraktsrecht des Hagenherrn eingeschränkt.

Wan ein Heger sein Hegergut einen anderen fremden verkauffen wolle, ob der erste kauff nicht dem Oberheger gebuere, und des Juris protimiseos gebrauchen mochte?
Eingebracht, der Oberheger habe den Eintritt, und sich des Juris protimiseos zu gebrauchen.[124]

dath scal de vorkoper dem overheger vor erst ahn beden, wen de deth sulvige nicht hebben wil, so scal dath gudt mith oren willen vorkofft werden und se scullen dar eynen heger also vorth van scaffen.[125]

---

[118] GRIMM, IV, S. 683 (Art. 6, 15), S. 684 (Art. 5, 6, 7, 9).
[119] StAH Hild. Br. 3, 1, 792.
[120] Archiv Wrisbergholzen, Hdschr. 16 (1573).
[121] Ebd., Bl. 28 R.
[122] s. o., Anm. 110–112.
[123] KIEWNING, MittLipp 1938, S. 73; vgl. S. 90 (Wiembecke).
[124] StAH Hild. Br. 2, E, V, C (Langenholzen 1646).
[125] Archiv Wrisbergholzen, Hdschr. 16 (Alfeld 1573); vgl. NOLTEN, De praediis rusticorum, S. 160 (Amelungsborn, Quästio 15).

Man wird darüber hinaus annehmen können, daß – wie im Meierdingsrecht – auch die nächsten Verwandten des Veräußerers und die übrigen Genossen ein Eintrittsrecht hatten[126].

Unabhängig davon, ob der Erwerber oder Pfandgläubiger Genosse oder Fremder war, erforderte jeder Besitzwechsel gerichtlichen Ansatz gegen Erlegung der Umsaat[127]. Die Häger mußten folglich,

> wan die güter transferiren oder versetzen wollen, solches dem gericht anmelden, und sich allemahl die neuen Erben und besitzer der güter umb die Gebühr ansetzen und gleichergestalt anstat der alten nahmen einschreiben laßen.[128]

In einem Everoder Protokoll von 1664[129] finden sich folgende Eintragungen:

> Caspar Wildewalt sich lassen ansetzen ahn 5½ morgenlandes, ded. 12 gr.
> Henrich Arents der Junge angesetzt ahn hauß und hoff für 8 gr.
> Hanß und Ernst Wetling an 10 morgen landeß angesetzt, ded. 2 thl.
> Henrich Arents der alte sich lassen ansetzen ahn 18 morgenlandeß so geerbet.

Um 1800 lag die von einem Morgen zu zahlende Umsaat bei 28 Groschen[130].
In Langenholzen zahlte man dem Oberhäger

> von einem gantzen gude einen Rth., so Manngeld genennet wird, und von einem geringerem gude etwas geringers.

Zusätzlich erhielten die Genossen

> 1½ ton. Brühan, 1 Schincken, 3 bradtwurst.[131]

Der Hägerzins war seit jeher geringfügig. Im Jahre 1321 waren von einer Hufe dem Michaeliskloster

> III solidi Hildensemenses, IV pulli et I sexagena ovarum[132]

zu leisten. Gleiches galt noch im 17. Jahrhundert:

> Und ein jede Heger Hueffe mit seinen Hernhoffen oder Wohrden gibt 1 schock eyer, 3 Floren, 3 pullos und 1 tegethuon.[133]

Spätere Register, in denen infolge wiederholter Teilungen das früher zugrundeliegende Hufenmaß bereits fortgefallen ist, ergeben einen insgesamt höheren Geldbetrag bei nur geringem Anstieg der Naturalleistungen.
Zunächst ein Register vom Jahre 1722:

Tab. 11: «Hegerzins zu Everode, eingenommen anno 1722 den 22 t. Octobris.»[134]

	Mgr.	Pf.	Hüner	Eyer
Oberförster Willewald v. hoff	1	4	2	15
Henricus Casten	1	4	2	15
Henni Eltzen		6	1	15
Daniel Barthauer	1	4	2	15
Conrad Gryße	1	4	2	15

126 Für Lippe vgl. KIEWNING, aaO., S. 89 (Wiembecke).
127 Vgl. o., S. 104, 105.
128 StAH Hild. Br. 3, 1, 686 (1659).
129 StAH Hild. Br. 3, 1, 108.
130 StAH Hann. Des 94, Gen., G, II, C, IV, Nr. 6, Bl. 46.
131 StAH Hild. Br. 2, E, V, C (1654).
132 UB IV, 638; dsgl. UB IV, 1336 (1333).
133 Beverina Hdschr. Nr. 300 (1643).
134 StAH Hild. Br. 3, 1, 792.

	Mgr.	Pf.	Hüner	Eyer
idem von einer wüsten Kothstedde, rest. 1 hun		6	1	8
Stephen Schneider		6	1	7
Hans Holle, rest. 2 Huner, 15 eyer	1	4		
Ernst Droste, rest. 2 Huner	1	4	4	15
Christian Zimmermann, rest. 2 Huner, 15 eyer	1	4		15
Daniel Nolten	3		8	15
Hans Jurgen Klinkes, rest. 5 Huner	1	4		15
Carl Cramer, rest. 5 Huner		6		15
Herman Joachim Hagemann *als Hegervogt remittiert*[135]	–	–	–	–
Wilhelm Bertramb, rest. 1 Hun, 15 eyer	1	4	7	15
Joachim Wilhelm Negenhardt, rest. 2 Huner	1	4		15
Dietrich Möhle, rest. 2 Huner	1	4	4	15
August Strotman	1	4	2	15
Wilhelm Peters, rest. 15 eyer	1	4	2	
Hinrich Almstedt	1	4	2	15
Linkmans Hoff R. Oberforster		3	1	15
Schlieker Hoff R. Oberforster	1	4	2	15
Summa	28	7	43	270

Das letzte Register aus dem Jahre 1802 findet sich in den Auflösungsakten des Michaelisklosters[136]:

Tab. 12: Hägerzins zu Everode (1802)

	Gr.	Pf.	Hühner	Eier
Ernst Bock	1	4	2	15
Anton Bock	1	4	4	15
Christian Nothroth	1	4	2	15
Jürgen Veith	1	4	2	15
Johan Krätzer	1	4	2	15
Johan Kasten	1	4	2	15
Christian Kühne		6	1	15
Christian Bartels	1	4	4	15
Christian Stignoth		3	1	8
Heinrich Möhle	1	4	2	15
Derselbe		6	1	8
Joseph Möhle	1	4	2	15
Franz Möhle	1	4	4	15
Joseph Hagemann	1	4	2	15
Franz Almstedt	1	4	2	15
Derselbe		6	1	8
Philipp Hagemann	1	4	2	15
Lorenz Hagemann	1	4	2	15
Caspar Strothmann	1	4	2	15
Stephan Strothmann	1	4	2	15
Friedrich Strothmann[137]	1	4	2	15
Derselbe	1	4	2	15
Summa	28	3	46	309

135 Der jew. Hägervogt hatte sein Land für die Dauer seines Amtes zinsfrei.

136 StAH Hann. Des 94, Gen., G. II, C, IV, Nr. 6, Bl. 38.

137 Friedrich Strothmann war von 1781–1803 Hägervogt. Das Register von 1799 (s.o., Anm. 134) enthält den Vermerk: Gibt von beyden Höfen nichts, solange er Vogt ist.

Das Hägerland des Domkapitels in Langenholzen, Sack und Alfeld erbrachte im Jahre 1660 an Zinsen nur 2 Rth., 29 Gr. und 6 Pfennige, ferner Hühner und Eier im Wert von 7 Rth., 22 Gr. und an Ansatz- und sonstigen Gerichtsgebühren 5 Rth. und 20 Gr.[138].

Die vier Alfelder Hägerhöfe des Superintendenten Berkelmann zinsten im Jahre 1729 19 Groschen und 6 Pfennige[139].

D. Das Hägergericht

Es wurde ursprünglich jährlich einmal auf dem großen Meierhof – dem Abthof – in Everode gehalten.

In einem Meierbrief von 1577 heißt es:

Unser Hegedingk iß auf genanten hove jerlichs geholten sampt darzu gehorenden zinsen und was sonsten von den bemelten hoven von huneren eigeren und pfennigzinse gegeben wird.[140]

Das Güterverzeichnis von 1643 vermerkt

Hegerdingsgerichte wirdt jahrlichs donnerstag nach Lucas[141] auf dem Meyerhoff, der Abthoff genandt, gehalten, der Meyer stehet die Kostung.[142]

Nachdem die Gerichte des Klosters und des Amtes Winzenburg nicht mehr gemeinsam gehegt wurden, fand das Hägerding nicht mehr regelmäßig statt, sondern wurde nur noch nach Bedarf einberufen[143].

Das Kloster S. Michaelis hat zu Everoda über einige daselbst liegende Ländereien ein Hägergericht. Weil aber daselbst wenig vorfällt, so wird jetzt das Gericht nicht jährlich, sondern etwa ums dritte oder vierte Jahr von dem Herren Praelaten usw. gehalten.[144]

Wie auch bei den Meierdingen hatte in Everode der Inhaber des Meierhofs die Kosten des Gerichts zu tragen. Eine entsprechende Verpflichtung ergibt sich aus den Meierbriefen, z. B. aus dem des Amtsverwalters Schulze von 1772:

Schultze muß auch die Unkosten der Häger-Gerichte bestreiten, Essen und Trinken wie Futter für die Pferde.[145]

Im übrigen kann hinsichtlich der Verfassung und des Verfahrens der Hägerdinge auf das Meierdingsrecht verwiesen werden[146]. Anstelle des Meierdingsvogtes stand hier der Hägervogt oder Hägergrefe, dessen Amt spätestens seit dem 18. Jahrhundert lebenslänglich und wohl auch erblich war. Die Vögte in Everode waren seit 1710:

Hermann Joachim Hagemann	(1710–1742),
Franz Hagemann	(1743–1772),
Franz Wilhelm Hagemann	(1773–1780),
Friedrich Strothmann	(1781–1803)[147]

---

[138] StAH Hild. Br. 2, E, V. C.
[139] Archiv Wrisbergholzen, Hdschr. 16.
[140] StAH Hild. Br. 3, 1, 108.
[141] Das ist der 18. Oktober.
[142] Beverina Hdschr., Nr. 300.
[143] SEIDENSTICKER, I, S. 389.
[144] Bericht des Amtes Winzenburg v. 1696, HAGEMANN, S. 37.
[145] StAH Hild. Br. 3, 1, 139.
[146] MASCOV, S. 406; MEYER, S. 3; HEINZE, S. 38.
[147] StAH Hild. Br. 3, 1, 792.

Weitere Gerichtspersonen waren zwei Beisitzer, ein Prokurator des Grundherrn, ein Prokurator der Häger, je zwei Urteilsträger und Achtsleute[148].

Der Ansatz erfolgte auch hier richterlicherseits

mit Hand und Mund und eines grünen Zweiges[149],

sowie Eintragung in das Hägerbuch.

Für Langenholzen galt die Besonderheit, daß dem Oberhäger auch die Rechtsprechung in geringfügigen Strafsachen, insbesondere Unzucht, Scheltworte, Schlägerei, zustand. An ihn waren auch die Brüche zu leisten. In sonstigen Strafsachen hatte der Oberhäger den Täter ergreifen und nach 24 Stunden dem Amt überführen zu lassen[150].

[148] StAH Hild. Br. 2, E, V, C (Langenholzen 1651, 1772). Das Hägergericht des Kl. Amelungsborn sah im 18. Jh. ein 6-köpfiges Schöffenkollegium vor, NOLTEN, De praediis rusticorum, S. 155.

[149] s. Anm. 148.

[150] PUFENDORF, Introductio, I, S. 791; RUSTENBACH, ZdHV, Jg. 1903, S. 633.

Zusammenfassung

Um ein abschließendes Bild von den hier untersuchten grundherrlich-bäuerlichen Rechtsverhältnissen im Bistum Hildesheim zu erhalten, sollen noch einmal kurz die gewonnenen Ergebnisse aufgezeigt werden. Die Darstellung setzt ein zu einem Zeitpunkt, in welchem sich die wirtschaftlichen, sozialen und damit auch rechtlichen Verhältnisse der Bauern im ganzen nordwestdeutschen Raum in einem Umwandlungsprozeß größeren Ausmaßes befanden.

Diese Wandlung vollzog sich jedoch nicht unmittelbar auf Grund einschneidender Maßnahmen der Grundherren, sondern verlief im Bistum Hildesheim durchaus in der Form einer natürlichen Fortentwicklung, ohne daß eine erhebliche Steuerung «von oben» zu erkennen wäre.

Insbesondere gab es weder planmäßige Freilassungen von Liten in größerem Ausmaß, noch läßt sich die Zusammenlegung mehrerer Lathufen zu Großbauernstellen urkundlich nachweisen. Nicht zu übersehen ist allerdings, daß man auch im Bistum nach Wegen suchte, die Verwalter der Villikationen, die villici, unter Kontrolle zu halten und den Grundherren möglichst hohe Erträge zu sichern. So kam es teils zur Vergabe ganzer Villikationen gegen einen festen Zins (sog. ‹Villikationspacht›), teils zur Abtrennung der Haupthöfe von dem übrigen Verband; vielfach wurden die Haupthöfe nun zu Meierrecht ausgetan. Andere Grundherren – vor allem das Domkapitel – nahmen vakante Villikationen in eigene Verwaltung, wodurch die einzelnen Haupthöfe allmählich ihrer Sonderstellung entkleidet und den einstigen Nebenhöfen gleichgestellt wurden. Daß sich dabei letztlich manche Villikation faktisch auflöste, und die ‹Hörigkeit› der dort ansässigen Laten in Vergessenheit geriet, war die natürliche Folge solcher Maßnahmen. In ihrer Mehrzahl blieben die Höfeverbände jedoch über das Mittelalter hinaus bis in die Neuzeit als Meierdingsverbände bestehen; das Rechtsverhältnis der Laten blieb de jure unverändert, wenn auch aus dem ehemaligen Hofverband mit der Zeit ein bloßer Gerichtsverband, das Meierding i.w.S., wurde, und die Pflichten aus der ehemaligen Unfreiheit mehr und mehr nur noch als dingliche Belastung des Leihgutes empfunden wurden, so daß auch freie Bauern keine Bedenken hatten, einer solchen Meierdingsgenossenschaft beizutreten.

Das Meierdingsrecht behielt im übrigen, wie im einzelnen gezeigt worden ist, bis zur Auflösung des Klosters im 19. Jahrhundert seinen rein deutschrechtlichen Charakter bei, was vor allem auf die von den Grundherren hartnäckig verteidigte Unabhängigkeit der Meierdinge von der landesherrlichen Rechtsprechung zurückzuführen ist. So konnte das Verfahren vor den Meierdingen über Jahrhunderte hin nahezu unverändert nach den überkommenen Regeln ablaufen; in den Weistümern dieser Gerichte spiegelt sich häufig ältestes bäuerliches Recht wider.

Die alten Hofverbände sind also nicht etwa, wie es die Auffassung von WITTICH war, vom Meierrecht abgelöst worden. Letzteres hat sich vielmehr neben ihnen entwickelt. Bezeichnenderweise deuten die ersten Belege über Meierrecht nämlich nicht auf Villikationsorte, sondern gerade auf die Außenbereiche der Grundherrschaften, wo die Gefahr der ‹Entfremdung› des Streubesitzes naturgemäß am größten war. Die Entwicklungslinie des Meierrechts verläuft also gleichsam von außen nach innen.

Offen bleiben muß die Frage, zu welchem Besitzrecht die zahlreichen Streugüter vor dem Aufkommen des Meierrechts vergeben worden sind, ob freie oder unfreie Leiheformen Anwendung gefunden haben. Zwar haben wir gesehen, daß seit dem 13. Jahrhundert freie Erb- und Vitalleihen nachweisbar sind. Es dürfte jedoch unwahrscheinlich sein, daß der freie Bauer ohne weiteres eine Beschränkung seines Besitzrechts hingenommen hätte. Man wird daher wohl eher der Annahme früherer unfreier Leiheformen zuneigen müssen.

Das Meierrecht fand, wie vielerorts in Nordwestdeutschland, im Bistum eine schnelle Verbreitung und war seit der Mitte des 14. Jahrhunderts eindeutig vorherrschend. Dieses auf dem Landrecht beruhende Verhältnis zwischen Bauern und Grundherren erhielt sich im wesentlichen ebenfalls bis in das 19. Jahrhundert hinein, erfuhr jedoch im Gegensatz zum Recht der Meierdingsleute einige bedeutende Veränderungen.

Der Zins, der zunächst in Geldleistungen bestand, wurde etwa um 1400 in fixierte Getreideabgaben umgewandelt und erhielt sich auch über die folgenden Jahrhunderte in dieser Form. Umstritten blieb im Bistum Hildesheim lange die Frage der Erblichkeit des Meierrechts. Während im benachbarten Herzogtum Braunschweig-Lüneburg schon seit dem Beginn des 16. Jahrhunderts eine intensive Bauernschutzpolitik betrieben wurde, die auch die Erblichkeit der Besitzrechte zum Ziel hatte, war man in dieser Hinsicht im Bistum äußerst zurückhaltend, was nicht zuletzt auch auf konfessionellen Gründen beruht haben mag. Obwohl sie von der Ritterschaft und den Städten immer wieder hart bedrängt wurden, konnten sich die Bischöfe nicht zu einer förmlichen Anerkennung der Erblichkeit des Meierrechts entschließen. Aber wenn auch die geistlichen Grundherren in ihren Meierbriefen stets eine begrenzte Vertragszeit und den Heimfall nach Ablauf von sechs, neun oder zwölf Jahren festlegten, so war es doch unvermeidbar, daß sich allmählich eine Erbgewohnheit durchsetzte, da es vor allem während der Krisenzeit nach dem Ende des Dreißigjährigen Krieges im wirtschaftlichen Interesse der Grundherren lag, die Bewirtschaftung ihrer Höfe auf längere Zeit sicherzustellen. Eine förmliche Sanktionierung des Erbrechts fand jedoch erst mit der Verordnung vom 9.4.1781 statt, nachdem die Streitfrage in mehreren umfangreichen Prozessen bis vor das Reichskammergericht getragen worden war.

Bei der Behandlung des praktisch weniger bedeutsamen, jedoch rechts- und siedlungshistorisch interessanten Hagenrechts zeigte sich, daß die Häger des Michaelisklosters im südniedersächsischen Bergland neben schon bestehenden älteren Kerndörfern angesiedelt worden sind. Die gelegentlich geäußerte Vermutung, hier befände sich die eigentliche Heimat des Hagenrechts, erscheint daher wenig wahrscheinlich. Die für das lippische und schaumburgische Hagendorf typische Waldhufe ist hier zwar nicht in reiner Form anzutreffen, jedoch konnte gleichwohl teilweise eine waldhufenähnliche Flurform nachgewiesen werden, die ihre Entstehung aus der Rodung noch deutlich erkennen läßt. Die recht spärlichen Hagenrechtsquellen aus dem südniedersächsischen Raum konnten im übrigen durch das neu aufgefundene Weistum eines Alfelder Hägergerichts vermehrt werden.

In der personenrechtlichen Stellung der Häger im Verhältnis zum Grundherrn schien zunächst kein Unterschied zu den Meierdingsleuten erkennbar zu sein; einige Quellen erweckten den Eindruck als seien die Häger des Michaelisklosters ebenfalls ‹unfrei› gewesen. Das war jedoch, wie sich herausgestellt hat, nicht der Fall; die Verfasser dieser Urkunden haben vielmehr aller Wahrscheinlichkeit nach aus dem Bestehen einer Sterbfallabgabe (Köhr) auf die gleiche Rechtsstellung wie bei den Halseigenen geschlossen. Wie uns heute bekannt ist, war der Sterbfall aber seiner Natur nach kein Ausfluß des Eigentums an der Person eines anderen, sondern wurde vielerorts auch von freien Zinsleuten geleistet, wenn sie der familia eines Grundherrn angehörten. So war die Köhr nicht nur für die hildesheimischen Häger bezeichnend, sondern auch für die Häger in Lippe, deren Freiheit doch in den Weistümern wiederholt ausdrücklich hervorgehoben wird. Man wird daher im Ergebnis auch das hildesheimische Hagenrecht zu den ‹freien› Leiheformen zählen dürfen.

So verschieden die drei behandelten Besitzrechte ihrem Wesen nach auch waren, so gab es doch in der Praxis mannigfache Überschneidungen und Überlagerungen. Selten bewirtschaftete ein Bauer seine einzelnen Ländereien auf Grund ein und desselben Rechts. Häufig war er Meier und Meierdingsmann zugleich, auch besaß mancher Häger zusätzliches Meierland. Lediglich die Verbindung von Hagenrecht und Meierdingsrecht in einer Person war nicht anzutreffen.

Anhang

1. Meierbrief für Henning Pennebock, Gronau (1444) [1]

Eck Henning Pennebock tho Gronaw bekenne openbar in dussem breve vor meck unde mine
erve, dat eck van den Erwerdige hern abde Didericke, Henrico priori unde van dem gantzen
convente des stichtes tho sunte Michaelis bynnen Hildensem hebbe enfangen ore unde ores
stichtes gud, dat gehete is de Engelsbug mit aller tobehorunge, alse dat ores closters is, also
dat eck dat truweliken vorhegen unde vorwaren schal unde darvan upneme nud unde fruchte,
die darvan vallen unde werden mogen unde der bruken tho mine nud unde bequemicheit alle
de wile eck leve, unde schal unde wil den vorbenomeden hern abde une convente tho Sunte
Michaele iewelkes jares dar van gheve tho tinse dre malder wetes unde dre malder garsten gud
kornes, unde schal unde wil one dat korn wol tho dancke betalen tho alsodane tiden alß sick
dat gehord, sunder ienigerhande insage offte behelpunge. Wan eck aver van dodes wege nicht
en bin, so schal dat vorbenomede gud mit aller tobehorunge unde beterunge den leben hern
abbatis unde convente unde stichte wedder quid, ledich un loß sin, sunder ienich insage noch
miner erven edder ienich van ores wegen. Daß tho bekenntnisse hebbe eck Hening erbenomd
min Ingesigel gehenget an dussen breff.

(Als Anhang:)
Were aver dat queme lantschaden van hagell, van muscherunge, van hertoge, van water-
vlodinge edder mißgewachs, dar schullen un willen wi uns un unse nakomelinge ghehorlich
tho freden yme holden.

Diderick abbt

2. Meierbrief für Henning Fredrichs, Densdorf (1564) [2]

Wir Matthias abt des Stifftes S. Michaelis in Hildensem bekennen offentlich gegen allermen-
niglich, das wir den bescheyden Henning Fredrichs unsers Stiffts Hoffe mit einer Hufelandes
und zwantzig morgen sambt aller gerechtechet und zubehörung, so in und vor Denstorpf im
gerichte Eltze belegen, diese negestfolgend zwolf jarlang von dato dieses lauffenden vier und
sechtzigsten Jares anzurechnend zugebrauchen Meigersweise nachfolgender gestalt wedderumb
eingetan, also das ehr sol und wil uns und unserm Stifft aus und von solcher Landerei und
meigerschafft jarlichs zwischen Nativitatis marie und martini auch ferner ingesamt bey vorlust
der meigerschafft zwolf scheffel roggen und zwey scheffel guter garsten an guten reinen mar-
cketkauffgeben korn gaentzlich und wol zudanck in unseren Closter geben, entrichten und bezalen. Und weiter wil ehr unsers Stiffts Landerie in guter geile und gar halten und vorwaren,
dieselben vor sich selbst pfluegen, beseigen und gebrauchen, niemand anders davon wenich oder
viel einthun, vorkauffen, vormeigern, vorpfanden oder vorsetzen. Imfal aber Henning Fredrichs in obgemelter bezalung oder einigen artikuln dieses meigerbrefs saumich oder nachlessich,
alsdan sol ehr sich selbst abgemeigert haben und uns frey sten, unser gude unsers gefallens mit
einem andern meiger zu bestellen ahn des Henning Fredrichs oder sunst menniglichs insage
oder vorhindernis. Jedoch wenn ihm grosser ansenlicher schade an hagel, misswachs, muschery
oder herzoig wuerde vorfallen, der soll auf gedachten Henning Fredrichs erfürdern besichtiget
werden und sich zudem einer nach den andern nachbarlicher und lantlicher weis schicken und
vorbehalten. Wan aber die zwolf jar vorbei und vorflossen, als dan sol uns unser Hof und

---

[1] StAH Hild. Br. 3, 1, 157, Bl. 13.
[2] StAH Hild. Br. 3, 1, 82.

gemelte Landerie mit aller gerechtichet und zubehörung, wir dieselben nach unsers Stiffts besten gefallen und bequemichet meigers zu gebrauch haben, erledigt und losgefallen sein. Dieses alles hat Henning Fredrichs uns bey seiner ehren zu halten gelobet.

3. Meierbrief für Hermann Siborch, Giesen (1609) [3]

Wir Johannes Abtt des Closters S. Michaelis zu Hildesheimb bekennen offentlich zu und mit dieses brieves gegen jedermenniglichen, das wir Herman Siborch unsers Closters Kothoff zu Giesen im Gericht Steuerwaldt belegen, mit aller gerechtigheit und zubehorunge in holtze, velde, wasser, wischen und weide wie man das benahmen mag, nichts davon ausbeschieden, diese nechstfolgende zwolf jahr langk Meigerweise vorschrieben und eingethan haben, und thun das hiemit und in krafft dieses brieves also und diesergestalt, das gemelter Herman Siborch soll und will uns und unserm Closter van gedachtem Kothoffe jerlichs auff Michaelis einen gulden, ein halb schock frischer eyer und zwey huners zu zinse geben und in unser Closter bringen. Er soll und will auch den hoff selbst bewohnen, denselben niemand einthun, nicht vormeigern, vorpfenden und vorsetzen, es geschehe denn mit unserem oder unser Nachkommen medewissen, fulborde und nachgeben. Imfall aber ehr in ansehung des jarlichen Zinses saumich oder nachlessich befunden oder sonstens einige Articuln übertretten wuerde, alsdan soll ehr sich selbst abgemeigert haben, und soll uns frey stehen, unseren Kothoff mit einem anderen Meiger zu bestellen ahne Herman Siborchs oder sonsten menniglichs verhinderung. Wannher aber die zwolf jahr verflossen, alsdan soll uns unser Kothoff mit aller gerechtigkeit und zubehörung quidt, frey ledich und loos heimbgefallen seyn und bleiben. Alle vorschriebenen Punct und Articull dieses brieves hadt gemelter Herman Siborch uns woll zu halten angelobt.

4. Meierbrief für die Gemeinde Kl. Giesen (1668) [4]

Wir Nicolaus erwehlt und bestädtigter abbt des Stiffts und Closters S. Michaelis in der Stadt Hildeßheimb urkunden hiemit und bekennen offentlich in und mit diesem Brieffe für uns, unser Stifft und nachkommen, auch sonsten jedermenniglichen, daß wir der bescheiden Gemeinde in Lütgen Giesen ambts Steuerwald unsers Closters Meyerhoff mit 4 Hueffen landeß, sambt aller gerechtichkeit und zubehorunge im holte, felde, waßer und wise in und für Lütgen Giesen belegen, diese nechst folgende neun jahrlang, von dato dieses Briefs anzurechnen, Meyerweise eingethan haben, also und dieser gestalt, daß die gemeinde uns, unserm Closter und Nachkommen von fürbeschriebenen Meyerhoff und Landerey jahrlichs zwischen Nativ. Marie und Martini tag, bey verlust der Meyerstatt ein Fuder roggen, ein Fuder gersten und anderthalb Fuder Habers Hildesh. stadtmaße an marcketkauffgebigen korn, darzu jedes jahr 1 schock eyer, eine ganß und zwey Hahnen gewißlichen und zu dancke in unser Closter entrichten und bezahlen, auch jahrlichs uns drey Reißen :/: außerhalb aber der Erndte :/: auff erfordern verrichten sollen und wollen. Falls aber deren drey Reißen nicht behueffig, und also nicht geschehen, daß dafür jede zwey gülden Müntz zu geben schuldig und pflichtich sein. Immittelst aber wollen sie unsere Landerey in guter gaihl und gahre halten und bewahren, dieselbe bey aller gerechtichheit und freyheit verthätigen, und unter sich selbsten besahmen und gebrauchen, niemand davon wenich oder viel einthun, nicht verendern, vermeigern, versetzen, verpfanden, verkauffen oder sonsten andern etwas davon abalieniren noch in anderen handen ohn unsern Consens und Einwilligung kommen laßen, sondern dieselbe mit allem Zubehör getreulich beieinander bewahren. Sofern aber wider verhoffen mehrgedachte gemeinde in vorgesetzter bezahlung saumig oder sonsten einige Articul dieses Briefes übertretten würde, welches Jahr es geschehen, alßdan soll sich diese selbsten abgemeyert haben, und uns frey stehen, unsere Landerey mit einem andern, ohn jemand insage und verhinderunge, zu besetzen. Würde aber zwischen dero Zeit großer ansehnlicher schade oder Mißgewachs fürfallen, der soll auf ihr erfürdern und Unkosten besichtigt werden, und wir alßdan unß gegen ihnen nachbahrlicher weiße nach schicken und

[3] StAH Hild. Br. 3, 1, 156, Bl. 13.
[4] StAH Hild. Br. 3, 1, 156, Bl. 16, 17.

verhalten wollen. Wan nun aber diese neun Jahr verschienen und verfloßen, oder einer oder ander von beiden Theilen mittlerweile mit Tode abgehen, alßdan soll uns, unserm Closter und Nachkommen sothane Landerey mit geihl und gahr, Zubehörung und gerechtigkeit quit, frey, ledig und looß ohn jemandes insage und verhinderung, stundtlich wiederumb entlediget und anheimb gefallen seyn und bleiben.

5. Meierbrief für Hans Busch, Ahrbergen (1704) [5]

Wir Benedictus Abt des Stifts St. Michaelis bekunden hiermit und bekennen, daß wir den ehrsamen Hans Buschen Unseres Stifts zehntfreien Meyerhoff mit 5 zehentfreyen Huoben landes sambt aller Zubehör und gerechtigkeit im Dorfe, Felde, Holtze, wiesen und weiden, in und für Arbergen belegen, auf zwolf negstfolgende und heute dato anfahende Jahren, als Meyerungs recht, ahrt und gewohnheit ist, diesergestalt bemeyert haben, wie wir denselbigen kraft dieses gegenwertig damit bemeyern, daß er nemblig bei Verlust dieser Meyerstadt Unserem Stifte jährligs davon zwey Fuhder und 10 Scheffel wetes und zwey Fuhder und 10 Scheffel roggen und zwey Fuhder und 10 Scheffel gersten Clostermaß /: wovon jedoch bey Mißwachs, Hagelschlag, Kriegszug und dgl. Unglück, das Gott verhüthen möge, billigmäßige Remission widerfahren soll :/ zwischen Nativ. Mariae und Martini nebst 26 Gr. Dienstgeld, einer Gans usw. entrichten soll. Wiewentiger nicht allerhand onera gehörigen orths abtragen, das Land in guthen Zustand bringen und erhalten, davon ohne unseren Consens nichts versetzen, verpfänden, verkaufen, vertauschen, verändern, beschwehren noch in einige andere weyse abalienieren, sondern dasselbig vielmehr treu verwahren, selbst cultivieren, und was etwa ohne Unseres Stifts Vorwissen abhanden gekommen, ohne Verzug und entgeld recuperieren, und insgemein, wie einem ehrlichen aufrichtigen und getreuen colono gebührt, sich gegen Uns bezeigen soll. Nach Ablauf der zwolf Jahren aber, oder wenn einer von Uns inmittelst mit Thodte abgehet, wie dann auch im event einiger contravention wider diesen Meyerbrief oder dessen angehengten Clausuln soll diese Meyerstatt erloschen und das Land zu Unserer freyen disposition wieder heymbgefallen seyn; nichtsdestoweniger aber aller Nachstand an Korn, Dienstgeld, gänze, hüneren, eyeren usw. nebst Unkosten, Schaden und Interesse muß gezahlt werden.

6. Zum Streit um die Zuständigkeit der Häger von Eyershausen und Dankelsheim

Bekanntmachung des Amtmanns zu Winzenburg, Melchior Marting, vom 4. Juni 1659 [6]:

Weilen I. Churf. Gn. unseres gn. Herren angehörigen Hegerleuthe zu Eyershausen und Danckelsen fürs Hegergerichte des Ambts Wintzenburg gehörig, so in diesen vorgewesenen Kriegsjahren beym Ambte nicht gehalten worden, sondern weil davor nicht viell zu thuende vorgefallen, fürm Hegergericht des Closters zu St. Michaelis zu Hildesheim in Everode was zu thuende gehabt, als mit auftragt und verlaßung, alda verrichten laßen, zu welchem gerichte diese leute und hiergegen die Hegerleute des Closters St. Michaelis fürs Hegergerichte, so allhie beym ambte zu Hasekenhausen gehalten worden, von alters wegen der Nachbarschafft und geringen Menge dero leuten, laut Erbregister, gefordert worden, nunmehr allerhand newerungen undt gefehrliche consequentien alda fürm Hegergericht zu Everoda zugezogen werden wollen, so gar das sie auch dem Closter zu St. Michaelis köhrpflichtig gemacht, und consequenter der köhr dem ambte, wohin gehörig, geschmehlert undt entzogen werden wollen, und als gedachte unseres gn. Herrn Hegerleute darin nicht willigen können noch wollen, vom gerichte daselbst ganzlich abgewiesen worden, solchen unpilligen beginnen aber in Zeiten zuvorzukommen, und damit dennoch die gerechtigkeit der Hegerleute und ihre güter nicht in abgang gerathen, woraus das directum Dominium unseres gn. Herren über solche Hegergüter, als Erbenzinßherrn, conservirt und nicht intervertirt werden möge, hat das ambt für gut angesehen, daß unseres gn. Herrn Hegergericht alhier zu Hasekenhausen wieder angeordnet, darauff die ge-

[5] StAH Hild. Br. 3, 1, 22.
[6] StAH Hild. Br. 3, 1, 686.

hörigen Hegerleute aljahrlichs erscheinen und negst erlegung ihrer gewöhnlichen Hegerzinse und köhrpflicht, ihre Namen mit den güteren in ein darzu sonderlich verordnetes Hegergerichtsbuch einschreiben lassen, sich auch, wann die güter transferiren oder vorsetzen wollen, solches dem gerichte anmelden, und sich allemahl die neuen Erben und besitzer der güter umb die gebühr ansetzen und gleichergestalt anstat der alten nahmen einschreiben laßen können.

So wirdt nun solches allen und jeden, so uf I. Churf. Durchl. unseres gn. Herrn Hegergerichte dingk- und dem ambt hegerzinß- und köhrpflichtige güther unter sich haben und besitzen, kundt und zu wissen gemacht, daß solches Hegergericht darüber zu halten, auf dem Montag für S. Aegidii fruhe morgens aljahrlichs unußsetzlich alhie zu Hasekenhausen gehalten werden soll, darauff alßdan die darauff gehörige Hegerleute bey gewöhnlicher straffe erscheinen, ihre nahmen ins Hegerbuch einschreiben lassen, auch ihre Hegerzinsen und verfallene köhr abrichten und bezahlen undt was ein mit den andern der hegergüter halber ex contractu vel quasi zu thuende, daselbst rechten und schlichten, undt nach erkentniß der hegerleute und gerichts sich die güter ein den andern bey verlust der güter innerhalb jahr undt tag gerichtlich auftragen, undt sich erblich oder pfandsweise ansetzen und einschreiben lassen sollen und müßen, dabey gleichwohl diesen unseres gn. Herrn Hegerleuten frey gelassen sein soll, wann zum Hegergericht zu Everode geladen worden, demselben wegen guter nachbarschafft, wie von alters präuchlich gewest, bey zu wohnen, gestalt auch des Closters Hegerleute zu Everode nicht gewehret werden soll, des ambtes Hegergerichte alhie zu Hasekenhausen auch zu besuchen und demselben bey zu wohnen, wornach sich ein jeder zu achten und damit solches zu jedermanns wissenschaft gelange, so sol dieses von der Cantzeln zu Wetteborn, wohin die Leute zu Eyershausen und Danckelsen zur Pfarrkirche gehörig, publicirt undt an die Kirchthür daselbst affigirt undt angeschlagen werden. Sigl. Wintzenburg, den 4. Juni 1659.

Melchior Marting

Schreiben des Abtes zu St. Michaelis an die bischöfliche Regierung vom 22. August 1659[7]:

Ob wir nun wol nie ermeßen noch muthmaßen können, daß gemeltes unseres Hegergericht kundbare observantz und gerechtigkeit von frembden menschen, geschwiegen von gedachten Einwohnern selbsten im allergeringsten sollte in zweiffel gezogen, viel weniger aber disputirt und gestritten werden, haben wir dennoch bey letztgehaltenen Hegergericht befrembdlich vernehmen müssen, daß sich die von Eyershausen öffentlich vermessen dorffen, von berürten unserem Hegergerichte ohn Erlaubniß und vor deßen Endschafft de facto sich zu subduciren, widersetzlich davon weg zu gehen, und ungeschwert verlauten zu laßen, daß sie eben nicht obligat weren, vor mehrbesagten Hegergericht zu erscheinen, sondern daß solches nur auß gutem willen, jedoch ohne jede schuldigkeit thäten, und darzu so wenig alß auch zu abstattung der köhr im wenigsten sich verbunden erkenneten. Ob nun gedachte Einwöhner bey solchem frevelmüthigen Beginnen uff des Ambtmans zur Wintzenburg seine Einrathung und assistentz (gestalt derselbe wegen der vor dieses Hegergericht gehörigen Güter, die er in ziemblicher quantität an sich gebracht, hierunter merklich interessirt ist, und also vermuthlich Rath und That dazu mitgeben mag) sich etwa verlassen, solches stellen wir an seinen ort, vermeinen unmüglich zu sagen, daß gedachte Einwohner sine instincti sich verkühnen würden, dergleichen vorzunehmen und zu attentiren.

Schreiben des Abtes zu St. Michaelis an den Bischof vom 15. September 1662[8]:

Welcher unverantwortlichermaßen der Ambtman Melchior Marting zur Wintzenburg nun etzliche Jahr lang unser Gotteshauß in dem nemblich auß Haß und Neyd, wiewohl ohn eintzigen Anlaß und Ursach, auch sonder den geringsten Nutzen und vortheill Ew. Churf. Durchl. (welchen Titul und praetext er dannoch bey allen seinem Unfueg diesfalls zur Deckmantel brauchet und auf die Spitze stellet) verfolget und graviret, daß er unsere offenkundige zu Eyershausen, Danckelsen und an anderen angelegenen orten seßhaften Hegerleute unserem Closter abwendig zu machen sich äußerst befließen: wird Ew. Churf. Durchl. von denen zu

7 StAH Hild. Br. 1, 23, 1, Nr. 112, Bl. 1.
8 StAH Hild. Br. 1, 23, 1, Nr. 64, Bl. 26.

Hin- und Beylegung dieser Streitigkeiten gnädigst verordneten commissariis auf erfordern referiret, daßselbig aber am meisten ex actis utpote hoc notori facientibus außfindig gemacht werden können. Wan aber, gnädigster Herr, wir für uns haben, daß nemblich die Hegerleute von langen lieben undenklich Jahren, auch da die Herren Hertzog zu Braunschweig undt Lüneburg noch das Hauß Wintzenburg innegehabt, niehmalen darinnen turbirt worden, unser jährlich Hegergericht zu besuchen, deren cognition sich unter werffen, und so wol den Hegerzinß als den köhr und andere schuldigkeiten unserem Stifft praestiren müssen, und niehmals außerhalb besagten ambtman (welcher wegen ein und anderer acquirirten Hegergüter nur sein eigen interesse hierbey führt) contradiction, geschweige denn allergeringste turbation iemahls erfahren: und dann Ew. Churf. Durchl. gleichfalls ex quoque alio capite an denselbig habenden Recht nicht disputiren, sondern gahr gern nachgeben, daß unsere Hegerleuthe etwa auß einem anderen fundament Ew. Churf. Durchl. ambt Wintzenburg obligat seyn mogen, alßo ermeldte ambtmann nicht befugt sey, unsere gerechtsame in hoc passu anzufechten. So bitten wir unterthänigst, Ew. Churf. Durchl. wollen den Hochverordneten Commissariis ein gnädigstes monitorium dahin ertheilen, daß dieselben in dieser Commissions Sache, so nicht selber den rechtlichen außschlag geben, dennoch ad minimum Ew. Churf. Durchl. zu dero gnädigster Erörterung eine rechtschaffene umbständliche relation erstatten, und dermahl eins ein gnädigstes mandatum manutenentiae erfolgen möge.

Schreiben des Abtes zu St. Michaelis an Oberförster Wildewald in Everode vom 1. Juli 1664[9]:

Unseren Gruß zuvor, lieber getreuer Freund!

Demselben verhalten hiermit nicht, daß unser Hegergericht zu Evigeroda, ungeachtet des ambtmans seines verbottes, und deren von Eyershausen ihrer widrigen Erklährung, uff negstkommenden dienstag – geliebts Gott – gehalten und alßdan in einem und anderen, waß sich gebühren will, von unseretwegen beobachtet undt verfüget werden solle. Unterdeßen ist unsere Meinung, daß solch unser Hegergericht von unserem conventualen p. Walthero Günters pastorn zu Hasekenhausen ex cathedra publicirt undt ein jedweder für Schaden gewarnd werde, zumahlen wie wir, unserem gnädigsten Herrn an seiner Gerechtsame einige Eintrag zu thun, ganz nicht gemeinet: also wir auch unserem Gotteshaus sein interesse, so die hergebrachte possession diesfalls abzwacken zu lassen, keineswegs verantworten können.

Welches mit wenigen anfügen sollen, den H. Oberförster ersuchend, Er dieses unserem conventualen obbenannt alßbald notificiren und in dem Schutz Gottes befohlen sein wollen.

Hildeßheimb, den 1. July 1664

7. Hägergericht zu Alfeld[10]

Bl. 1 (Umschlagblatt mit Aufschrift in Buchschrift):
      Harmannus Rem   (abgerissene Ecke)
(darunter mit anderer Tinte):
      von 1570

Bl. 2   Anno 73 den 1. novembris

     Item unse hegerschen hove wy volgt
     Item myn suager und ick hebben eyn hegergerichte geholden in Hinrick Barntorpes huse den ersten novembris anno 73.

     Item wy scullen hebben nach luth segel und breven 6½ hegerschen hoff in dem olden dorpe, des hebben wy noch 4 hoffe, de anderen sinth uns voruntruweth.

[9] StAH Hild. Br. 3, 1, 686.
[10] Archiv Wrisbergholzen, Hdschr. 16, Notizbuch des Alfelder Bürgers Hermann Riemenschneider.

(dazu Vermerk vom 3. Juli 1650 auf der Nebenseite links, d. i. Rückseite von Bl. 1):

    1. Jost Möller undt Adolf Schmedte garte
       fürm Perckthor, hegersche güter.
    2. Jürgen Schuchmacher fürm Holtzerthor
       hegersche zinße vom garten.
    3. M. Hans Randaw undt Curdt Fetten w 1 heger-
       schen Hoppenberg fürm Perckthor.
    4. Heinrich Wackenroder 1 hegerschen hoff
       uff Altendorff.

dieses seint die 4 hegerschen höffe, davon die Kuheköhr cum pertinentiis uns, wan
der heger verfallet, gehören.
Signat. 3. Julii 1650

Bl. 2 r.   Anno 73 den ersten novembris hefft sick
           Jost Wackenroder ahn synen hoff setten
           lathen und ist dar eyn heger van geworden
           und gaff den hegeren ½ t bers und
           1 scapkesse und vor 4 s witbroith unde
           betalede van iderem Jar 2 honer, de vorseten
           weren.

(darunter Vermerk vom 3. Juli 1650):

           Dießen hegerschen hoff hat Heinrich
           Wackenroder uff der Leinstraßen im
           Besitz, der für einen Heger anno 1595
           dran gesetzet ist.

Bl. 3   Den ersten novembris 73
           Item Barthold Wackenroder hefft sick dosul-
           vest ahn synen hoff setten laten und ist dar
           eyn heger van geworden und gaff den hegeren
           ½ t bers, eynen scapkesse und vor 4 s
           witbroth und betalede van ideren Jare 2 honer,
           de vorseten weren.

(darunter Vermerk):

           Diesen hegerschen hoff hat itzo Adolf Schmet
           und Jobst Wackenroders oder deßen successores
           in der Ehe Jost Müllers in der Pagelstraßen
           Erben, als Hans Rolefes et consorten, an
           welchen hoff Adolff Schmet anno 1685 ange-
           setzet ist für einen heger den 18. Januarii.

Bl. 3 r.   Den ersten novembris 73.
           Item Koneke Kochen de hefft sick ahn synen
           hoff setten laten und ist dar eyn heger van
           geworden und gaff den hegeren ½ t bers
           und 1 scapkesse und vor 4 s witbroth und
           betalede van iderem Jare 2 honer, de vorseten weren.
           Item ith hefft Hinrick Busman dussen hoff
           halleff.

(darunter Vermerk um 1650):

           Dießen hegerschen hoff haben itzo Hans
           Randaw undt Curdt Fetten w; dieser Fetti-
           schen w erster man Hans Stoffregen ist dran
           für einen heger angesetzet worden.

Bl. 4   Ano 73 den 1. novembris

Item Cordt Smeth de hefft synen hegerschen
hoff entfangen van unserem vader und sick
vor den hegeren darahn setten laten, und
hefft sine gebor darvan gegeven und he hefft
ohne van uns up dath nie entfangen und hefft
de honer ock betaleth.

(darunter von anderer Hand):

dedit 7¹/₂ s anno 74.

(darunter von dritter Hand nachgetragen ca. 1590):

habet itzo Hans Rolefes, zuvorn aber Ehr
Pagel undt Heinrich Struwy, itzo aber Georg
Schuchmacher,

Bl. 4 r.   Anno 73 den 1. novembris.

Item ith hebben sick de heger mith uns
vordragen, dath se uns willen ohre lewedage
vor den tyns und honer geven 15 f.
Eyn ider van synem hove.

Bl. 5   Anno 73 den 1. novembris.

Item ith hefft uns de Heynemeygersche ohre
hegerske menne by dath gerichte geleneth
mith nhamen wy volgeth

Hynrick vunken
Ludeke Helmedach
Fricke Ryken
Hans Bartram
Tylke Wulwes
N. Ruden
Tilke Wulwes

und Tile Smeth ist unse vorsprake gewesen.

Bl. 5 r.   Anno 73 den ersten novembris

1. Item erstlich ist gefrageth worden eyn ordel tho rechte, wem se de guder bekennen.
   Darup hebben se tho rechte ingebracht, se bekennen de guder nemanth als
   Hans Remensnider und Hynrick Barntorp und ohren erven.
2. Item ith ist eyn ordel tho rechte gefrageth worden, wan se de guder verun-
   truwen, wath se denne scullen vorfallen syn.
   Dar up ist tho rechte ingebracht worden, so scullen se de guder vorvallen syn.
3. Item ith ist tho rechte gefrageth worden, wen de heger vorvalle dodes halben,
   wath de kör sy, den de overheger dar von hebben scullen.
   Darup ist tho rechte ingebracht worden, eyne koy, oder se mogen de mith
   gelde betalen oder wes se des by den overheger bekomen künnen.
4. Item ith ist tho rechte gefrageth worden, wen de kör velth, wor balde dath
   sculle gefructheth werden.
   Darup ist tho rechte ingebracht worden, se scullen dath in 4 wecken synnen
   und in vertein dagen nha den kör leggen.
5. Item noch ist tho rechte gefrageth worden, wen dat nicht tho rechten tith gescege, wu men sick des holden scolde.
   Dar up ist tho rechte ingebracht worden, so scal men de guder in eynen kummer slan und se scullen 1 marck tho straffe geven.
6. Item noch ist tho rechte gefrageth worden, wen de hove vordeleth worden
   van den erven, wu se sick des wider holden scullen

Dar up ist tho rechte ingebracht worden, se scullen dar eynen heger van maken.
7. Item noch ist tho rechte gefrageth worden, wan se de hegerschen tynse geven scullen.
Dar up ist tho rechte ingebracht worden, se scullen de tinse in der mentwecken in eynem hope uthgeven in des overhegers huse.
8. Item noch ist tho rechte gefrageth worden, wen dath nicht tho rechter tyth gescege, wath se denne scullen vorvallen syn.
Dar up ist tho rechte ingebracht worden, so isseth des andern dages dubbelth und so vaken dath gesceth.
9. Item noch isseth tho rechte gefrageth worden, wen de heger dath gudt vorkopen wolde, wu he sick darinne holden scolde.
Dar up ist ingebracht worden, dath scal de vorkoper dem overheger vor erst ahn beden, wen de dath sulvige nicht hebben wil, so scal doch dath gudt mith oren willen vorkofft werden und se scullen dar eynen heger also vorth van schaffen.

Bl. 8 r. bis Bl. 28 Meiersachen. Unter den Bl. 11 ff. aufgeführten 35 Meiern haben fünf noch zusätzliches Hägerland.

Bl. 28 r. Anno 1595 den 8 ten Julii dinstages vor Margarethen ist anstatt Jobsten Wackenroders seligern sein Sohn Hinrich der Jüngste heger worden, und von Harman Riemensneider, Johan Barnstorff als oberheger dran gesetzet, in beisein Bartholdt Wackenroders und Hinrichen Strüwies als mithegern. Undt hatt die mutter nebenst Ihren Kindern die gebuer den hegeren als eine halbe thonne biers, einen schafkese undt vor 4 s wittbrott sampt den huneren verwilliget. Doch ist diese Ansatzung ohn Vorkangk und nachtheil der anderen erben geschehen, welche in künfftiger theilung dafür undt enttjegen die billige gleichheitt bekommen sollen.
Actum ut supra

(Zusatz von anderer Hand):
und hadt für den Kohr gegeben 8 fl.

Bei der Akte ein loses Blatt folgenden Inhalts:
Extract auß dem Alfeldischen vormahligen Barnstorff- und Riemenschneiderschen, jetzo Berckelmannschen Hägergerichte de anno 1573, d. 1. Novembris:
(folgen die gemeinen Fragen 1–9 im wesentlichen unverändert)
Extrahirt im Hägergerichte Alfeld, d. 2. Jan. 1726.

8. Hägergericht zu Northolz (um 1700) [11]

A. Interrogatoria generalia:
1. Ob es so ferne Tages, daß man wegen des etc. ein hägerisch Gerichte hegen und spannen (?), auch öffentlich halten möge?
Ja.

[11] StAH Hann. 74, Amt Lauenstein II, Fach 203 Nr. 1; die im wesentlichen wörtliche Wiedergabe wurde mir freundlicherweise von W. HARTMANN in Hildesheim zur Verfügung gestellt.

2. Mit was und wieviel Personen solch gericht besetzet werden soll?
   Es müssen 7 oder 9 Personen sein.
4. Wann denn dieses Gerichte heute bei scheinenden Sonnen nicht verrichtet werden könnte, ob dann Ihre Freyherrl. Gnaden nicht befuegt, des morgenden Tages das Gericht zu continuiren?
   Ja.
5. Was aufm Hägergericht geboten und verboten sein soll?
   Recht ist geboten, Unrecht aber verboten, und daß niemand ohne Procuratore seine Sache vorbringen soll.

B. Interrogatoria specialia:

1. Wann ein Hägermann von seinem Hägerjunkern oder Gutsherrn zu Gerichte geladen und selbiger sonder Erweis Ehehaften mutwillig ausbleiben würde, ob er solches ohne Brüche getan?
   Er sei schuldig, auf jedesmalige citation zu erscheinen und ohne Brüche nicht auszubleiben.
2. In hägerischen Sachen ist nur das Hägergericht anzurufen.
3. Der verlierende Teil soll Schaden und Kosten tragen.
4. Wer sich bei dem hägerischen Urteil nicht zufrieden gibt und ein anderes Gericht anruft, soll der Hägergüter verlustig sein.
5. Wer dem Hägerjunker zu gebührender Zeit praestanda nicht praestirt, ist seines Hägerguts verlustig.
6. Wer dem Hägerjunker die Köhr schuldig ist, muß es dem Junker binnen 4 Wochen anzeigen, und er muß hernach innerhalb Jahr und Tagen die gehörende Gebühr entrichten.
7. Wann der Fall von Hägern sei und kommt, was alsdann der Köer sein müsse?
   Von einer Hufe Landes als ganzer Köer eine Kuh oder 5 Thaler, da es aber ein voller Meierhof, gebührt davon ein Pferd nächst dem besten oder dafür 10 Thaler, jedoch auf Willkür und Belieben des Gutsherrn entweder das Geld oder das Vieh in natura zu nehmen.
8. Nur wenn der eingeschriebene Hägermann stirbt, gebührt die Köhr, nicht aber, wenn der Hägerjunker stirbt.
9. Ohne Consens des hägerischen Herrn dürfen Hägergüter nicht geteilt auch nicht pro dote mitgegeben werden, sondern sie müssen in eins bleiben,
11. Da einer mehr hägerische Güter als ein Gut hätte, wie selbiger sich mit der Köhr zu bezeigen?
    So manch Gut, so mannich Köhr müsse erfolgen.
12. Hägergut, das ohne Consens des Hägerjunkers verkauft oder veralienirt wird, ist caduc und dem Junker anheimgefallen.
13. Stirbt ein hägerisch Mann oder Frau, so müssen die Successoren das Gut binnen Monatsfrist gesinnen, und zwar der Mann; da ihm aber die Frau, so keine Hägerin, verstürbe, gebe er davon keine Koer, und die Frau, so ohne Kinder, behielte ad dies vitae ihre Leibzucht darin und weiteres nicht, fiele auch sodann an den Grundherrn.
14. Wenn ein Hägermann dies Gebot mutwillig versäße und nicht gesönne, wäre er in des Junkern Gnade oder gar der privation gewärtig.
15. Anspruch auf hägerisches Gut muß von einem, der innerhalb Landes ist, innerhalb Jahr und Tag, von einem, der außerhalb Landes ist, innerhalb 30 Jahren erhoben werden.
16. Wenn hägerisches Gut geteilt wird, ist nur derjenige rechter Hägermann, der die possession der Güter hat und ein rechter Linie wäre; dieser muß die Koer geben, die anderen gehören nicht dazu.
18. Fleischzehnt von Schweinen und Federvieh an den Junker zu geben, ist hier nicht hergebracht.
26. Wer vor dem Hägergericht klagt, muß ins Gericht 3 Mgr. geben; davon gehört ⅓ dem Richter, das übrige dem Protokollführer; 3 Gr. gebühren den freien Schöffen.
27. Für das Urteil in Klagesachen ist 1 Thaler zu zahlen; für den Ansatz ohne die Koer 1 Thaler für den Schein und 1 Thaler für die freien Schöffen.
28. Diese Urteil sollen in voller Kraft verbleiben.

9. Feierlichkeiten bei Eröffnung und Schließung des von Oldershauseschen Hägergerichts in Gandersheim[12]

Anfänglich publiciret Oldershaußischer Gerichtshalter nomine derer von Oldershaußen ein öffentliches freyes Hägergericht, und nachdem das Gericht mit denen gehörigen Personen all-sämbtlich bestellet und besetzet, so committirt er dem Gräfen, das Gericht mit den gewöhnlichen Curialien zu hegen und zu halten. Wenn solches geschehen, wird die Erbschaft verlesen, und die absentes so wohl de praeterito als praesenti werden juxta statuta bestraffet, geschehen die Auf-träge und gerichtliche Ansetzung derer Gerichtserben, und wenn man damit zum Ende, werden fürfallende Klagesachen vorgenommen, untersuchet und entschieden. Die eigentlichen solennia und Curialien sind folgende:

Der Gräfe: Herr Procurator ich frage ein Urtheil zu recht, ob es sofern Tageszeit, daß ich Nahmens des Hochwollgebornen Herrn N.N. von Oldershaußen allhie ein freyes Olders-haußisches Hägergericht hegen und halten möge von Rechtswegen.

Procurator: Weil ihr habet die Macht und Gewalt von Gott und der Obrigkeit, so erkenne ich vor Recht, daß ihr Namens des Hochwollgebohrnen Herrn N.N. von Oldershaußen allhie ein freyes Oldershaußisches Hägergericht hegen und halten möget von Rechtswegen.

Gräfe: So frage ich ferner, was ich darauf heißen und verbieten soll, so lange und ferne dis freye Oldershaußische Hägergericht gehegt und gehalten wird von Rechtswegen.

Procurator: Ihr sollet verbieten Haßmuth, Scheltwort, Wehr und Waffen, Recht sollet ihr ge-bieten und Unrecht verbieten, so lange und ferne dis freye Oldershaußische Hägergericht ge-heget und gehalten wird von Rechtswegen.

Gräfe: So verbiete ich Haßmuth, Scheltwort, Spieß, Stangen, Wehr und Waffen, sonder Acht, daß niemand etwas wircke oder thue, es geschehe dann durch zugelassene Achtsleute und Vor-sprache, Recht gebiete ich und verbiete Unrecht, so lang und ferne des freye Oldershaußische Hägergericht geheget und gehalten wird von Rechtswegen.

Procurator: Diesemnach frage ich, wen dis löbliche Hägergericht vor seinen rechten Herrn er-kenne?
Wird eingebracht: den Herrn von Oldershaußen.

Procurator: Wann dann ein oder ander, so bey diesem löblichen Hägergericht Klage zu führen hätte, dasselbe vorbey und etwa nach Fürstlichem Ambt oder sonsten gienge, was ist dessen Straffe?
Wird eingebracht: wie Herkommens.

Procurator: Kan einer Gerichtsland kauffen, welcher kein Gerichtserbe?
Wird eingebracht: Nein! sondern muß erst ein Erbe werden und sich ansetzen lassen, und alsdann ist er fähig, dieses Gerichtsland zu kauffen.

Procurator: So ein Frembder auf dies Land ein gewisses Geld pfandweise thäte, wie ist er des versichert?
Eingebracht: muß sich eine treue Hand setzen lassen.

Procurator: So einer ohne erhebliche Ursache vom Gerichte bliebe, was ist dessen Straffe?
Eingebracht: wie verordnet und herkommens.

Gräfe: Ich frage zum ersten, andern und dritten mahl, ob einer oder ander vorhanden, der noch etwas vorzubringen hat:
Et paulisper exspectat; post pergit:
Weil nun niemand sich mehr angeben thut, so wird dis freye Oldershaußische Hägergericht vor dasmahl hiemit aufgehoben.

---

[12] Abgedr. b. Klinckhardt, S. 224 ff. (ca. 1750).

Statuten, Ordnunge und löbliche Gewohnheiten
des von Oldershausenschen Hägergerichts in Gandersheim

1. Sollen alle Erben dieses uhralten Olderhaußischen löblichen Gerichts in puncto 12 Uhr zu Mittage bei Straffe 5 Mgr. an dem Ort, da dasselbe gehalten wird, erscheinen, die Beysitzer aber des Gerichts sollen gedoppelt geben.

2. Wer gar außenbleibet, soll im folgenden Jahr seine Straffe gedoppelt erlegen, es sey denn, daß er erhebliche Entschuldigung vorzuwenden habe.

3. Welcher zweymahl oder dreymahl außenbleibet, wird billig extraordinarie gestraffet, und muß sich mit einem halben Faß Bier oder sonsten auf billigmäßiges Erkentniß der Erben wieder aneindingen lassen.

4. Niemand soll ohne Gerichtshalters und Grafens Vorwissen und Befehl für diesem Gericht zu erscheinen vorgeladen werden, bei Straffe nach Willkühr.

5. Wer im Gericht erscheinet und kein Erbe ist, wird gestraffet, sondern muß sich erst ansetzen lassen.

6. Niemand soll ohne Urlaub und Vorsprach der Vormünder für Gericht treten und reden bey Straffe nach Willkühr.

7. Wer dem Gericht sich ungehorsahm und wiederspenstig bezeiget, wird gestraffet wie im vorigen.

8. Wer ohne Urlaub vom Gericht weggehet, ist straffällig.

9. Wer mit bedecktem Haupt für Gericht tritt, wird gestraffet.

10. Des Gerichts Respect wäret so lange, als dessen Bier getrunken und Handlung gepflogen wird.

11. Umb 8 Uhr des Abends soll das Faß zugeschlagen werden, und wer beym Trinken Unlust anfänget, oder was vergeust, soll es wieder füllen.

12. Wer nach dem Aufklopfen Bier zapfet, wird gestraffet.

13. Wer ein Glaß zerbricht und das Bier verschüttet, ist straffällig.

14. Wer dem Gräfen seinen gebührlichen Ehrentitul nicht gibt, ist straffbahr.

15. So offt einer verstirbt, soll sein rechter Erbe wieder angesetzt werden.

16. Für den Auftrag oder Inscription gibt ein Erbe 6 Mgr. für jeglichen Morgen, ein Frembder aber, welcher zum neuen Erben angenommen wird, gibt für jeglichen Morgen 12 Mgr.

17. Welcher sein Erbe gefährlicher Weise verschweiget oder verhelet, soll dessen verlustig erkandt werden.

18. Wenn jemand land ihm aufzutragen hat, und bey dem nechsten Gericht nicht meldet, wird zwar nachgehends ihm aufgetragen, er soll aber die Gebühr gedoppelt geben.

19. Bey Verpfändung des landes wird nur der halbe Ansatz entrichtet.

20. Verkauffung des landes ohne des Gerichts Vorwissen und Consens gilt nicht.

21. Auch kein Tausch.

22. Die Gerichtserben müssen bei Verlust ihres Erbrechts die Verpfändung ihrer Äcker bekennen.

23. Die Gerichtserben sind schuldig, all ihr land aufrichtig anzuzeigen, und dasselbe erforderten Falles durch den Gräffen beschreiben zu lassen, bei Straffe 1 Mfl.

24. Wer einem andern land abpflüget, oder ins land fält, ist straffbahr.

25. Allemahl sollen zwey Erben zu Erkundigung der länderey deputirt, auch wo nöthig das land durch dieselbe gemessen werden.

26. Verschwiegenes land fält denen von Olderhaußen als Gerichtsherrn anheim.

27. Oder fält ihnen anheim wegen excessiven Ungehorsam.

28. Oder wegen dessen Verlassung oder wenn es aus- und loßgestorben.

29. Wer eine zu diesem Gericht gehörige Sache an Fürstliches Ambt oder sonst wohin zur Klage bringet, wird mit einem Faß Bier bestraffet, oder nach Ermäßigung.

Literaturverzeichnis

ABEL, W., Die Wüstungen des ausgehenden Mittelalters, 2. Aufl., Stuttgart 1955
- Geschichte der deutschen Landwirtschaft vom frühen Mittelalter bis zum 19. Jahrhundert, 2. Aufl., Stuttgart 1967
- Agrarkrisen und Agrarkonjunktur, 2. Aufl., Hamburg, Berlin 1966
ALBRECHT, C. E., Entscheidungen merkwürdiger Rechtsfälle, 3. Band, Hannover 1802
APPENS, W., Die Bauern und Hausbesitzer mit ihren Vorfahren in den 55 Dörfern des Kreises Peine, Goslar 1938
BADER, K. S., Dorfgenossenschaft und Dorfgemeinde; Studien zur Rechtsgeschichte des mittelalterlichen Dorfes, 2. Teil, Köln, Graz 1962
BARNER, W., Uraltes Langenholzen, in: 750 Jahre Langenholzen, S. 4 ff., Alfeld 1955
BAUM, J., Die Malerei und Plastik des Mittelalters, Band II, Potsdam 1930
v. BELOW, G., Geschichte der deutschen Landwirtschaft des Mittelalters in ihren Grundzügen, herausgegeben von Fr. Lütge, Jena 1937
BENEKE, J. F., Grundsätze des Meyer-Rechts in den Braunschweig.-Lüneburgischen Chur-Landen, Theil 1, Celle 1795
BERTRAM, A., Geschichte des Bisthums Hildesheim, Bd. 1, 2, 3, Hildesheim 1899, 1916, 1925
BEYERLE, F., Die Treuhand im Grundriß des Deutschen Privatrechts, Weimar 1932
- Weinkauf und Gottespfennig an Hand westdeutscher Quellen, in: Festschrift Alfred Schultze, Weimar 1934, S. 251 ff.
BLOHM, R., Die Hagenhufendörfer in Schaumburg-Lippe, Oldenburg 1943
BOEGEHOLD, F., Die Ortsnamen auf -ingerode, Diss. phil. Marburg 1934
BORCKE-STARGORDT, H. GRAF, Grundherrschaft – Gutswirtschaft, in: Jahrbuch der Albertus Universität zu Königsberg, Bd. 10 (1960), S. 176 ff.
BRINKMANN, R., Studien zur Verfassung der Meiergüter im Fürstentum Paderborn, Münster 1907
v. BÜLOW-HAGEMANN, Practische Erörterungen aus allen Theilen der Rechtsgelehrsamkeit, 10. Band, Braunschweig 1837
BURCHARD, K., Die Hegung der deutschen Gerichte im Mittelalter, Leipzig 1893
v. BURI, F. C., Ausführliche Abhandelung von denen Bauern-Gütern, Gießen 1769
BUSCH, M., Beiträge zum Meierrecht, mit besonderer Berücksichtigung der Provinzial-Gesetze und der gerichtlichen Praxis im Fürstenthume Hildesheim, Hildesheim 1855
CONRAD, H., Deutsche Rechtsgeschichte, Bd. 1, Ein Lehrbuch, 2. Aufl., Karlsruhe 1962 (zit. Rechtsgeschichte)
C. C. C., Corpus Constitutionum Calenbergensium, Chur Braunschweig-Lüneburgische Landes-Ordnungen und Gesetze, zum Gebrauch der Fürstenthümer, Graff- und Herrschaften, Calenbergischen Theils, Tom. I–V, Göttingen 1739/40
v. CRAMER, J. U., Opuscula, Theil I–IV; Marburg 1742, 1754, 1755, 1756
- Wetzlarische Nebenstunden, VII., XXXII. und XXXIII. Theil, Ulm 1757, 1762
DALBY, D., Lexicon of the mediaeval German Hunt, Berlin 1965
v. DALWICK, C. F., Practische Erörterungen auserlesener Rechtsfälle, Hannover 1823
D. C. L. S., Decas observationum de juribus quibusdam singularibus episcopatus Hildesiensis, 1724, (enthält ausschließlich die Meierdingsstatuten des Domkapitels)
DEUTSCHES RECHTSWÖRTERBUCH, Wörterbuch der älteren deutschen Rechtssprache, Band IV, Weimar 1939–1951
DOEBNER, R., Urkundenbuch der Stadt Hildesheim, Bd. I–VIII, Hildesheim 1881–1901
DÖHRING, E., Geschichte der deutschen Rechtspflege seit 1500, Berlin 1953
DOPSCH, A., Die soziale und politische Bedeutung der Grundherrschaft im Mittelalter, in: Verfassungs- und Wirtschaftsgeschichte des Mittelalters, gesammelte Aufsätze von A. DOPSCH, Wien 1928, S. 51 ff.

Du CANGE, Glossarium Mediae et Infimae Latinitatis, Tomus Quartus, Niort 1885

EBHARDT, C. H., Gesetze, Verordnungen und Ausschreiben für das Königreich Hannover, Band I, II, Hannover 1839

EICHHORN, K. F., Einleitung in das deutsche Privatrecht mit Einschluß des Lehensrechts, 4. Aufl., Stuttgart 1836 (zit.: Privatrecht)

ENGEL, F., Das Rodungsrecht der Hagensiedlungen, Quellen zur Entwicklungsgeschichte der spätmittelalterlichen Kolonisationsbewegung, in: Quellenhefte zur Niedersächsischen Geschichte, Heft 3, 1949

– Rodungskolonisation und Vorformen der Hagenhufen im 12. Jahrhundert, in: Schaumb-LippHeimat, 11. Heft (1951), S. 125 ff.

– Gab es ein städtisches Hagenrecht in Niedersachsen?, in: NdsJb, Bd. 27 (1955), S. 220 ff.

– Hagenname, Hagenrecht und Hagenhufe, in: NdsJb, Bd. 28 (1956), S. 252 ff.

EVERS, W., Grundlagen der Sielungsgeographie und Kulturlandforschung im Hildesheimer Land, Bremen–Horn 1957

FEHR, H., Die Rechtsstellung der Frau und der Kinder in den Weistümern, Jena 1912

FRANZ, G., Der Dreißigjährige Krieg und das deutsche Volk, Untersuchungen zur Bevölkerungs- und Agrargeschichte, 3. Aufl., Stuttgart 1961

FRÖHLICH, K., Rechtsgeschichte und Wüstungskunde, in: ZRG 64 (1944), S. 277 ff.

GERICKE, J. W., Schottelius Illustratus et continuatus, sive Spicilegium ad D. J. G. Schottelii J. C. Tractatum de singularibus et antiquis in Germania juribus et observatis, Leipzig, Wolfenbüttel 1718

GESENIUS, C., Das Meyerrecht mit vorzüglicher Hinsicht auf den Wolfenbüttelschen Theil des Herzogthums Braunschweig-Lüneburg, Band I, II, Wolfenbüttel 1801, 1803

v. GIERKE, O., Das deutsche Genossenschaftsrecht, Band I, Berlin 1868

– Deutsches Privatrecht, Band II, Sachenrecht, Leipzig 1905 (zit.: Privatrecht)

GOEBEL, J. W., Tractatus synopticus de Jure et judicio rusticorum fori Germanici, Helmstedt 1722

GRAFF, P., Geschichte des Kreises Alfeld, Hildesheim, Leipzig 1928

GREFE, F. B., Hannovers Recht, 3. Auflage des Leitfadens zum Studium des Hannoverschen Privatrechts, 2. Theil, Hannover 1861

GRIMM, J., Weisthümer, Band 1–6, Göttingen 1840–1869

– Deutsches Wörterbuch, 4. Band, Leipzig 1877

– Deutsche Rechtsalterthümer, 4. Ausgabe, Theil 1, 2, Leipzig 1899

GRUPEN, C. U., Disceptationes forenses cum Observationibus, Leipzig 1737

GRUPP, E., Die Lage der Bauern im 13. Jahrhundert, in: HJb, 19. Band (1898), S. 336 ff.

v. GÜLICH, P. J., Die der hohen Domkirche zu Hildesheim zustehenden Meyerdinge in ihren ehemaligen und gegenwärtigen rechtlichen Verhältnissen, Wetzlar 1802

HAGEMANN, T., Über die Hägergüter, in: Kleine juristische Aufsätze, II. Theil, S. 14–63, Hannover 1794

HAMANN, M., Das Staatswesen der Fürstbischöfe von Hildesheim im 18. Jahrhundert, in: NdsJb 1962, S. 157 ff.

– Die Hildesheimer Bischofsresidenz, in: NdsJb 1964, S. 28 ff.

HARTMANN, W., Deutsches Recht in alten Gerichtsbüchern unserer Heimat, in: Alt-Hildesheim, Heft 13 (1934), S. 3 ff.

– Meierdingsbücher des Hildesheimer Landes als Spiegel altdeutschen Bauernrechts, in: Alt-Hildesheim, Heft 14 (1935), S. 12 ff.

HAUCK, A., Kirchengeschichte Deutschlands, Bd. 1–4, 4. Aufl., Bd. 5, 1. Teil, 2. Aufl., Leipzig 1904–1913

HECK, PH., Die altfriesische Gerichtsverfassung, Weimar 1894

HEUSLER, A., Institutionen des deutschen Privatrechts, 2. Band, Leipzig 1886 (zit.: Institutionen)

HEINZE, W., Geschichte der Stadt Alfeld, Alfeld 1894

HINÜBER, Beyträge zum Braunschweigischen und Hildesheimischen Staats- und Privatrechte, auch Historie dieser Lande, Theil II, Braunschweig, Wolfenbüttel 1778

HÖMBERG, A., Grundfragen der deutschen Siedlungsforschung, Berlin 1938

HOFFMANN, R., Die wirtschaftliche Verfassung und Verwaltung des Hildesheimer Domkapitels bis zum Beginn der Neuzeit, Diss. phil. Münster 1911

HOOGEWEG, H., Verzeichnis der Stifter und Klöster Niedersachsens vor der Reformation, Hannover und Leipzig 1908

HÜBNER, R., Grundzüge des Deutschen Privatrechts, 4. Aufl., Leipzig, Erlangen 1922 (zit.: Grundzüge)

HUPPERTZ, B., Räume und Schichten bäuerlicher Kulturformen in Deutschland, Bonn 1939

JANICKE-HOOGEWEG, Urkundenbuch des Hochstiftes Hildesheim und seiner Bischöfe, Band I–VI, Hannover, Leipzig 1896, 1901, 1903, 1905, 1907, 1911

IMMERWAHR, W., Die Verschweigung im deutschen Recht, Untersuchungen zur Deutschen Staats- und Rechtsgeschichte, Heft 48, Breslau 1895

KIEWNING, H., Das lippische Hagenrecht, in: MittLipp, Nr. XVI (1938), S. 63 ff.

KINDLINGER, N., Geschichte der deutschen Hörigkeit, insbesondere der sogenannten Leibeigenschaft, Berlin 1819

KLESSING, C., Beiträge zur Geschichte der Eigenbehörigkeit im Hochstift Münster während des 18. Jahrhunderts, Hildesheim 1907

KLEWITZ, H.-W., Studien zur territorialen Entwicklung des Bistums Hildesheim, Göttingen 1932

KLINCKHARDT, Anlagen zur Geschichte des Geschlechtes von Oldershausen (ca. 1830)

KLUGE, F., Etymologisches Wörterbuch der Deutschen Sprache, 19. Aufl., Berlin 1963

KNAPP, G.-F., Die Grundherrschaft in Nordwestdeutschland, in: Grundherrschaft und Rittergut, S. 79 f., Leipzig 1897

KNÖSEL, H., Hägerleute, Hägergut und Hägerrecht in unserer Heimat, 1. und 2. Teil, in: Alfelder Zeitung v. 8. und 10. Juli 1928

KÖCHER, A., Der Ursprung der Grundherrschaft und die Entstehung des Meierrechts in Niedersachsen, in: ZdHV 1897, S. 1 ff.

KÖTZSCHKE, K. R., Studie zur Verwaltungsgeschichte der Großgrundherrschaft Werden a. d. Ruhr, Leipzig 1899

KOKE, K. L., Beiträge zur Niedersächsischen Geschichte, Band I, Hildesheim 1833

KONSCHAK, E., Die Klöster und Stifter des Bistums Hildesheim unter preußischer Herrschaft (1802–1806), Hildesheim 1919

KROESCHELL, K., Waldrecht und Landsiedelrecht im Kasseler Raum, in HessJb, 4. Band, 1954, S. 117 ff.

– Rodungssiedlung und Stadtgründung (Ländliches und städtisches Hagenrecht), in: BlLg, 91. Jg. (1954), S. 53 ff.

– Noch einmal das städtische Hagenrecht in Niedersachsen, in: NdsJb, Bd. 28 (1956), S. 246 ff.

KÜHLHORN, E., Untersuchungen zur Topographie mittelalterlicher Dörfer in Südniedersachsen, Bad Godesberg 1964

LABAND, P., Die rechtliche Natur des Retracts und der Expropriation, in: AcP 52 (1869), S. 151 ff.

LANDAU, G., Die Territorien in Bezug auf ihre Bildung und ihre Entwicklung, Hamburg, Gotha 1854

LANDES-ORDNUNGEN, HILDESHEIMISCHE, I. Theil (vom Jahre 1609 bis zum Jahre 1774 einschließlich), Hildesheim 1822

LANDES-VERORDNUNGEN, HOCHF. HILDESHEIMISCHE, I. und II. Theil, Hildesheim 1782, III. Theil, Hildesheim 1791

LASCH-BORCHLING, Mittelniederdeutsches Handwörterbuch, Bd. 1, 2, Neumünster 1956

LATHAM, R. E., Revised Medieval Latin Word-List, London 1965

v. LIEBHABER, E. D., Einleitung in das Herzoglich Braunschweig-Lüneburgische Land-Recht, Theil I, Braunschweig 1791

LIPPERT, E., Glockenläuten als Rechtsbrauch, Freiburg i. Brg. 1939

LÜNTZEL, H. A., Die bäuerlichen Lasten im Fürstenthume Hildesheim, Hildesheim 1830

LÜTGE, F., Deutsche Sozial- und Wirtschaftsgeschichte. Ein Überblick, 3. Aufl., Berlin, Heidelberg, New York 1966

– Geschichte der deutschen Agrarverfassung vom frühen Mittelalter bis zum 19. Jahrhundert, 2. Aufl., Stuttgart 1967 (zit.: Agrarverfassung)

– Die mitteldeutsche Grundherrschaft und ihre Auflösung, 2. Aufl., Stuttgart 1957

– Freiheit und Unfreiheit in der Agrarverfassung, in: HJb, 74. Jg. 1954 (Festschrift Franz Schnabel), S. 643 ff.

MAEDER, P., Beiträge zur Geschichte der sozialen und wirtschaftlichen Lage und Entwicklung der ackerbautreibenden Bevölkerung in den Grafschaften Hoya und Diepholz im Mittelalter, Hildesheim 1910

MASCOV, G., Notitia Juris et Judiciorum Brunsvico-Luneburgicorum. Accessit Notitia Juris Osnabrugensis et Hildesiensis, Göttingen 1738

MAUERSBERG, H., Beiträge zur Bevölkerungs- und Sozialgeschichte Niedersachsens, Hannover 1938

MEESE, F. A., Politisch-statistische Schilderung der Verfassung und Verwaltung des vormaligen Fürstbischöflich-Hildesheimischen Amts Wohldenberg, wie solche um das Jahr 1800 war, in: ZdHV 1861, S. 1 ff.

MEIERDINGSSTATUTEN DES MICHAELISKLOSTERS, bei: NOLTEN, De praediis rusticorum, S. 121 ff.

MEIERDINGSSTATUTEN DES DOMKAPITELS, in D. C. L. S., s. o., S. 136.

MEYER, Deductio jurisdictionis Meyerdingicae ecclesiae cathedralis Hildesiensis praeposito et capitulo competentis, Hildesheim 1758

MITTELHÄUSSER, K. – BARNER, W., Der Landkreis Alfeld. Die Landkreise in Niedersachsen, Reihe D, Band 14, Bremen–Horn 1957

MÖSER, J., Osnabrückische Geschichte, Bd. I–III, 3. Aufl., Berlin, Stettin 1819, 1821

MOLITOR, E., Die Pflegschaften des Sachsenspiegels und das Siedlungsrecht im sächsischen Stammesgebiet, in: Forschungen zum deutschen Recht, Band IV, Heft 2, Weimar 1941 (zit.: Pfleghafte)

– Verbreitung und Bedeutung des Hägerrechts, in: Adel und Bauern im deutschen Staat des Mittelalters, herausg. von Th. Mayer, Leipzig 1943, S. 331 ff. (zit.: Hägerrecht)

MORTENSEN, H., Zur Entstehung der deutschen Dorfformen, insbesondere des Waldhufendorfes, in: Nachrichten von der Akademie der Wissenschaften (Göttingen) aus den Jahren 1946/47, Phil.-Hist. Klasse, S. 76 ff.

MÜHLPFORT, C. J., Nachricht von denen Streitigkeiten über das Meyer-Recht im Stiffte Hildesheim. Bestehend in einer Beantwortung des so betitelten Gründlichen Berichts vom Abmeyerungs-Recht, Hildesheim 1748

MÜLLER, E., Das Königsurkundenverzeichnis des Bistums Hildesheim und das Gründungsjahr des Klosters Steterburg, in: Archiv für Urkundenforschung, II (1909), S. 491 ff. (zit.: Urkundenverzeichnis)

MÜLLER, J., Rheinisches Wörterbuch, Berlin 1935

MÜLLER, O., Die Entstehung der Landeshoheit der Bischöfe von Hildesheim, Diss. phil. Freiburg i. Brg. 1912

MÜLLER-WILLE, W., Die Hagenhufendörfer in Schaumburg-Lippe, in: Petermanns Geographische Mitteilungen, 90. Jg., 1944, S. 245 ff.

NIEMEIER, G., Gewannfluren, in: Petermanns Geographische Mitteilungen, 90. Jg., 1944, S. 57 ff.

NOLTEN, R. A., Tractatio de singularibus quibusdam praediis rusticorum quae sunt in terris Brunsvico, Luneburg et Helmstedt, Helmstedt 1728 (zit.: De praediis rusticorum)

– Diatribe juris patrii de juribus et consuetudinibus circa villicos, Braunschweig 1738

OEHR, G., Ländliche Verhältnisse im Herzogtum Braunschweig-Wolfenbüttel im 16. Jahrhundert. Quellen und Darstellungen zur Geschichte Niedersachsens, Band 12, Hannover, Leipzig 1903

PETERS, A., Die Entstehung der Amtsverfassung im Hochstift Hildesheim (ca. 1220–1330), in: ZdHV 1905, S. 215 ff.

PFEIFFER, B. W., Das deutsche Meierrecht, Kassel 1855

PLANCK, J. W., Das deutsche Gerichtverfahren im Mittelalter, Band I, II, Braunschweig 1879 (zit.: Gerichtsverfahren)

PLANITZ, H., Deutsche Rechtsgeschichte, 2. Aufl., Graz, Köln 1961 (zit.: Rechtsgeschichte)

PRÖVE, H., Dorf und Gut im alten Herzogtum Lüneburg. Studien und Vorarbeiten zum Historischen Atlas Niedersachsens, Göttingen 1929

PUFENDORF, E., Introductio in processum civilem electoratus Brunsvico-Luneburgici, Frankfurt, Leipzig 1733 (zit.: Introductio)

v. RAMDOHR, F. W. B., Juristische Erfahrungen oder Repertorium der wichtigsten Rechtsmaterien in alphabetischer Ordnung, III. Theil (M–Z), Hannover 1810

RIBBENTROP, Sammlung braunschweigischer Landtagsabschiede, Band I, Helmstedt 1793

RICHTER, G., Die Grundstücksübereignung im ostfälischen Sachsen. Abhandlungen der Rechts- und Staatswissenschaftlichen Fakultät der Universität Göttingen, Heft 19, Leipzig 1934

RIETSCHEL, S., Die Entstehung der freien Erbleihe, in: ZRG 22 (1901), S. 181 ff.

RÖPKE, W., Beiträge zur Siedlungs-, Rechts- und Wirtschaftsgeschichte der bäuerlichen Bevölkerung in der ehemaligen Grafschaft Hoya, in: Nds Jb, Bd. 1 (1924), S. 1 ff.

ROTTMANNER, Bemerkungen über Laudemial- und andere grundherrliche Rechte in Baiern, 1799

RUDORFF, E., Das Amt Lauenstein, in: ZdHV 1858, S. 209 ff.

RUSTENBACH, Häger und Hägergerichte in den braunschweigischen Weserlanden, in: ZdHV 1903, S. 557 ff.

SAALFELD, D., Bauernwirtschaft und Gutsbetrieb in der vorindustriellen Zeit. Quellen und Forschungen zur Agrargeschichte, Bd. VI, Stuttgart 1960

GESETZ-SAMMLUNG für die Königlich Preußischen Staaten, Berlin 1874

SCHADE, O., Altdeutsches Wörterbuch, I. Band, Halle 1882

SCHAER, O., Die Neuordnung der geistlichen Güterverwaltung im ehemaligen Fürstbistum Hildesheim nach seiner Vereinigung mit dem Kurfürstentum Hannover im Jahre 1813. Die sogenannte Klosterreluition in Hildesheim, in: ZdHV 1921, S. 32 ff.

SCHMEIDLER, B., Niedersachsen und das deutsche Königtum vom 10. bis zum 12. Jahrhundert, in: Nds Jb, Bd. 4 (1927), S. 137 ff.

SCHNEIDER, B., Friedewirkung und Grundbesitz in Markt und Stadt, in: Deutschrechtliche Beiträge, herausg. von K. Beyerle, Band 8, Heidelberg 1913, S. 257 ff.

SCHILLER-LÜBBEN, Mittelniederdeutsches Wörterbuch, Bde. 1-5, Bremen 1875, 1876, 1877, 1878, 1880

SCHRÖDER, R., Über die Bezeichnung der Spindelmagen in der älteren deutschen Rechtssprache, in: ZRG 4 (1883), S. 1 ff.

SCHRÖDER-V. KÜNSSBERG, Lehrbuch der deutschen Rechtsgeschichte, 7. Aufl., Berlin, Leipzig 1932 (zit.: Lehrbuch)

SEIDENSTICKER, A., Rechts- und Wirtschaftsgeschichte norddeutscher Forsten, besonders im Lande Hannover, Band I, II, Göttingen 1896

v. SELCHOW, Wahre Beschaffenheit der Stift-Hildesheimischen Erbenzinsgerichte oder Meyerdinge, Göttingen 1778 (Manuskr. in StAH Hild. Br. 1, 23, 1, Nr. 85)

SENHOLDT, H., Studien über die Ablösung der bäuerlichen Lasten im ehemaligen Fürstentum Hildesheim, Diss. phil. Göttingen 1900

SOHM, R., Die Fränkische Reichs- und Gerichtsverfassung, Weimar 1871

SOLF, F., Stellung und Aufgaben der unselbständigen praktischen Landwirte in der Nachkarolingerzeit bis zur Mitte des 14. Jahrhunderts in Nordwestdeutschland, Diss. phil. Halle 1935

STEINACKER, A., Particulares Privatrecht des Herzogthums Braunschweig, Wolfenbüttel 1843

v. D. STEINEN, W., Bernward von Hildesheim über sich selbst, in: Deutsches Archiv für Erforschung des Mittelalters, 12. Jg. (1956), S. 331 ff.

STOBBE, O., Die Auflassung des deutschen Rechts, in: Jherings Jahrbücher, 12. Band, Jena 1873, S. 137 ff.

– Handbuch des Deutschen Privatrechts, 2. Band, 2. Auflage, Berlin 1883, 5. Band, 2. Auflage, Berlin 1885

STRUBE, D. G., Gründlicher Bericht von dem Abmeyerungsrecht, fürnehmlich im Stift Hildesheim, Hildesheim 1730

– Commentatio de jure villicorum, vulgo Von Meyerrecht, 2. Aufl., Hildesheim 1768 (zit.: De jure villicorum)

– Tractatio de bonis Meierdingicis, 2. Aufl., Hildesheim 1768 (zit.: Tractatio)

– Rechtliche Bedenken, Theil 1-5, Hannover 1761-1777

STRUBE, J. M., Befestigtes Erbrecht der Stift Hildesheimischen Meyer, Hannover 1752

STÜVE, C., Über die Lasten des Grundeigentums und Verminderung derselben, Hannover 1830

TANGL, M., Forschungen zu Karolinger Diplomen, in: Archiv für Urkundenforschung, II, 1909, S. 167 ff.

TANGMAR, Vita Sancti Bernwardi, in: Monumenta Germaniae Historica, Scriptorum Tomus IV, S. 754 ff.

TEMME, J. D. H., Sammlung der Königlich Westphälischen, Großherzoglich Bergischen und Kaiserlich Französischen Decrete über die gutsherrlichen und bäuerlichen Verhältnisse, die Lehn, Zehnten, Dienste und Abgaben, Berlin 1841

THESAURUS Linguae Latinae, Vol. VII, 1, Fasc. VII, Leipzig 1941
THIEME, H., Zum hessischen Landsiedelrecht, in: Festschrift Alfred Schultze, S. 207 ff., Weimar
    1934
TRÜBNER, Deutsches Wörterbuch, 3. Band, Berlin 1939
TSCHAN, F. J., Saint Bernward of Hildesheim, Bd. 1: His life and times, Bd. 2: His works and
    arts, Bd. 3: Album; Notre Dame (Indiana) 1942 (1950), 1951, 1952
TURNER, G., Das Calenberger Meierrecht, Diss. jur. Göttingen 1960
URKUNDENBUCH des Historischen Vereins für Niedersachsen, Heft VI, Urkundenbuch der Stadt
    Göttingen, 1. Band, Hannover 1863
VENTKER, A. F., Stüve und die hannoversche Bauernbefreiung, Oldenburg 1935
VOGELL, Über die Hägergerichte in der vormaligen Herrschaft Homburg, Celle 1816, in: AdHV
    1846, S. 261 ff.
DE VRIES, J., Altnordisches Etymologisches Wörterbuch, Leiden 1961
WEIBELS, F., Die Großgrundherrschaft Xanten im Mittelalter, Studien und Quellen zur Verwal-
    tung eines mittelalterlichen Stiftes am unteren Niederrhein, Krefeld 1959
WEIGEL, H., Studien zur Verfassung und Verwaltung des Grundbesitzes des Frauenstifts Essen
    (852–1803), Essen 1960
WEISS, R., Über die großen Kolonistendörfer des 12. und 13. Jahrhunderts (Hagendörfer), in:
    ZdHV 1908, S. 147 ff.
WESENBERG, R., Bernwardinische Plastik. Zur ottonischen Kunst unter Bischof Bernward von
    Hildesheim, Berlin 1955
WESTFELD, Von dem Meierdinge zu Sersum unter Wittenburg, in: NVA, Bd. 1 (1822), S. 202 ff.
WIGAND, P., Die Provinzialrechte der Fürstenthümer Paderborn und Corvey in Westphalen
    nebst ihrer rechtsgeschichtlichen Entwicklung, Bd. I–III, Leipzig 1832
WINDSCHEID, B., Lehrbuch des Pandektenrechts, Band 2, 9. Aufl., Frankfurt a. M. 1906
WITTICH, W., Die Entstehung des Meierrechts und die Auflösung der Villikationen in Nieder-
    sachsen und Westfalen, in: ZSWG 2, 31 ff.
– Die Grundherrschaft in Nordwestdeutschland, Leipzig 1896
WITZIG, H., Die Rechtsverhältnisse der Bauern in der Soester Börde vom 14. bis zum 18. Jahr-
    hundert, Diss. jur. Göttingen 1967
ZEITUNG, Juristische . . . für das Königreich Hannover, 19. Jg., 1844
ZODER, R., Die niedersächsischen Meier. Eine sozial- und agrargeschichtliche Studie an Hand
    der Familiennamen auf «-meier», in: NdsJb, Bd. 23 (1951), S. 1 ff.

Verzeichnis der ungedruckten Quellen

1. Bestände des Niedersächsischen Staatsarchives in Hannover:
    Hildesheimer Landesarchiv, Hild. Br. 1;
    Archiv des Michaelisklosters, Hild. Br. 3, 1;
    Archiv des Domstifts, Hild. Br. 2;
    Akten der Klosterkammer, Hann. 94;
    Akten der Amtsgerichte, Hann. 72 Alfeld, Peine, Hildesheim;
    Akten der Ämter, Hann. 74 Amt Alfeld, Amt Lauenstein;
    Copionale VI, Nr. 03;
    Kartenabteilung.

2. Bestände des Niedersächsischen Staatsarchives in Wolfenbüttel:
    Handschriften 41 Alt, Fb. 3, Pak. 43–81, 13. Schbl., Nr. 2;
    VI Hs 14, Nr. 63, Bd. 3

3. Handschriften des Bistumsarchivs der Dombibliothek (Beverina) in Hildesheim.

4. Handschriften des Gräflich v. Görtz-Wrisbergschen Archivs in Schloß Wrisbergholzen.